文法ABC

給你一把解開國文文法教學的鑰匙（增修版）

楊如雪◉著

目錄

附錄

陳序

一般說來，從事國文教學時，在形、音、義的單詞分解和節、段、篇的義旨探究之間，須作好語句的剖析以為接榫，這就是通常所謂的文法教學。它的成敗直接關係著整個國文教學，是不能有所輕忽的。

由於長年擔任《國文天地》的編輯委員，參與刊物中有關國文教學這塊園地的規畫工作，一直想在課文的分篇解析之外，有系統地從字形、詞意、文法、修辭、章法和作文等方面設計專欄，來輔助國文教學。就在這種需求下，五六年前參加一次同仁的喜宴時，巧和戴璉璋教授坐在一起，便和他談及這種構想，並請他負責文法專欄，他非常贊同，卻因忙於研究工作，無暇顧及，就推薦了他的得意門生楊如雪老師接下這個擔子，且答允所有的文稿都由他親自過目後才刊載。這份熱忱的情意與負責的態度，令人感佩萬分。

於是楊如雪老師就陸續撰文在《國文天地》的文法專欄裡發表，完全以當時的國、高中國文課文為例，由本、淺而來，深入地探討了文法的理論與實際，這不僅對沒有正式修過文法課程的中學教師而言，有直接的幫助，就是對一些修過的人來說，也有參考的價值，所以獲得了相當廣泛而良好的回響。

為了擴大這種回響，《國文天地》的關係企業萬卷樓圖書公司特地請楊如雪老師將這些文章集結。並加以整理、補充，以書的型態和大家見面。就在此出版之前夕，特綴數語，以表示慶賀的意思。

陳滿銘

於臺灣師範大學國文系　民國八十七年八月

自序

民國六十九年秋天，告別了多年的國小教師生涯，攜家帶眷由東部回臺北，進入師大重新當起學生，也就是那時，在戴老師璉璋的啟蒙之下，開始接觸國文文法。

老師平時對學生和藹可親，可是上起課來卻要求得極為嚴格。上課第一天，把座位排定，每個同學在座次表上簽上姓名，以後每次上課都得「對號入座」。上課之中，通常是在解釋語法術語、分析例句告一段落時，總會提出相關的問題、句子，指名同學要求回答。對於從來不知國文文法為何物的我，在老師如此的要求之下，也打下了一些基礎。

兩個學期下來，印象最深刻的是：每在接到成績單的一刻，內心總是暗自祈禱：「只要低空飛過就好！」當時，萬萬沒有想到會跟文法研究結下不解之緣：十年前的碩士論文以及剛完成不久的博士論文，內容都和文法有關。

會陸續在《國文天地》雜誌上發表一系列有關國文文法的文章，純屬偶然。民國八十一年，在系裡同仁的結婚喜宴上，戴老師璉璋與陳老師滿銘指名要我以當時國中、高中的國文教科書為材料，對國文文法基本的理論作簡單的、系統性的介紹；為了「品質保證」，也為了給當時不具信心的我一些支持與鼓勵，戴老師甚至一口答應在文章發表之前願意先給我指正。

於是，嘗試用較為輕鬆的筆觸來說明多數人認為枯燥的文法理論，用比較生活化的例子來詮釋艱澀的文法術語，先後不定期的、陸陸續續在《國文天地》發表了一些文章。除了希望我能以國、高中教科書的內容作為解說文法理論的材料之外，老師或雜誌社方面給我相當大的空間；「筆觸輕鬆、用語生活化」則是自己定下的理想。不過，等到真正開始寫作時，才發現那是極不容易達到的「境界」。

在一系列的文法介紹過程中，介紹順序大抵依許世瑛先生的《中國文法講話》，使用的文法術語以戴老師璉璋在〈中國語法中語句分析的商榷〉一文裡的理念為依歸，並希望能與黃師慶萱高級中學選修本《文法與修辭》上冊不相違背，因此先對文法與語法下定界說作為開端，展開介紹。

語言，在使用時最小的意義單位是「詞」，所以接下來便從構詞法和詞類的區分談起，談到各類詞的「本用」；還有，語言在使用上都是積詞為句的，於是介紹了句子的基本類型以及介於「詞」和「句」之間的成分；更因為漢語詞類活用的現象極為普遍，所以用了不少篇幅介紹實詞的活用，並歸納出可資辨識詞類活用現象的簡易規則。

遞繫式（或稱兼語句）在句子的形式上、在語意的理解上比較費事；所以我們系統的介紹了遞繫式及與遞繫相關的問題。

漢語的介賓結構種類多樣，功能繁複，尤其它的語序在古今漢語裡又不盡相同，所以在寫作計劃裡原也對介賓結構作了一個系統性的規畫，包括受事與授事對象、交與對象，以及表示時間、處所、憑藉或方法、原因或目的等介賓結構的介紹。

這期間，因為參與新版國中國文教科書的編輯，工作量一下子增加不少；加上個人撰寫學位論文的壓力，使得原已不定期的發表工作，在介紹完表示憑藉或方法的介賓結構之後，不得不中斷了好些時日。

萬卷樓圖書有限公司有意把這些小文章集結成書，個人也希望能把未介紹完的介賓結構作一結束。於是重新檢視這些文章，發現它們是如此的青澀與不成熟；而寫作當時的理想：「筆觸輕鬆、用語生活化」，又因受限於個人才學和使用的材料，想要達到還真是不容易；但這些短文卻記錄了個人結合文法研究與文法教學的一個歷程，於是勉強把它們集結在一起。

這個小冊子，除了收錄在《國文天地》發表的系統性介紹之外，並把曾經應臺灣師大中等教育輔導委員會之邀所寫的〈如何進行文法教學〉一文也收了進來，這篇文章談論的是文法教學的一些基本概念與原則，希望能在文法的理論系統之外，給終年辛苦從事國文教學工作的老師們一些參考；另有四篇回答讀者有關文法方面的問題的短文，我們在回答問題時，不光是答其所問，往往還同時介紹一些與問題相關的概念或理論，所以也一併收錄進來。又為讀者閱讀方便，把出現在本書的術語作一簡單解釋，附於最後。

文筆青澀，文章不夠成熟；要談到建立起自己的文法體系也還言之過早。但畢竟這代表了個人成長的過程。才學所限，疏漏自是難免，還請各位先進不吝指正。

謹以這個小冊子獻給一路上給我鼓勵與支持的師長、家人以及認識與不認識的朋友。

楊如雪

序於民國八十七年夏天

引言：如何進行文法教學

國文課裡的文法教學，可能使人覺得枯燥，因為有關文法的講解，往往涉及許多理論和術語，的確是比較繁雜而又缺少趣味的。不過如果學生能透徹的理解我們的文法系統，不只是能把話說得不錯①，還可以了解古今語言在構詞、造句上的演變，讓他們能更容易讀懂古書；同時我們的文化有很多是保留在浩瀚的文獻裡，學生能讀懂古書，就更能了解我們的文化。文法教學既然這麼重要，以下擬分文法和文法教學、文法教學時應該注意的幾個問題以及如何進行文法教學等三方面逐一介紹。

一、文法和文法教學

何謂文法？簡單地說，文法就是語句組織的條理②。語句組織的條理不是一套既定的公式，而是從語文裡分析、歸納出來的規律③，這種語句組織的規律，包括詞的內部結構及積詞成句的規則，因此文法可以說是語文構詞和造句的規律④。

除了文法一詞以外，我們也常聽到人稱「語法」，文法和語法究竟有什麼分別？用比較嚴格的標準來區分，分析、歸納當代口頭語（簡稱口語）構詞、造句的規律的叫語法，分析、歸納書面語（或稱文言）構詞、造句的規律的叫文法；兩者是有區別的。但用較寬的標準來看，文法也可稱語法，語法就是文法⑤。文法教學在中學國文課裡，不像題解、作者介紹等在範文之外有獨立的一項，雖然國中國文課本在語文常識裡有「文法介紹」單元或「語法」單元，高中選修科目有「文法與修辭」一科⑥，不過在進行範文教學時，遇到有關文法的問題，仍要當場立刻解決，所以平時的文法教學是要在範文教學時以隨機教學的方式進行，我們在這裡所談的文法教學也以平時隨機教學的情況為主。

二、文法教學時應該注意的幾個問題

教師從事文法教學時，除了讓學生了解構詞、造句的規律之外，重要的是要學生加以運用，能觸類旁通，以達成國文教學的目標。所以文法教學應注意下列幾個問題：

(一)要重視整體，不要只注意細節

文法既是分析、歸納語文構詞、造句的規律，在文法教學時，不可避免的，要從事語句分析的工作。語言在使用的時候是積詞成句的，語句的分析卻是要逆向的析句為詞，甚至還要探討詞彙的內部結構。不過我們在進行文法分析時要掌握一個重要的原則，那就是：分析只是了解文法系統的一個手段，透過分析，學生了解構詞、造句的規律，有助於他的語文學習；但是分析並不是最終的目的。學生因為學習了文法，能完整掌握語句的語意，能正確無誤的使用所學過的語句，文法教學的目標便達成了。因此，不要只注意枝枝節節的分析，而忽略了整體。

舉個例子來說，在進行「並駕齊驅」這個成語的教學時，除了說明它的出處、它所代表的意義之外⑦，透過文法分析，可以讓學生了解「並駕齊驅」這個成語內部的組成方式：它是由兩個雙音節語素（或稱詞素）並列而成的，這也是現今四音節成語常見的組成方式之一⑧；再進一步可以引導學生探討：還有那些四音節成語同樣是以兩個雙音節語素並列而成？四音節成語除了這種組成方式以外，還可以用什麼樣的方式組成？等等問題。至於組成「並駕齊驅」的「並」、「駕」、「齊」、「驅」，它們在構成這個成語時分別是什麼詞性，就屬於枝節的問題。因為學生即使知道「並」、「駕」、「齊」、

「驅」分別是副詞、名詞或動詞等等，還是不能提升他們認識成語和使用成語的能力。

(二)不要只講文法術語

文法教學以達成國文教學目標為最終目的，它是在幫助學生瞭解我國語文的特質，提高其閱讀及寫作的能力⑨。學生閱讀及寫作能力主要表現在語文的運用上，但是有些老師在進行文法教學時，常常搬出許多文法術語，學生又不甚了解，造成只是背唸一些文法術語，並不能靈活運用。事實上國中階段的學生，只要在聽和讀（不論語體或文言）時充分掌握語意，在說或寫（語體）時，能說出、寫出合於文法的句子，就算達成上述目標了，不一定要學生熟記文法術語；至於高中階段，課程標準的教學目標中規定文法方面要培養學生閱讀淺近古籍之興趣及寫作明易文言文之能力，所以要讓學生在文法方面知其然，而且還讓他們知其所以然，也就是讓他們了解文言裡的某些句式為什麼要這樣，以便於寫作時依循和參考。當然國中階段學生以知文法之當然、高中階段以知文法之所以然為主，是一個通則，國中和高中教學方式並非截然不同，其間應採漸進的方式，而國中三年級和高中一年級應該是過渡階段。

(三)使用文法術語宜採同一系統

目前國內的文法研究，學者努力的方向、追求的目標是一致的；但是，研究的過程中，可能因為各有各的傳承、各用各的方法，因此使用的術語也就不見得人人相同。又因為各人觀點不同、分析的層次有異，各家所用的文法術語和術語指涉的內涵之間，也有些差距。各家的術語常見的是名雖殊而實相同，也就是使用的術語不同，但是所指的內涵是一樣的⑩；也有兩家使用同樣的術語，指涉的內容雖有部分重疊，但並不完全一致⑪，其間的關係可謂錯綜複雜。前文曾經提到文法教學不要只講術語，不過有些情況也許不講術語不足以幫助學生了解，這時請記得：使用同一個系統的文法術語，雖不限定同一家，但至少應該採用觀點一致、系統相同的一套術語，以免因混用不同觀點的術語，造成教師本身講解時的矛盾，或因各家術語指涉內涵間的錯綜複雜，而增加學生學習的困擾。

三、如何進行文法教學

生動活潑的教學，是每一位老師追求的目標，可是我們前曾提到文法教學往往給人枯燥、繁瑣的刻板印象，如何改變這種既有的印象，讓文法教學生動活潑起來？我想可以從下列幾個方面著手。

㈠使用語料生活化

文法教學主要在達成國文教學的目標，希望透過文法教學，增進學生國語文聽、說、讀、寫方面的能力，而進行文法教學的時機往往是在讀講課文的時候，所以老師可能在教學時直接從課本範文裡的材料入手，加以分析、說明。然而，範文裡的語言有時候可能跟學生的生活經驗有距離，這時不妨從生活化的材料入手。可以先從學生日常生活容易接觸到的用語選取材料；為了使教學生動活潑，甚至可以從報章雜誌或電視廣播等大眾傳播媒體上常出現的一些所謂「新新人類」的用語中選取材料。

舉例來說，「很」、「非常」、「太」等表示程度的副詞，常用來區別某個詞是不是形容詞⑫；反過來說，如果非形容詞之前出現「很」、「非常」、「太」等程度副詞，這個原本不是形容詞的詞便活用為表語⑬。在最近的房屋銷售廣告中，有「非常臺北」的促銷詞；早些時候，某廠牌的機車廣告曾出現「我的機車很法拉利」的說法；學生之間可能會說某某人「很君子」、「太小人」等等。這些學生常接觸到的語句裡，「臺北」是地名，「法拉利」是汽車廠牌的名稱，「君子」、「小人」指的是兩種不同修養的人，學生都知道它們是名詞，現在一旦用「非常」、「很」、「太」加以修飾、限制，「臺北」、「法拉利」、「君子」、「小人」便具有了形容詞的用法，都成了「表語」了。類似這種語句，因為常用，學生在語意的掌握上不成問題；也因為常用，學生不會覺得有隔閡。從這裡帶學生進入詞類活用的文法教學，可以說是事半功倍；在教學活動進行當中，還可以讓學生想想有那些常用的語句，或是讀過的文章裡，也有類似的詞類活用的現象。這樣的教學，對學生而言，不但容易理解，想必印象也很深刻。

(二)善用比較法

語體、文言在構詞和造句的法則上，基本上有很密切的傳承關係，例如：從古到今，構詞法幾乎沒有多大的改變，詞彙的組成方式，其語素不外因語音關係或意義上的關聯而結合在一起；造句法方面，各語法成分在句子裡的位置有一定的順序，不能隨便更動，例如：不論何種句型，主語通常在述語、表語、斷語之前，敘事句往往以「主語＋述語＋賓語」的語序出現，修飾語通常出現在被修飾成分之前等等。

文言和語體比較起來，之所以讓人覺得難懂，主要由於文言、語體用詞不同，或是有些詞彙從文言到語體，意思有了轉變，某些文言的句子甚至以不同於語體的特殊句式出現（像文言的否定句和疑問句，有時候並不是以「主語＋述語＋賓語」的形式出現）

等原因。學生遇到文言、語體用詞不同或詞彙意義發生改變的情況，可以自己查考工具書，或從生難字詞的教學活動中學習；但是遇到文言和語體在句式上的不同，只好透過句法的比較來了解。所以高中國文課程標準在實施方法項下，對於教學方式及過程有如下的規定：

有關語體文與文言文之文法異同，並應於課前製作比較表，指導學生徹底了解應用。⑭

從文言和語體語序相同這一方面來說，主從結構⑮的修飾成分通常先於被修飾成分，語體表示領屬關係的主從結構在結構之間常用「的」連接，文言則往往用「之」字，我們從國中國文〈母親的教誨〉一文中摘錄了幾個表示領屬關係的主從結構：

父親的種種好處
我的衣服
學堂門上的鎖匙
她的嚴厲目光

我的病眼
我的嚴師
我的慈母

如果把它們和下面這些例子排在一起：

山之陽
山之陰（〈老馬識途〉）
黔婁之妻（〈五柳先生傳〉）
人之常情（〈勤訓〉）
中國之土地（〈與荷蘭守將書〉）
余之三友（〈越縵堂日記〉）

汝之書

汝之女（〈祭妹文〉）

很顯然的，後面文言裡的「之」字和前面語體裡的「的」字可以說功能相同，透過這樣的比較，相信不需要說這些「之」字、「的」字是什麼詞，不需要用到一個文法術語，學生也能明白文言裡這些「之」字的功用。

至於語體與文言在語序上相異的地方，更要透過句式的比較，找出語體、文言不同之處，讓學生明白其間的不同，以熟悉文言裡的特殊句式（有關這一部分在教學上的例子，留待下文談到還原法時再一併介紹）。

(三)運用還原法還原省略或變化的語句

語體文如果遇到語句的成分有所省略，學生在理解上通常不成問題；文言裡如果語句的成分有省略，學生理解時可能比較吃力。這時可以透過將省略成分還原的方法來幫助學生理解，限於篇幅，有關省略句還原的資料請參考劉崇義《國中文言文語法教學試探》裡有關省略句的介紹⑯。

至於文言和語體語序不同的地方，可以先透過比較，找出文言、語體不同之處，再分析其中的成分差異。

〈祭十二郎文〉裡的「惟兄嫂是依」，為了強調賓語「兄嫂」，把它提到述語之前，這是文言一種特殊的句式。「惟兄嫂是依」意思是「只有依靠兄嫂」，依敘事句一般的語序，它應該是「惟依兄嫂」。經過這個步驟，把句式還原為一般語序之後，再比較其中的成分，我們可以發現這裡的「是」在口語裡找不到和它用法相當的字，如此一來，便突顯文言的特殊性；同時也因為口語裡找不到和這個「是」字用法相當的字眼，所以現代口語依然沿用下列的語句形式，像：「他是個『惟利是圖』的人」，「這件事要是辦不好，我『惟你是問』」等等，「惟利是圖」、「惟你是問」，跟「惟兄嫂是依」的句式相似，其中的「是」字具有相同的文法功能，都是出現在提前的賓語和述語之間的一個記號，這個記號告訴我們：賓語被挪到述語前面去了⑰。

四、與國文教學其他各項目之間的整合

文法教學是國文教學中的一項，它雖然可以單獨存在，成為專門的學科，像高中選修科目的文法與修辭；也可以獨立成一個單元，像國中語文常識裡的「語法」或「文法

介紹」單元。不過我們前面曾經提到，這裡所說的文法教學，是平時在範文讀講時進行的，所以以下分別從文法教學與字音、字義教學，文法教學與修辭教學，文法教學與美讀教學三方面，來談文法教學跟國文教學裡其他項目之間的「科際整合」。

(一)文法與字音、字義教學的整合

某些歧音異義字的教學，在音讀或字義方面的解說上，如果與文法教學結合，利用文法知識加以說明，不但學生很容易就明白了，而且可以加深他們的印象。

例如：同一「飲」字，陶淵明〈飲酒〉詩的「飲」讀上聲，〈飲馬長城窟行〉的「飲」要讀去聲，表面上看，是一個字的音讀改變了，其實這屬於王力所謂「古漢語自動詞和使動詞的配對」的問題⑱。同一個「飲」字，「飲酒」的「飲」是「自動詞」用法，讀本音本調，「飲馬」的「飲」是「使動詞」用法（又稱致動用法），讀音要作一些改變（聲調改變了）。〈馮諼客孟嘗君〉裡，同一「食」字，在「食無魚」裡要讀「ㄕˊ」，在「左右以君賤之也，食以草具」和「食之，比門下之客」裡要讀「ㄙˋ」，乍看之下也是字音改變了，其實讀「ㄙˋ」的「食」字，也是「使動詞」用法⑲。同一「見」字，當「看到」、「遇到」、「拜會」、「接待」等意思的時候都讀「ㄐㄧㄢˋ」，而在〈寄弟墨書〉「得志澤加於民，不得志修身見於世」、〈留侯論〉「高祖發怒，見於詞色」、

〈正氣歌〉「時窮節乃見」等裡的「見」，卻都要讀「ㄒㄧㄢˋ」，這也是「自動詞」變為「使動詞」，只是中間多了一層詞意的轉折，從「自己看見」（音「ㄐㄧㄢˋ」、自動詞），變為不是自己看見、而是「讓人看見」（音「ㄒㄧㄢˋ」、「使動詞」），再轉作「出現」、「顯現」（仍音「ㄒㄧㄢˋ」、還是「使動詞」）的意思⑳。更值得注意的現象是：使動詞用法的述語，如果後頭帶有賓語，語意上不同於一般的述賓關係，使動詞用法的述賓關係，表示的是主語「使賓語完成述語動詞所表示的行為、動作」的語意，像「飲馬」是「讓馬飲水」，「食之」是「給他吃」、「讓他吃」的意思㉑，這便涉及字義方面的問題，和字義教學有關。所以如果能把文法和字音、字義相結合一起教學，往往可以收到事半功倍效果的。

(二)文法教學與修辭教學的整合

修辭學有「轉品」之說，是指一個詞彙改變其原來詞性而在語文中出現，「品」指的就是文法上所說的詞的品類㉒。詞彙改變原來的詞性出現在語文中，從文法的觀點來看，其實就是詞類的活用。有關轉品與詞類活用相通的問題，蔡師宗陽在〈論修辭與文法的關係〉一文中曾有很詳細的討論㉓，這裡就不多介紹，下面僅談文法在句型分類上和修辭學譬喻有關的問題。

文法在句型分類上，有一類叫準判斷句，用來表示主語擔任某種職務、具有某種身分，或是主語發生某種變化，或是以比喻的方式對主語加以說明等的語意。表示斷語和主語具比喻關係的準判斷句，準繫詞常用「猶」、「如」、「似」、「若」、「像」、「彷彿」、「好像」等，修辭學譬喻裡的明喻也用它們作為喻詞，可見文法教學介紹準判斷句時，可以和修辭學教學比較、匯通。修辭學的譬喻另有隱喻，喻詞用「是」，〈從今天起〉有「因循怠惰是一條綑住手腳的繩子」這樣的一句話，從表面上看像判斷句，因為句子裡出現了「是」字，而「是」是判斷句的繫詞，但是「一條綑住手腳的繩子」和「因循怠惰」之間其實只是譬喻的關係，這時便要利用語意的理解和修辭學的知識來幫忙了。我們可以說：如果可以把句子裡的「是」字換成「猶如」、「好像」等明喻用的喻詞，語意還是一樣，只是改變了一種說法，那就不是判斷句，而是準判斷句了。

(三)與美讀教學的整合

美讀教學除了詩詞曲等韻文要指導學生依譜吟唱以外，還包括一般所謂的「朗讀」㉔。吟唱時要遵循固定的曲調，朗讀則不管韻文或散文都要講求技巧。朗讀的技巧通常靠語速的快慢、語音的輕重、強弱以及語調、節奏的變化，配合語句的停頓或連續等來表現聲音的美感。所以朗讀的時候何時可以停頓、那裡應該連續不斷的讀出，就顯得相當重要了。

朗讀時，句與句之間固然可以標點符號作為停頓的依據，不過即使在一個沒有標點隔開的句子裡，也可能因語調的講求與節奏的變化而停頓，這時候，究竟那裡可停、那裡該連讀？則跟文法分析有密切的關係。大體而言，主語和謂語之間可以略停，而停頓時間的長短則因語句的語意、文章的情感等來決定，大概以不超過標點符號逗點停頓的時間為原則；至於句子裡的各成分之間（指的是語和語之間，例如：副語、述語、賓語、補足語等），如有需要，也可以有少許的停頓，這種停頓則跟說話者（即朗讀者）對語句的詮釋有密切的關係。不過有一個不應停頓的原則一定要遵守，那就是：一個複詞，無論有多少音節，中間都不應該停頓。這樣說來朗讀者必須了解句子裡何者是主語、那一部分是謂語、那些成分是複詞等，才能把朗讀時的停頓與連讀掌握得恰到好處，才能充分表現文章的聲情之美。

以上雖然提出文法教學的三個原則，也列舉了幾個教學的實例，供大家參考，看來似乎文法教學「有法可循」；其實徒有法，仍然不足以使教學生動活潑，重要的是老師要有追求生動活潑教學的決心，老師們個個教學經驗豐富，只要有決心，參考這些原則，一定可以讓學生在愉快的氣氛之中學習文法，也一定可以改變文法教學向來給人的枯燥印象。

附註

①這裡所謂把話說得不錯，指的是說話合乎文法，不是一般所謂講話講的得體。

②這是呂叔湘先生在《中國文法要略》裡提出來的說法，見該書頁三。

③這裡的語文不是語言文字的合稱，而是口語和文言的合稱。口語指當代的口頭語，文言即書面語。

④這是文法一詞狹義的定義。趙元任先生在《中國話的文法》裡說：「廣義的說，對一個語言的整個描寫就是文法，其中包括聲韻跟結構上的其他方面……在本書裡咱們採用狹義的文法定義來研究中國話聲韻以外的結構。」見該書頁一。如果採用更狹隘的定義，王力先生曾說過：「中國的文法只含造句法的部分，也就是敘述各詞的任務和句子的結構方式。」見《中國語法理論》上冊頁六。

⑤參考黃師慶萱在高級中學《文法與修辭》上冊的說法，見該書頁二。一般研究文法的學者也不見得區分得很嚴謹，例如：周法高先生主要以殷商到魏晉南北朝時代的文獻為研究資料的文法論著稱《中國古代語法》；楊伯峻、何樂士兩位合著的《古漢語語法及其發展》，則以先秦至宋代的文獻來介紹古漢語的「語法」，這是兩個用「語法」稱書面語構詞、造句的規律的例子；何容先生著有《簡明國語文法》、黎錦熙先生有《國語文

法》，研究的是國語，都稱「文法」。至於趙元任先生A Grammar of Spoken Chinese這本書，早年呂叔湘先生的節譯本稱《國語語法》，後來丁邦新先生翻譯則稱《中國話的文法》。這些都是語法、文法不分的例子。

⑥現行《國民中學國文科課程標準》教材大綱規定，語文常識有「文法簡介」單元，自成一篇，於第三學年上學期實施；民國八十三年修正發布的《國民中學國文科課程標準》教材大綱規定，語文常識裡有「語法」單元，分上下兩篇，於第二學年下學期實施；現行《高級中學國文科課程標準》實施方法項下規定講讀時須注意文法及修辭，另設有文法與修辭選修科目。

⑦這個成語出在《文心雕龍．附會》：「是以駟牡異力，而六轡如琴；並駕齊驅，而一轂統輻。」現在用來表示齊頭並進、不分高低的意思。

⑧有不少四音節成語以兩個雙音節語素並列而成，像：天長地久、心直口快、心猿意馬等。從口語的觀點來看，「並駕齊驅」是由「並駕」和「齊驅」兩個語素並列而成的並列式合義複詞，「並駕」和「齊驅」兩個語素的結構相似。不過它原出處《文心雕龍．附會》裡以「並駕齊驅」和「駟牡異力」相對，顯然「駟牡」、「並駕」是相同的結構（都是主從結構），在句法上具有相同的功能（都擔任主語），如果這樣，「並駕齊驅」便成了造句式（主謂式）的合義複詞了。

⑨民國八十三年教育部修正發布的《國民中學課程標準》中，國文科教學目標之肆規定：明瞭我國語文之特質，增進閱讀、寫作之能力及欣賞文學作品之興趣。七十二年教育部公布《高級中學課程標準》中，對國文科教學目標規定：壹、指導學生研讀語體文，提高其閱讀及寫作語體文之能力。貳、指導學生精讀文言文，培養其閱讀淺近古籍之興趣及寫作明易文言文之能力。

⑩例如：《中國文法講話》所說的「加語」、《中國古代語法稱代篇》裡的「形容語」、高中《文法與修辭》上冊所謂的「形容附加語」，指的都是出現在名詞性單位之前的修飾成分；至於這個修飾成分之後的名詞性單位，《中國文法講話》、高中《文法與修辭》上冊都稱「端語」，《中國古代語法稱代篇》裡稱「名語」。名雖殊，而內涵相同。像這種情形可說非常普遍，戴師璉璋在〈中國語法中語句分析的商榷〉一文裡，列舉一般常用的術語與常見於語法著作中的別名作一對照，每一個術語幾乎都至少有一種以上的異稱。

⑪例如：「主從結構」一詞，在〈中國語法中語句分析的商榷〉裡指的只是高中《文法與修辭》上冊中所說的「先從後主的主從結構」裡的一、二兩小類，「先從後主的主從結構」的第三小類戴師璉璋稱為謂語式造句結構（分別以副述式或副表式稱呼）。高中《文法與修辭》上冊另有「先主後從的主從結構」，戴師將它們歸為謂語式造句結構（分

別以述補式或表補式稱呼）。

⑫形容詞和心理動詞，有如下的特性：一、可以被程度副詞修飾、限制，二、可以比較，三、有最高級。

⑬這裡我們不說非形容詞活用為形容詞，是依據戴師璉璋在〈中國語法中語句分析的商榷〉裡的看法。

⑭見該書頁三七。

⑮這裡的主從結構是〈中國語法中語句分析的商榷〉裡所說的主從結構。

⑯見該書第六十五至七十一頁。

⑰「是」字直接以文法術語稱呼時，多稱為「結構助詞」。有關文言特殊句式的討論，請參考何師淑貞《古漢語特殊語法研究》頁一二一至一五三，劉崇義《國中文言文語法教學試探》頁六〇至六四。

⑱請參考王力〈古漢語自動詞和使動詞的配對〉一文，見《龍蟲並雕齋文集》三集頁一二至一三。

⑲同注⑱，見頁一七至一八。

⑳同注⑱，見頁一六至一七。

㉑請參考本書〈明月別枝「驚」鵲，清風半夜「鳴」蟬——致使句和致動用法（下）〉一

文裡有關動詞致動用法的部分。

㉒參見黃師慶萱《修辭學》頁一七七。

㉓有關修辭的轉品與文法詞類活用的討論，請參考蔡宗陽師〈論修辭與文法的關係〉一文，見《紀念程旨雲先生百年誕辰學術研討會論文集》頁六四六至六四九。

㉔這裡所說的朗讀是狹義的朗讀，廣義的朗讀仍然包括吟唱，請參考《國音及語言運用》頁三一七。

主要參考書目

王力　中國語法理論　臺灣商務印書館　一九七七

王力　古漢語自動詞和使動詞的配對
（收錄於《龍蟲並雕齋文集》三集）北京中華書局　一九八二

呂叔湘　中國文法要略　文史哲　一九七五

吳金娥等　國音及語言運用（增訂新版）　三民書局　一九九三

何淑貞　古漢語特殊語法研究　學海書局　一九八五

許世瑛　中國文法講話　臺灣開明書店　一九七九

黃慶萱　修辭學　三民書局　一九七九

趙元任　中國話的文法（丁邦新譯）　香港中文大學　一九八二
蔡宗陽　論修辭與文法的關係　一九九四
（收錄於《紀念程旨雲先生百年誕辰學術研討會論文集》）
劉崇義　國中文言文語法教學試探　貫雅文化事業　一九八八
戴璉璋　中國語法中語句分析的商榷　教學與研究七期　一九八五

語言學、語法、文法

「語言」（language）是指人類用來表情達意的一套有系統的聲音符號，是一個複雜而抽象的系統，主要作用在以聲音作為個人意念表出的形式，因此，這些聲音和表出的意念之間有密不可分的關係，如果能夠了解這個系統的運作，是有助於認識人類心智活動的，於是以語言為研究課題的「語言學」（linguistic）便顯得十分重要。

一、語言學和語言學的範圍

「語言學」可以以具體的聲音為研究重點，像大家所熟悉的語音學就是；也可以在抽象的層次上研究語音以及構詞和造句的法則，像音韻學、構詞學、句法學；而語言最主要的功用在於表情達意和溝通，所以語用也成為研究的重點。

語音學（phonetics）是以人類語音為研究對象的學科，語音是語言最容易觀察到的成分，不但可以記錄下來，同時還可以用儀器測量它的物理特性，像：響度（loudness）、音高（pitch）、音強（intensity）、音長（duration）等。語音學主要目的在透過對人類語音的觀察和描述來研究語音的種類、語音的性質和發音的方法，因此，研究語音的生理基礎，包括發音器官、發音方法、語音的種類等的叫發音語音學（articulatory phonetics），如果研究語音在聲學上的物理性質，就是對我們上面所提到語言可以觀察到的強度（音強）、頻率（跟音高有關）、音質（跟震動體本身的性質與共鳴腔的形狀等有關）做研究，稱為聲學語音學（acoustic phonetics）；至於研究語音和聽者之間的關係，像：聽者怎麼聽到語音、不同的語音訊號對聽者的感受以及訊號與聽覺之間的關係等的是聽覺語音學（auditory phonetics）的工作。

研究人類語言內部的語音模式，也就是語音的結合規律的學科稱為音韻學或音系學（phonology），所謂語言內部的語音模式或語言結合的規律，如果以國語為例：雙脣音ㄅ、ㄆ、ㄇ可以有開口、齊齒、合口三呼，但不能和撮口的ㄩ拼合，舌面前塞擦音ㄐ、ㄑ和擦音ㄒ只能和ㄧ、ㄩ拼合，也就是只有齊、撮二呼，不能有開、合口呼，舌尖前塞擦音ㄗ、ㄘ擦音ㄙ，舌尖後的塞擦音ㄓ、ㄔ與擦音ㄕ、ㄖ以及舌面後（或稱舌根）塞音ㄍ、ㄎ與擦音ㄏ則是只有開、合而無齊、撮，這是國語聲母和韻母結合時的一些通則；

而當兩個上聲字連讀時，出現在前面的上聲字要變調，也是有規律可尋，像這些都是音韻學研究的範疇。

語言雖然主要以語音的形式存在，但是，並非詞彙任意組合就可以產生完整的意思，同時詞語的排列也有一定的規則，於是句法學（syntax）便擔負起研究語言之中有關造句的法則和一些相關的問題的責任。

語言的使用功能和語言各層次的結構有很深的關係，研究這兩者之間的關係的是語用學（pragmatics）的範圍；至於一般所謂的聲韻學，是研究語言因為時間因素所產生的變化，屬於歷史語言學（historical linguistics）（也有人稱做歷史音韻學）的範圍；而方言學（dialectology）則是研究語言因為空間改變而產生的變化；另外還有研究語言與心智關係的心理語言學（psycholinguistic）、研究語言使用和社會層面的關係的社會語言學（sociolinguistics）等。

語言學的範圍十分廣泛，上面所介紹的是以它的研究內容作為分類依據的部分，我們還可以看到依研究方法分類的描寫語言學（descriptive linguistics）、比較語言學（comparative linguistics）、計算語言學（qualitative linguistics）等，在對語言作詳細描述和比較時，往往也對該語言的語音、音韻、構詞、句法等作相關的研究，而計算語言學更是把電腦應用在研究語言、文字、文獻風格、機器翻譯等上頭。至於我們一般所謂的

「語法」或「文法」也在語言學的範疇，只不過不容易和上面所說的某一種直接對應，所以有單獨介紹的必要。

二、語法、文法

前面我們所提到語言學研究的素材，除了歷史語言學之外，都是以口頭語（簡稱口語）為主要材料，口語和書面語相對，提到口語和書面語我們最容易想到的是白話和文言，我們今天所說的文言，在語言演變的過程裡，在某一個時代也是那一個時代的口語，例如今天我們認為詰屈聱牙的《尚書》，很可能就是當時口語的實錄，只是因為年湮代遠，所以現在我們難以讀懂罷了。

口語和文言之間有繼承，也有發展，繼承的部分我們也許不容易察覺，但口語比起文言來另有發展的部分，就很容易感受到。一般最容易察覺到的是音讀的不同，國語裡有些字有語音和讀音的不同，例如「白」字，一般唸ㄅㄞˊ是語音，唸ㄅㄛˊ是讀音，所反應的就是口語和文言的區別，像在「白紙」這個詞裡的「白」要唸語音，而在讀王之渙「白日依山盡，黃河入海流」的詩句時，就唸讀音了。某些方言，像閩南話，白話音和讀書音的差異就非常大，以廈門音為例，「白」的白話音唸「peˀɔ̲」，讀書音則讀「pikɔ̲」，聲母和聲調雖然相同，但是韻母的差別卻很大，反應在實際語言裡，「白衫」只說「pe˒ɔ̱ csā」，但「白手成家」卻只能說「pikɔ̱ ˓siu csing̱ cka」（這裡純粹只論語音現象，不涉及歷史語言學的問題）。在詞彙的使用上，口語和文言也有很大的差別，例如口語叫「眼」或「眼睛」，文言則稱「目」，這是口語在詞彙方面另有發展的一面，我們很容易感受到，訓詁學重要的任務就是要解釋古今異言和方俗殊語，古今異言也就是古今詞彙用語的不同，至於口語繼承文言的部分，像構詞的法則除了少數詞彙受外來語影響以外，大致上口語和文言沒有甚麼差別；而句子的語序和句型更是漢語古今演變中穩定性較強的部分，在漢語各方言裡句子的語序雖不能說完全相同，但的確表現了高度的一致性。語言學所謂的造句法或稱句法學（syntax）就是要從語言裡歸納出構句法則來。

口語是我們當代的語言，但書面語往往也可以表現某一個時代的語言特色。研究當代語言的構詞、造句法則的叫「語法」，歸納書面語的構詞、造句法則的叫「文法」，這是用比較嚴的標準來區分的，如果用比較寬的標準來看，「語法」也可稱「文法」（呂叔湘在《中國文法要略》裡就是這種主張，他採用文法的通稱，認為有必要分別時才稱白話文法或文言文法）。

每一種語言有一套自己的法則，我們學習一種語言要學會它的語音以及由這些語音組成的詞彙、句子，簡單的說就是學習組成語言的基本單位及各種規律，當然包括音韻、構詞、造句等的規律，這些規律的總合就是這個語言的「語法」，因此，「語法」可以說是我們說話的依據，也就是我們的「語言能力」，所以我們聽別人說話，有時覺得他的話裡不太對，但並不是他發音有問題，也不是他用錯了詞語，而是我們的語感判斷告訴我們這句話錯了，例如：

我最喜歡聽你跟琪琪在一起談學校裡的事。（〈父親的信〉）

人生什麼事最苦呢？……翻過來看，人生什麼事最快樂呢？（〈最苦與最樂〉）

這兩句話裡的「最」字一個出現在表示心理狀態動詞「喜歡」前面，另一個出現在形容詞性單位「苦」和「快樂」的前面；但是，如果說成：

我最聽你跟琪琪在一起談學校裡的事。

你最談學校裡的事。

我們一定認為不對，這種判斷的根據就是我們的「語言能力」，因為這兩個句子不合「語法」，在我們的語法系統裡，像「最」這一類的程度副詞，可以出現在形容詞的前面，另外還可出現在像「喜歡」、「愛」、「恨」等表示心理狀態的動詞之前，可是不能出現在其他動詞前面，因此，就不能有像上面的那兩句話，也不能有「最打」、「最走」等的說法了（有關的語法術語會在以後的文章裡為大家陸續介紹）。

前面曾經提到了解語言有助於了解人類的心智活動，尤其是語法跟人的思維有密切的關係，同時，越充分掌握語法的系統，就越能了解人類的語言。而我浩瀚的中華文化長河裡，絕大多數是以文獻資料的形式保存下來的，要汲取文化長河裡的精華，非讀懂這些文獻不可，然而這些文獻多數又以當時的語言記錄，對習慣用白話的我們來說，可能是一種隔閡，所以如果能透徹的了解我們的語法系統，從而了解口語對文言語法的繼承和發展，不只是有助於我們把話說得不錯，同時還可以讓我們更容易讀懂古書，更了解我們的文化。

婆婆、媽媽VS.婆婆媽媽　手足≠手&足？

國語的構詞法

國中國文第三冊第十八課〈湖心亭看雪〉裡出現的三個「子」字，有兩種音讀，影「子」讀「·ㄗ」，童「子」、舟「子」要唸「ㄗˇ」，同一個「子」字為什麼要區分為兩種音讀？是因為這三個詞內部結構不同、也就是它們的構詞法有別的緣故。又同冊第三課〈只要我們有根〉這一課裡，「我親愛的手足，不要傷悲」的「手足」和第八課〈張釋之執法〉的「民安所錯其手足」的「手足」意思也不相同，這也是可以從構詞法上去理解。以下便想談談國語的構詞法，先從文字和語言單位之間的關係談起。所用的例子多數取自現行國中、高中國文課本，只標篇名，第幾冊、第幾課就不詳記了。

一、字和詞

儘管在文字學家眼裡，文和字不能混為一談，但從語言研究的角度看來，一個一個的文或字，都是記錄語言的符號，每個文或字各有讀音，構形也不同，意義更是有別，但這些都是文字學家研究的課題。嚴格而言，在語言的研究上，不是以文字為單位，而是以語言使用上可以表達意義的最小單位「詞」為研究對象。

實際的語言裡，有些詞具有詞彙意義，有的詞卻只有語法功能，或只能表達某種語氣，如果這個足以表義的最小單位只有一個音節（這個音節不一定要有聲母，但一定要有韻母和聲調），也就是只用一個字就可以記錄下來，這類的詞稱單音節詞，簡稱單詞，大多數的漢字，像「大」、「小」、「人」、「我」、「動」、「搖」等等，都具有獨立成詞的能力，這也是漢語被稱為是單音節語言的原因；如果需要兩個、甚至於兩個以上的音節才能表達最小的意義，像：「老闆」、「窸窣」、「邂逅」、「蕭然」、「人格」、「喜歡」、「散步」是由兩個音節構成的詞，「差不多」、「老天爺」、「圖書館」、「電氣化」要三個音節才能表達最小的意義，「自然科學」、「限時專送」、「吱吱喳喳」、「熱熱鬧鬧」則是要由四個音節才能構成詞，這種由兩個或兩個以上音節構成表義的最小單位的，稱為複音節詞，簡稱複詞。

前面提到多數漢字都具有獨立成詞的能力，也就是都可以是一個單詞，但是有些字，所代表的音節卻不能單獨成詞，像單一個「邂」或「逅」字，都不具有意義，也都不能成詞，必須「邂逅」連用，才能表示不期而遇的意思，才能算是詞。「窸窣」、「徬徨」、「澎湃」、「顢頇」都是這類詞的例子。所以「字」不一定能成「詞」，因為有些字並不能單獨表達意義；而詞也不見得都是由一個字來表示，因為有的詞是要由兩個或好幾個字構成。縱使是單詞，在語法研究上仍然要稱詞，而不叫字，這也就是語言研究上何以不是以文字為單位，而要以詞為研究對象的原因。

要談構詞法，自然以複詞的構成單位為討論的對象，複詞的構成單位，一般稱為詞素（morpheme），也有稱作語素或語位的；構詞法就是探討複詞詞素之間的關係，如果複詞詞素之間有意義上的關係，就稱為合義複詞，否則就稱為衍聲複詞。

二、衍聲複詞

衍聲複詞的成分，有的是音節重疊，有的具有詞根與詞綴的關係，有的兩音節之間全無意義關聯，只以聲音關係組合成詞。這類複詞一般又可以分為：疊字衍聲複詞、雙音節衍聲複詞、帶詞綴衍聲複詞三類。

(一)疊字衍聲複詞

疊字衍聲複詞顧名思義是指由音節重疊而成的衍聲複詞，亦即《通雅．釋詁》所謂的「重言」，這類複詞依形式分，可以分成一個音節重疊和兩個音節重疊兩種；依音節的性質分，也可以有兩小類，一類是不疊不能用，另一類是不疊也能用。

從形式上說，「『唧唧』復『唧唧』」、「但聞黃河流水鳴『濺濺』」、「但聞燕山胡騎聲『啾啾』」、「磨刀『霍霍』向豬羊」（〈木蘭詩〉）、「為『芸芸』眾生心中成千成百的叩問提供了一個中止疑惑的不答之答」（〈結善緣〉）、「即使飢腸『轆轆』都會忘了吃飯」（〈談興趣〉）、「寒星照在蘆葦上『微微』發光」（〈孤雁〉）、「為什麼偏要『白白』走這一遭啊」（〈匆匆〉）都是由一個音節重疊的疊字衍聲複詞；親屬稱謂詞，像「爺爺」、「爸爸」、「姑姑」等，也可以算是這一類的例子。至於由兩個音節重疊的疊字衍聲複詞，像：「晚上嫌它『冷冷清清』」、「一個個就又『鬼鬼祟祟』偏過頭去」（〈鄉居情趣〉），「那千佛山的倒影映在湖裡顯得『明明白白』」（〈大明湖〉）等就是。

從音節的性質來看，由兩個音節重疊的疊字衍聲複詞，多數是不疊也能用的衍聲複詞，像「冷冷清清」就是「冷清」，「鬼鬼祟祟」就是「鬼祟」，「明明白白」就是「明白」，「吱吱喳喳」也可單用成「吱喳」（見〈火鷓鴣鳥〉）；至於單一音節重疊的疊字衍聲複詞則有的是不疊不能用的，像「唧唧」、「濺濺」、「啾啾」、「霍霍」、「芸芸」、「轆轆」等就是，這類複詞多半出現在文言文裡，或是原為文言詞彙保留到現代的白話裡，而「微微」、「白白」則是不重疊也能用的例子。

不過在這裡要特別說明的是：有時候從語詞的外表看起來是重疊，但並不是疊字衍聲複詞，像「『家家』泉水，『戶戶』垂楊」（〈大明湖〉）裡的「家家」、「戶戶」，「以前『種種』，譬如昨日死；以後『種種』，譬如今日生」（〈從今天起〉）裡的「種種」，「翠綠的葉子『片片』枯萎」（〈只要我們有根〉）裡的「片片」等，是量詞重疊的用法，「家」、「戶」、「種」、「片」原本都是單詞，重疊之後代表的是每一家、每一戶、每一種、每一片，它們是詞的重疊，屬於詞語結構，而不是疊字衍聲複詞。

(二)雙音節衍聲複詞

雙音節衍聲複詞古人稱為聯綿字，也就是合兩個既無意義關聯、也無詞頭或詞尾關係的音節為一個詞的衍聲複詞。這兩個音節無法再行分析，因為分開來之後，不能單獨成詞，或是喪失了依附在這個複詞的意思，像前面舉的「邂逅」、「澎湃」、「顢頇」就是這類的例子。純粹從聲韻的角度上來探討兩個音節之間的關係，又可以分為雙聲雙音節衍聲複詞、疊韻雙音節衍聲複詞、非雙聲疊韻雙音節衍聲複詞三小類。

如果雙音節衍聲複詞的上下兩音節聲母相同，像：「澎湃」（〈黃河結冰記〉）、「髣髴」（〈春〉）或作「彷彿」（〈我所知道的康橋〉）、玲瓏（〈鳥〉）、「躊躇」（〈背影〉）、「呢喃」（〈鄉下人家〉）等都是雙聲雙音節衍聲複詞。反之，如果雙音節衍聲複詞的上下兩音節韻母相同，就稱為疊韻雙音節衍聲複詞，像：「顢頇」（〈鄉居情趣〉）、「逍遙」（〈我所知道的康橋〉）、「蹣跚」（〈背影〉）、「娉婷」（〈我所知道的康橋〉）等就是這類的例子。另外像：「邂逅」（〈結善緣〉）、「遛達」（〈鳥〉）、「剎那」（〈我所知道的康橋〉）等，這類雙音節衍聲複詞的上下兩音節之間聲韻都不相同，也就是既非雙聲，也不疊韻，就稱做非雙聲疊韻雙音節衍聲複詞。

兩個音節如果純就聲韻的角度來說，可以雙聲、也可以是疊韻，當然也可以既雙聲又疊韻，那麼有沒有雙聲疊韻的雙音節衍聲複詞呢？按道理說是有的，文言裡像「轆轤」就是一個典型的例子，《詩・小雅・車舝》裡的「間關」從古音來說也是既雙聲又疊韻的雙音節衍聲複詞，只是這類的例子在白話裡不容易找到罷了。

(三)帶詞綴衍聲複詞

前面提到漢語可以說是一種單音節的語言，也就是多數的漢字，一個音節就可以有獨立的最小意義，它們是自由語素（free morpheme），或稱自由詞素；詞綴（affix）往往是由自由詞素虛化，失去原有的詞彙意義而來，稱為附著語素或附著詞素（bound morpheme），如果一個衍聲複詞帶有詞綴，就稱為帶詞綴的衍聲複詞。這類的衍聲複詞又因為詞綴出現位置的不同而分為帶詞頭衍聲複詞、帶詞尾衍聲複詞、帶詞嵌衍聲複詞三種。

詞綴在前，稱作前綴或詞頭（prefix），也叫前加成分，前綴加上自由詞素就稱為帶詞頭衍聲複詞。「阿」根據王力先生的考查，是漢以後產生的詞頭，在文言裡常與稱謂詞結合，像「阿爺」、「阿姊」（〈木蘭詩〉）就是，現在在某些方言裡也還常見，例如：「阿爸」、「阿媽」（〈楊桃樹〉）、「阿公」（〈負荷〉），有時我們在口語裡也會把它加在人名之前，尤其是單名加「阿」的情況相當普遍，像「阿明」、「阿珠」之類。「老」是現代漢語裡用得很廣的詞頭，可以用在人和動物兩方面，用在人的，像「老張」、「老王」、「老兄」、「老弟」、「老大」、「老三」等，可以加在姓之前、可以加在某些稱謂詞之前、也可以加在排行之前；用在動物的，像「老虎」、「老鼠」、「老鷹」等；這是由年老、年長的意思虛化而來的詞頭，因此我們可以說：小老虎、小老鼠，但不能說：小老羊、小老雞，因為後者的「老」字並未虛化，試比較〈父親的信〉裡的「小『老闆』」和〈老馬識途〉裡的「老馬」，這兩個例子就可以明白了。另外值得一提的是：根據王力先生《漢語史稿》的考查，「老婆」、「老師」的「老」字，最初都不是詞頭，分別到元代和清代才變成詞頭的。還有在姓之前有時也加上個「小」字，例如「小張」、「小王」之類，成為對人的一種膩稱，這類的「小」字也是詞頭。其他像「初」（出現在十以下的數詞之前）、「第」（表示序數），也都是詞頭。像這一類的複詞都是帶詞頭的衍聲複詞。

如果詞綴出現在自由詞素之後，叫後綴或詞尾（suffix），也稱後加成分，口語裡儿化韻往往寫成「兒」字，就是詞尾，像〈春〉一文裡就有很多帶「兒」尾的衍聲複詞：「桃兒」、「杏兒」、「梨兒」、「鳥兒」、「趕趟兒」、「起頭兒」都是；而「子」和「頭」也是用得很廣的詞尾，「子」常常加在一些單音節名詞之後，像「桌子」、「輪子」、「橘子」、「瓶子」、「獅子」、「蚊子」，連同我們前面提到的〈湖心亭看雪〉裡的「影子」，這一類的「子」字都沒有了「襁褓中之嬰兒」的本義或「對男子的美稱」、「對男性的通稱」等引申變化的意思，也就是詞彙意義虛化了，只成了一個語音記號，這時就念輕聲；「頭」作為詞尾，除了出現在單音節名詞之後（像「石頭」、「木頭」、「舌頭」）以外，還可以出現在「前」、「後」、「上」、「下」、「裡」、「外」等方位詞之後（像「前頭」、「上頭」），也要念輕聲，請把這些帶「頭」字的複詞和「肩頭」（〈最苦與最樂〉）作一比較，就清楚了：「肩『頭』」要唸本調，而且有「上（面）」的意思。表示多數的

「們」也是後綴，除了加在人稱代詞之後，還可以出現在少數與人有關的普通名詞之後，像：「人們」、「同胞們」、「孩子們」等，「怎『麼』」、「什『麼』」、「那『麼』」等的「麼」，「尾巴」、「結巴」的「巴」也是詞尾，帶有這些詞尾的複詞也都是帶詞尾的衍聲複詞；而形容詞往往帶有「的」，像「低矮的」、「小小的」（〈火鷓鴣鳥〉），副詞帶有「地」，像「緩緩地」、「輕靈地」、「粗野地」（〈火鷓鴣鳥〉）等，也可以算是這一類的衍聲複詞。另外「然」、「其」、「爾」等，是文言裡常見的詞尾，帶有「然」字詞尾的用例很多，像「環堵『蕭然』」、「『欣然』忘食」（〈五柳先生傳〉）、「『龐然』大物」、「不覺『呀然』驚恐」（〈兒時記趣〉）等都是，現在口語裡也還沿用一些類似的詞彙，所以我們常說「『欣然』同意」、「『怡然』自得」、「『索然』無味」等等；「其」現在還用在「尤其」這個詞裡；「爾」當詞尾，可以看到「『莞爾』而笑」的用法。事實上，這就是我們在前次的文章裡提到口語對文言有所繼承的部分。

詞綴如果出現在幾個自由詞素之間，稱為中綴或詞嵌（infix），也叫中插成分或插詞，帶有中綴的衍聲複詞叫帶詞嵌衍聲複詞，口語裡常說「糊『裡』糊塗」、「流『裡』流氣」、「寶『裡』寶氣」的「裡」字，都不具有「裡面」的意思，就是詞嵌，另外像「黑『不』溜秋」、「花『不』楞登」裡的「不」字，也沒有表示否定的意思，也是類似的例子，這一類的衍聲複詞就是帶詞嵌衍聲複詞。

三、合義複詞

合義複詞的兩個詞素之間原有意義上的關係，因為結合度緊密，成為只有一個意義，有的語法學家像趙元任先生就把它們稱作複合詞（compounds）。這一類複詞依據詞素間的關係，可以分為：並列式合義複詞、主從式合義複詞、造句式合義複詞三類。

㈠並列式合義複詞

並列式合義複詞是兩個詞素以並列、平行的方式合成一個意義單位，所以也稱為聯合式合義複詞或等立式合義複詞，兩個詞素之間，有的意思相同或相似，像：「『朋友』能『增長』你的『知識』」（〈父親的信〉）這一句話裡，「朋」與「友」、「增」與「長」、「知」與「識」之間，意思近同，和這類似的例子，例如：「管束」、「教訓」、「嚴厲」（〈母親的教誨〉）、「房屋」、「瞧見」、「休息」（〈鄉下人家〉）等就是。有時兩詞素聯合之後，只取其中一個詞素的意義作為複詞意義的代表，像「國家」現在只有「國」的意思，「窗戶」只取「窗」的意思；也有以兩個詞素的原有意義為基礎，發展出新義來，像「砥」、「礪」原都是磨刀石，合在一起有了磨練的意思，「手」、「足」

意思原來意思各有所屬，但在〈只要我們有根〉「我親愛的『手足』，不要傷悲」裡是「同胞兄弟」的意思，我們的題目「婆婆」、「媽媽」原是疊字衍聲複詞，但當它們合成「婆婆媽媽」一個詞時，則是「囉嗦」的意思，這類都是由兩詞素聯合以後發展出新義的例子。也有並列的兩個詞素意思相反，像〈五柳先生傳〉「曾不吝情『去留』」的「去留」只取「去」的意思，也是並列式合義複詞的一種，像這種兩詞素意思相反，合在一起只取其中一個詞素的意思的，我們也稱為「偏義複詞」。

並列式合義複詞的兩個詞素一定要緊密的聯合在一起，如果「手足」指的是「手」和「足」，像〈張釋之執法〉「民安所錯其『手足』」，就不能看成並列式合義複詞，而要看成結構了。

(二)主從式合義複詞

從名稱上一望而知這種合義複詞的詞素有主有從，通常是一個次要成分在前，修飾後面的主要成分，緊密的組合在一起成一個意義單位，也叫組合式合義複詞或偏正式合義複詞。「電影」、「手槍」(〈父親的信〉)既不是「雷電和影子」、「手和槍」並列，也不是「雷電的影子」、「手的槍」，「白馬王子」(〈雅量〉)固然原來是一個「騎著白馬的王子」，但是現在已成為「女孩心目中理想的男性伴侶」的代稱，像這樣一主一從的組合方式，而有了分別依附於由這兩個詞素組成的「詞」的專屬意義，就是主從式合義複詞。

在日常生活中，以主從式合義複詞命名的事物很多，因為往往只要在物的大類名之前加上物的個別特徵予以說明、形容或是比況，就可以成為專屬的別名了，像「蜜蜂」、「西瓜」就是在「蜂」、「瓜」的類名之前加上說明，說明牠是會釀蜜的一種蜂、從西土來的一種瓜；「螢火蟲」、「綠豆」則是在「蟲」之前附加「螢火」形容它在夜晚時的樣子、附加「綠」形容豆子的顏色；至於比況，多數用在被修飾的位置上，「蕃『茄』」、「西紅『柿』」的「茄」、「柿」用的就是比況，因為這是在中國本土原來沒有的東西，只好用形似的東西加以比擬了。

(三)造句式合義複詞

這一種合義複詞詞素間的合成方式是以造句的方式結合而成，當然兩個詞素也必須緊密結合產生一個專屬意義才行，試比較「吃力」和「吃糖」，「吃力」不是真的吃下力氣，而是表示「費力」的意思，「吃糖」卻是真有吃的動作，同時「糖」是「吃」的賓語。像「吃力」這種結合方式的合義複詞就是造句式合義複詞，也叫結合式合義複詞。造句方式的結合，有的是像句子裡主語和謂語的形式，例如：「心急」、「眼紅」、

「心疼」等是類似主語表語關係的結合，「地震」、「日蝕」則又似主語述語的關係；也有像是述語和賓語的關係的：「傷心」、「得意」、「無端」、「無聊」等就是；而「火紅」、「雪白」、「碧綠」則是副語和表語關係的結合；「鼎沸」、「蛇行」、「散步」的詞素之間具有副語和述語的關係；另有一種以述語和補足語的方式結合的，也就是王力先生所謂的使成式，像「掉下」、「嚇住」、「伸出」、「殺死」等就是；而「『碧沈』西瓜」的「碧沈」則是表語和補足語的關係。

最後，要特別說明的是：如果一個複詞的兩個詞素之間有意義上的關聯，那麼縱使兩者之間有雙聲或疊韻的聲音關係，仍然要以合義複詞看待，不能看成雙聲或疊韻的衍聲複詞。例如「禁忌」縱使有雙聲的關係、「脫落」雖然疊韻，仍然應該看成並列式合義複詞才是。

詞類的區分及實詞的本用

在〈語言學、語法、文法〉那篇文章裡，我們曾經引用到：「我『最』喜歡聽你跟琪琪在一起談學校裡的事。」（〈父親的信〉）「人生什麼事『最』苦呢？……翻過來看，人生什麼事『最』快樂呢？」（〈最苦與最樂〉）這樣的例子，說它們是合乎語法的；也提到「『最』聽」、「『最』談」、「『最』打」、「『最』走」等說法，不合乎語法。這和詞彙內部結構也就是構詞法無關，但是和句子的語序卻有著密切的關係，因此可以說漢語的語句裡，某一類的詞可以出現在某些詞的前頭或後頭，是有規律可尋的，這就是說：語序和詞類區分有比較密切的關係。但是區分詞類，不僅是為各種詞類下一個定義，把日常使用的詞彙一個蘿蔔一個坑的歸到它的屬類裡，同時更希望透過區分，對於某一類的詞，具有怎樣的特徵（feature）、可以接受那些詞類的修飾、能夠擔任句子裡的那些成分、出現在句子裡的那些位置上等等的問題，能了解得更清楚、更明白，以便精確的使用自己的語言。

一、實詞和虛詞

開我國語法研究風氣先河的馬建忠，最早依據字（在語言的研究上應該稱「詞」的，馬氏都稱「字」，這在談論構詞法時已經討論過）的「有事理可解」與「無解而惟以助實字之情態者」兩個標準，把詞區分為「實詞」與「虛詞」兩大類。他的《文通》是從詞的內涵上為實詞下定義，認為實詞是有事理可說的；而為虛詞下的界說則主要著眼在它的功能，以為虛詞可以表現實詞的情感成分與色彩。自此以後，雖然有一部分漢語語法學家對於詞類虛、實二分法有意見，例如：黎錦熙就把詞類區分為實體詞、述說詞、區別詞、關係詞、情態詞五類（見《新著國語文法》）；孫良明則主張當區分為句法結構成分詞、句法結構關係詞、非句法結構詞三大類（主要理論見〈詞類三分法芻議、實詞虛詞二分新析〉，刊載於一九九二年一月《山東師大學報》社科版），但是多數依然沿用著實詞、虛詞二分的分法，同時在實詞、虛詞的定義又有或多或少的補充，使得它們的界說益發周延。本文對於詞類的基本區分仍沿襲馬建忠以降多數學者的分法，區分為實詞、虛詞兩大類，至於各小類詞的分法，則只要能區別開來，就成立為一個單獨的詞類。

實詞，從內涵上來說，「可以表示一種概念」（王力先生的說法），「意義比較實在」（呂叔湘先生的說法，因此他把這類詞叫實義詞），也就是具有詞彙意義；但是虛詞「不能表示一種概念」（王力說法），意義比較空虛（呂叔湘說法，因此他稱這類詞為輔助詞），詞彙意義虛化了。就功能而言，實詞能夠單獨充當句子裡的成分——「語」；虛詞只能作為語句結構或句子之間的工具，或是表示某種語氣與情感。

把詞類分為實詞和虛詞是比較粗略的分法，如果再細分的話，各家的分法同中有異，所同者是：虛詞分為介詞、連詞、助詞、歎詞四類，或以介詞、連詞為聯結詞（或關係詞），助詞、歎詞為語氣詞兩類。對於其他詞類則分法紛歧，例如：王力以名詞、數詞、形容詞、動詞為純粹的實詞（實詞）——本段括弧裡的用語為筆者所加——，與實詞相近的副詞（半實詞），代詞與虛詞相近的繫詞（半虛詞）；呂叔湘以名詞、形容詞、動詞為實義詞，限制詞（即副詞）、指稱詞（含王力之數詞）為比較實的輔助詞（半虛詞）；許世瑛先生是把名詞、動詞、形容詞稱為最具體的實詞（實詞），限制詞、指稱詞（含王力之數詞）則稱比較沒那麼實在的實詞（半實詞）。為了避免在虛詞與實詞之上附加其他的修飾成分，我們綜合各家的說法，只依據詞類功能來區分實詞、虛詞，至於細分實詞、虛詞各類詞的標準，留待下文敘述各類詞的性質、特徵時，再詳細說明。凡是具有詞彙意義，能充當句子裡「語」的成分的，一律稱實詞，可以分為名詞、形容詞、動詞、副詞、稱代詞、數詞、量詞七類；凡詞彙意義虛化，不能充任句子裡「語」的成分，只能表示語氣、情感或作為語句結構、句子之間聯繫的工具的，則稱為虛詞，包括介詞、連詞、助詞、歎詞四類。以下便分別為這十一個詞類下一界說，但是因為多數詞類的例子都不容易列舉得完，所以只舉少數的例子作為代表。

二、實詞的分類

㈠名詞

凡是人、事、物的名稱以及學術上所創造的名稱，都是名詞。像：「人」、「鳥」、「書」、「詩」、「馬」、「母親」、「良人」、「童年」、「生活」、「經驗」、「道德」、「代數」等都是。

名詞可以接受形容詞、稱代詞或數量結構（由數詞和量詞組成的結構）的修飾，成為一個主從結構（或稱偏正結構，修飾成分稱為附加語或定語，附加語又簡稱加語，被修飾成分稱為端語或中心語），像：「我的那些朋友，使『我的童年』成為一篇『動人的故事』」（〈父親的信〉），「我的童年」是稱代詞「我」修飾名詞「童年」，「動人的故事」則是形容詞「動人的」修飾名詞「故事」；而國中國文第四冊篇名「一枚銅幣」、第五冊篇名「一隻白鳥」，則是數量結構「一枚」、「一隻」修飾名詞「銅幣」、「白鳥」的例子。有些主從結構裡，稱代詞所擔任的領屬性加語之後不一定使用連詞（或稱「助詞」、「介詞」、「關係詞」），即文言的「之」或白話的「的」，例如：「『此人』親驚『吾馬』」（〈張釋之執法〉）、「每天，天剛亮時，『我母親』便把我喊醒」（〈母親的教誨〉），「此人」、「吾馬」、「我母親」這些主從結構之間都不加連詞；而「『汝之詩』，吾已付梓，『汝之女』，吾已代嫁，『汝之生平』，吾已作傳。」（〈祭妹文〉）以及前面舉的「我的童年」，則是在主從結構之間加上連詞的例子。至於由數量結構和名詞構成的主從結構，如果數量結構是用來表示該名詞確切的數量，尤其是數詞帶有零數的話，口語習慣上不加連詞，像前面「一枚銅幣」、「一隻白鳥」兩個例子，不說成「一枚的銅幣」、「一隻的白鳥」，但是如果數量結構只是對名詞一種形容、修飾，不是表示該名物真正的數量，或者遇到數量結構裡數詞是整數，或者量詞是度量衡的單位，那麼數量結構和名詞之間可以加上連詞，白話的例子像「碧綠的山坡前幾千隻綿羊，挨成『一片的雪絨』」、「大海『萬頃的波浪』，戴著各式的白帽」（〈志摩日記〉），並不是真有一片雪絨，只是形容綿羊成群，像一片雪絨一樣，而「萬頃的波浪」的「頃」則是表示面積的標準單位，當然，在這裡「萬頃」也只是極言其大而已（這裡，綿羊是真有「幾千隻」，但因為數詞是整數，所以數量結構和名詞之間加不加連詞「的」都可以）。

不過，名詞不能接受副詞的修飾，所以不能說「『很』白鳥」、「『不』銅幣」、「『已經』童年」、「『慢』經驗」；雖然我們有時也說「『很』藝術」、「『太』小人」，但是在這裡的「藝術」、「小人」，都已經活用為形容詞性的單位了。

只有表示對人的稱謂的名詞可以重疊，像「爸爸」、「媽媽」、「姥姥」、「奶奶」等，其餘多數的名詞都不能重疊，有看似名詞重疊的，像「家家」、「戶戶」、「天天」、「年年」、「人人」等，事實上應該把「家」、「戶」、「天」、「年」等看成是準量詞（量詞的一小類），所以這是量詞重疊的現象，表示「每一」的意思，只有「人」的情形比較特別，它應該不能看成量詞，但可以重疊。

名詞可以擔任所有句子的主語，敘事句的賓語、判斷句的斷語以及主從結構的端語、介賓結構的介詞次賓語（這些語法術語，留待以後再行介紹）。如果名詞擔任主從結構的領屬性加語，白話要在加語和端語之間加上連詞「的」字，像：「母親的教誨」、「父親的信」，不能說成「母親教誨」、「父親信」；文言則可加「之」字，像：「臺灣者，『中國之土地』也」（〈與荷蘭守將書〉）裡的「『中國』之『土地』」，但也可以不加「之」字，例如：「『貴國人民』，遠渡重洋，經營臺島」（〈與荷蘭守將書〉）

裡，「貴國」與「人民」之間即不加「之」字。

㈡形容詞

凡是可以用來表示人、事、物的性質、狀態的詞叫做形容詞。像：「白」、「大」、「深」、「美」、「整齊」、「碧綠的」、「著急」、「舒服」等都是。

形容詞最大的特點是：可以接受否定副詞「不」和大部分程度副詞的修飾，所以可以說「不大」、「不深」、「不繁」、「不美」，也可以說：「極大」、「很深」、「十分美麗」、「甚夥」、「彌繁」、「愈急」。

多數的形容詞都可以重疊，雙音節形容詞的重疊形式是「AABB」，像：「乾乾淨淨」（〈我們的校訓〉）、「甜甜蜜蜜」（〈鄉下人家〉）、「熱熱鬧鬧」（〈父親的信〉）；同時多數的形容詞可以用肯定與否定重疊的方式表示疑問，像：「大不大」、「深不深」、「美不美」，如果是雙音節的形容詞，可以說成「A不AB」或「AB不AB」這兩種方式，因此有：「乾不乾淨」、「熱不熱鬧」、「甜不甜蜜」，和：「乾淨不乾淨」、「熱鬧不熱鬧」、「甜蜜不甜蜜」兩種說法。

形容詞在句子裡最主要的功能是擔任表態句的表語和主從結構的形容性加語。也可以擔任敘事句述語的補足語，例如：「所有用的、吃的、穿的東西，以及住的地方，都要弄得『乾乾淨淨』」(〈我們的校訓〉)。

㈢動詞

凡是能夠表示人、事、物的行為、動作、存在或發展的狀況、類屬的關係等現象的稱動詞。像：「讚美」、「賂」、「恤」、「聽」、「打」、「走」、「談」、「喜歡」、「活動」、「交涉」等都是。

動詞可以接受副詞的修飾，例如：「所以外國在中國內地做生意很久的人常常『讚美』中國人。」(〈恢復中國固有道德〉)、「齊人未嘗『賂』秦」(〈六國論〉)、「蜂有舉族去者，弗『恤』」(〈靈丘丈人〉)，「讚美」、「賂」、「恤」分別受副詞「常常」、「未」、「嘗」、「弗」的修飾；但是除了表示心理狀態的動詞之外，其他的動詞通常不接受程度副詞的修飾，所以可以說「『最』愛」、「『十分』喜歡」、「『更』討厭」、「『很』想念」，但是不能說成「『最』聽」、「『十分』打」、「『更』走」、「『很』談」。

口語裡單音節動詞以及多數的雙音節動詞都可以重疊，雙音節動詞主要以「ABAB」的方式重疊，因此可以有：「聽聽」、「打打」、「走走」、「談談」、「活動活動」、「交涉交涉」等形式，在這類重疊動詞之後加上「看」字，例如：「聽聽看」、「打打看」、「走走看」、「談談看」、「活動活動看」、「交涉交涉看」等，可以表示嘗試的語氣，意思和在原動詞之後加上「看看」一樣；如果在單音節動詞重疊之間加「一」字，也可以表示這種語氣，像：「聽一聽」、「打一打」、「走一走」、「談一談」就是。動詞也可以用肯定與否定重疊的方式表示疑問語氣，如果是雙音節動詞，和形容詞一樣，也可以用「AB不AB」或「A不AB」的方式表示，因此我們前面提到的例子，可以有「聽不聽」、「打不打」、「活動不活動」、「交不交涉」等等的說法；但是某些動詞因為內部詞素間的結構屬於述語和補足語的關係，所以必須以「A得B、A不B」來表示疑問，例如：「搖動」、「睡著」、「打死」，只能以「搖得動搖不動」、「睡得著睡不著」、「打得死打不死」來表示肯定與否定的疑問語氣。

動詞主要用為敘事句的述語，如果是及物動詞則可以帶有賓語；同動詞（即王力分類之繫詞，包括「是」、「非」、「乃」①、「猶如」、「似」、「彷彿」等）則充任判斷句和準判斷句的繫詞或準繫詞；致使動詞（「使」、「教」、「派」、「請」、「命令」、「公推」等）擔任致使繁句第一繫的述語；意謂動詞（「謂」、「以為」、「批評」、「認為」等）擔任意謂繁句第一繫的述語；另外有一類叫能願動詞的（「能」、「會」、「要」、「願意」、「情願」等），往往出現在述語或表語之前，可以修飾成分——副語，或稱狀語——看待；表示趨向的動詞（「來」、「去」、「進」、「出」等），還可以擔任述語的補足語。

(四)副詞

能夠對動詞的動作、形容詞的性質、狀態給予修飾、限制的詞稱為副詞，也叫限制詞。像：「快快地」、「慢慢兒地」、「總」、「往往」、「已經」、「極」、「剛」、「漸」、「萬分」、「熟練地」、「急促地」等都是。

副詞只能修飾具動詞性和具形容詞性的單位，例如：「但是那賣油條的老人『已經』舉起了手」（〈一枚銅幣〉）、「一切都像『剛』睡醒的樣子」（〈春〉）便是副詞「已經」、「剛」修飾動詞性單位的例子，「側像的浮雕『已經』模糊」（〈一枚銅幣〉）、「天上風箏『漸漸』多了」（〈春〉）則是副詞「已經」、「漸漸」修飾形容性單位的例子。

副詞如果細分，可以再分成表示程度的副詞（只修飾心理動詞，通常不修飾其他動詞，如：「很」、「更」、「太」、「最」、「稍」、「甚」）、表示肯定與否定的副詞（如：「必」、「一定」、「不」、「弗」、「莫」、「或許」、「幾乎」）、表示時間的副詞（如：「已經」、「剛」、「適」、「才」、「始」、「方」、「即」、「就」）、表示範圍跟數量的副詞（如：「皆」、「都」、「全」、「總」、「悉」、「獨」、「唯」、「大約」、「另外」、「只」、「僅僅」）、表示頻率的副詞（如：「經常」、「又」、「偶爾」、「也」）、表示語氣或評價的副詞（如：「豈」、「寧可」、「偏偏」、「反正」、「根本」、「究竟」、「姑且」），另有一類表示狀態的副詞口語往往會加上詞尾「地」字（如：「快快地」、「慢慢兒地」、「熟練地」、「急忙地」、「流利地」），其性質與功能和形容詞有幾分近似（有的語法學者把它們歸入形容詞；有的認為是詞類有可以重複歸類的現象。本文主要著眼於詞尾的不同，所以將它們歸為副詞。）另外，多數的副詞都不能重疊，只有部分表示狀態的副詞可以以「ＡＡＢＢ」的方式重疊，但是詞尾「地」字則不可疊用，所以只能有「急急忙忙地」、「流流利利地」的用法；這類的副詞如果不加詞尾「地」字，有的也可以像形容詞一樣，用「Ａ不ＡＢ」或「ＡＢ不ＡＢ」這種肯定與否定重疊的形式表示疑問。

副詞的主要功能是用為句子裡的副語（狀語），部分副詞可以擔任句子裡的補足語。

(五)稱代詞

凡是能夠指示、稱代名物以及名物的性質、狀態、動作甚至句子的叫做稱代詞，也叫指稱詞或代詞。像：「我」、「你們」、「誰」、「那」、「何」、「什麼」、「此」、「這」、「莫」（表否定稱代）、「或」（表不定稱代）、「每」等都是。

稱代詞的句法特徵原則上與名詞相似，名詞可以出現的位置稱代詞都可以出現，但是古代漢語稱代詞除了「者」之外，都不能充當主從結構的端語，現代漢語表示人稱的稱代詞偶爾可以充任端語；指人的稱代詞大多可加「們」表示多數；除了「每」之外，不能有重疊的用法；至於稱代詞充任加語的情形，在介紹名詞時已談到，請參閱。

(六)數詞

用來表示名物的數目的是數詞，包括基數詞，像：一、二、五、十、百、萬、幾、半等和序數詞，例如：第一、第二、初三、「長」子（女）、「么」兒（女）、「次」子（女）等。古代漢語基數詞往往可以直接附加在名詞和動詞的前頭，作為對名物或動作的修飾，像：「宅邊有『五』柳樹」（〈五柳先生傳〉）、「蜀之鄙有『二』僧」（〈為學一首示子侄〉），是數詞「五」、「二」直接加在名詞前的例子，「寒暑易節，始『一』反焉」（〈愚公移山〉）則是數詞「一」直接加在動詞「反」之前。

現代漢語除了一些成語，像：「三令五申」、「三言兩語」、「七上八下」等以及直接以「一」加在動詞之前表示只做了一次這樣的動作、強調動作的短暫，例如：「忽然間，看見蘆叢後火光『一』閃」（〈孤雁〉）之外，數詞都必須和量詞連用，才能作為計數名物或行為動作的單位，這種數詞和量詞的結合稱為數量結構。

除了某些成語或慣用語有數詞重疊的現象，例如：「三三兩兩」、「千千萬萬」以外，數詞原則上不能疊用；除了像「不三不四」這樣的慣用語以外，數詞通常不接受其他詞類的修飾。

(七)量詞

用來計數名物或行為、動作的單位的稱為量詞。像：「封」、「個」、「隻」、「件」、「張」、「枚」、「尺」、「斤」、「群」、「雙」、「片」、「頓」、「回」、「趟」等都是。

古代漢語量詞可以單獨使用，蘊含數詞是「一」或「每一」的意思，像：「廣不盈『尺』」、「高『尺』七八寸」、「臺三層，『層』高三尺」、「良田『畝』得禾二三十斛」，「尺」表示「一尺」、「層」表示「每一層」、「畝」表示「每一畝」，現代漢語有些方言在表示度量衡單位時，也還保有此種用法；一般而言，現代漢語多數的量詞無論稱數名物或行為動作，都必須和數詞連用，量詞和數詞結合以後就是前面所說的「數量結構」。數量結構的語法特徵有點近似形容詞，所以通常擔任主從結構的加語，對端語在數量方面作修飾，像：「『一封』家書」、「『一隻』白鳥」、「『一枚』銅幣」、「『一件』背心」、「『一群』鴨子」、「『一片』綠綠的濃蔭」、「『一雙』皮鞋」等的用法；還可以充任句子裡的表語，像：「布『三尺』」、「米『五斤』」、「枕頭『三個』」的用法，不過這種用法常用在物品的清單上；或者也可以出現在述語、表語之後，作為述語或表語的補足語，例如：「她罰我跪下，重重地責罰了『一頓』」、「她從來不在別人面前罵我『一句』，打我『一下』」（〈母親的教誨〉），是作為述語的補足語的例子，而「我比他高『五公分』」則是對表語的補充。單獨使用的量詞有時候擔任主語，像前面「臺三層，『層』高三尺」的例子就是；而「良田『畝』得禾二三十斛」則是量詞擔任副語的例子。

現代漢語量詞只有在表示「每一」的情況下，才可以重複，像：「家家」、「個個」、「戶戶」等，這部分我們在構詞法時曾經介紹過。

三、虛詞的分類

(一)介詞

能夠介繫、引進名詞、稱代詞或者是名詞性單位給句子裡的述語或表語，表示時間、對象、處所、方向、範圍、目的、工具、比較等的種種關係的叫介詞，也可以稱介繫詞。例如：「於」、「在」、「從」、「自」、「為了」、「以」、「比」等都是。

介詞無法單獨使用，一定要跟名詞、稱代詞或名詞性單位合用（介詞和名詞性單位的結合稱為介賓結構，一般都擔任動詞性單位的修飾語），這是介詞最重要的語法特徵，同時介詞也不能重疊。

(二)連詞

可以連接詞和詞、語和語、句子和句子，甚至兩個段落之間的關係的叫連詞。例如：「與」、「而」、「和」、「跟」、「之」（文言用於連繫主從結構的領屬性加語和端語）、「的」（口語用來連繫主從結構的領屬性加語和端語）、「則」等，通常出現在詞語之間；有些連詞經常是兩個一組連用，像：「不但……而且」、「雖……但」、「因為……所以」、「既……又」、「與其……不如」等，通常都用來連接句子；而「若夫」、「因此」、「然而」、「然則」等還可以連接整段文字。

連詞也是無法單獨使用，只能將兩個或兩個以上的詞、語或句子單位連接起來，表示它們之間並列、轉折、因果、平行、假設等等的關係，對於詞、語、句本身通常沒有修飾的作用。

(三)助詞

助詞是附著在詞、語、句前後，起輔助作用，表示某種結構關係以及時態、語氣等作用的詞。結構助詞常見的像：「主義『是』從」、「唯利『是』圖」的「是」、「父母唯其疾『之』憂」的「之」；其他像「了」、「著」、「過」、「矣」等則是表示時態的助詞；至於「啊」、「嗎」、「呢」、「哩」、「乎」、「也」、「耳」等是用來表示語氣的助詞；另外有一種代詞性助詞，就是文言裡常和動詞性單位連用的「所」字，像：「諂求詐騙，寡廉鮮恥，無『所』不至」（〈儉訓〉）、「『所』觸盡死傷」（〈田單復國〉）就是。

助詞一定要附著在別的語言成分之上，所以它的語法特徵是：獨立性最差，絕不能單獨使用。口語裡表示時態、語氣等的助詞大都讀成輕聲。

(四)歎詞

可以表示呼喚、感歎、回應等聲音的詞叫歎詞。多數歎詞的情感成分都很強。

歎詞的語法功能很特殊，既不附在別的語言成分上，也不能跟別的語言成分產生關連，通常單獨使用，主要用來表示感情色彩。所以稱這種由歎詞單獨組成的單位叫「呼歎小句」。常見的歎詞像：「嗚呼」、「嗟乎」、「噫」、「啊」、「哎呀」、「哈哈」、「唷」等都是。

最後，我們將各類詞的本用依據它的語法特性以表列的方式作一個概括的說明，作為本文的結束，從表中我們可以一眼看出實詞的語法特徵多極為豐富，而虛詞則較為有限。（「＋」表示具有此項功能、特徵；「－」表示不具該項功能、特徵；只有部分具有此功能、特徵者，分別以文字說明。）

實詞詞類 ＼ 語法特徵	名詞	形容詞
擔任主語	＋	－
擔任賓語	＋	－
擔任端語	＋	－
擔任述語	－	－
擔任斷語	＋	－
擔任表語	－	＋
擔任加語	＋（領屬性）	＋
擔任副語	－	－
擔任補足語	－	＋
重疊	＋（稱謂詞）	＋
重疊之中加「一」字	－	－
重疊之中加「不」字	－	＋
加「們」字表複數	＋（指人名詞）	－
前可加否定副詞	－	＋
前可加程度副詞	－	＋

稱代詞	副詞	動詞
＋	－	－
＋	－	－
(稱人、者) ＋	－	－
－	－	＋
＋	－	－
－	－	－
(性屬領) ＋	－	－
－	＋	－
－	(詞副度程分部及態狀)＋	(詞動向趨) ＋
－	(詞副態狀) ＋	＋
－	－	＋
－	(詞副態狀) ＋	＋
(稱人) ＋	－	－
－	(率頻圍範定肯態狀) ＋	＋
－	(詞副態狀) ＋	(詞動理心) ＋

數詞	助詞	連詞	介詞	虛詞詞類／語法特徵
+	−	−	−	獨立性
−	−	−	−	重疊
+	+（語氣助詞）	−	−	表達情態
−	−	−	−	接受其他詞類修飾
−	−	−	+（與名詞或名詞性單位組成介賓結構時）	修飾其他語句成分

量詞	數詞
+（文言）	−
−	−
−	−
−	−
−	+（文言）
+（數量結構）	
+（基數詞、數量結構）	
+（文言）	+（文言）
+（數量結構）	
+	−
−	−
−	−
−	−
−	−
−	−

附註

①「乃」的詞類歸屬，也有歸入判斷副詞的。

語的結構

「詞」是語言使用上可以用來造句的最小意義單位，「句子」則是一個獨立的表達單位。但是有一種單位是居於「詞」和「句子」之間，它的形式，簡單的可以由兩個（或兩個以上）「詞」構成，而複雜的情況則是由兩個（或兩個以上的）「結構」構成，所以必定「大於詞」；但另一方面，在句法功能上，無論它們的結構多麼複雜，都只能擔任「句」的組成分子，因此它又是「小於句」。這種「大於詞」、「小於句」的單位，許世瑛先生稱為「詞與詞之間的配合關係」，呂叔湘先生也稱為是「詞的配合」，王力先生則有「仂語」、「句子形式」、「謂語形式」等的說法，趙元任先生稱為「結構」，我們也沿用「結構」這個術語，其理念主要依據戴師璉璋在〈語句分析的商榷〉一文裡的說法，這篇文章刊載於國立臺灣師範大學文學院《教學與研究》第七期，國文天地第一期曾有轉載。因為這種「大於詞」、「小於句」的組成單位，並不見得是單純的詞，也可能是「結構」本身。「結構」按照內部成分關係的不同，可以分為並列結構、主從結構、造句結構三類。

一、並列結構

我們在討論構詞法時曾經介紹過合義複詞，合義複詞詞素間結合緊密，而且有依附於這個複詞的專屬意義，其中並列式合義複詞可以拿來和現在要介紹的並列結構作一比較，例如：〈只要我們有根〉「我親愛的『手足』，不要傷悲」這句話裡，「手足」有專屬的意思，指的是「同胞兄弟」，當我們說一個人「婆婆媽媽」時，「婆婆媽媽」也有專屬的意義，指的是這個人「囉嗦」，這種由兩個「詞素」以並列、平行的方式組成，有專屬的意思的，是並列式合義複詞；但是「手」、「足」意思原來各有歸屬，像在「民安所錯其『手足』」（〈張釋之執法〉）裡的「手」、「足」，說的就是「手」和「足」，又如：我們描述一個女性銀髮族的聚會，說它的成員都是一些「婆婆、媽媽」們，那麼「婆婆、媽媽」便分別指「婆婆」和「媽媽」，而沒有「囉嗦」的意思。類似後面的「手」、「足」和「婆婆」、「媽媽」這兩種情形，就不能看成並列式合義複詞，而要看成「結構」了。這種由兩個（或兩個以上）性質相同的詞（或結構）以平行、並列的方式一起出現，保留原有成分的詞彙意義，而且成分之間分不出孰輕孰重，也就是沒有主從關係可言，就叫「並列結構」。詞的並列像：「『蝴蝶和蜜蜂』帶著花朵的蜜糖回家了」、「『羊隊和牛群』告別了田野回家了」（〈夏夜〉）就是。這種詞的並列，《中國文法講話》和《中國文法要略》都稱為「詞的聯合關係」；聯合而成的單位《中國文法講話》和《中國文法要略》都稱為「詞聯」；《中國語法綱要》則稱之為「等立仂語」；這裡稱並列結構，是沿用趙元任先生的說法。至於「撒了『滿天的珍珠和一枚又大又亮的銀幣』」（〈夏夜〉）、「『晉乘楚杌』語多可採」（〈臺灣通史序〉）等則是結構的並列。

並列結構的成分都是實詞，而且性質相近，所謂性質相近，指的是成分的詞性相同或相似。並列結構的成分不會因並列的關係而改變成分本身的詞彙意義，因此並列結構在句子裡能充任的角色——「語」和原成分所能擔任的完全相同，以詞為成分的並列結構，常見的有名詞、動詞、形容詞、稱代詞、數詞、量詞等的並列，如果是名詞的並列，那麼在句子裡可以擔任各種句型的主語、敘事句的賓語、判斷句的斷語以及主從結構的領屬性加語、端語等，至於形容詞、動詞、稱代詞、數詞、量詞的並列，也都能分別擔任它們原詞性本用的句法功能（有關實詞各小類詞的本用，請參看〈詞類的區分及實詞的本用〉一文）。結構的並列，也是以同類的結構並列為常，常見的是主從結構的並列，像前面舉的「撒了『滿天的珍珠和一枚又大又亮的銀幣』」、「『晉乘楚杌』語多可採」裡，「滿天的珍珠」、「一枚又大又亮的銀幣」、「晉乘」、「楚杌」等都是主從結構，造句結構的並列另有專名，在下文裡會有討論。並列結構的例子十分常見，以下便先以詞的並列為例，舉幾個例子：

「『羊隊和牛群』告別了田野回家了。」
「『蝴蝶和蜜蜂』帶著花朵的蜜糖回家了。」〈夏夜〉

「人的一生就是『上天與社會』的賜與。」〈飲水思源〉

「『父母兄弟』都是這樣的個性。」〈竹〉

「每個人的『看法或觀點』不同，『人與人』之間，應該有彼此『容忍和尊重』對方的『看法與觀點』的雅量。」〈雅量〉

「『太行、王屋』二山，方七百里，高萬仞，本在冀州之南、河陽之北。」〈愚公移山〉

「陳涉之位，非尊於『齊、楚、燕、趙、韓、魏、宋、衛、中山』之君也。」

（〈過秦論〉）

上面的並列結構，除了「容忍和尊重」是動詞的並列之外，其餘都是名詞並列的例子；下面的例子除了「飛鳴」、「說笑打鬧」是動詞的並列，「低矮簡陋」、「亮麗充實」、「嬌小玲瓏」是形容詞的並列：

「又留蚊於素帳中，徐噴以煙，使之沖煙『飛鳴』。」（〈兒時記趣〉）

「洗過溫泉，換上乾爽衣服，我們依然『說笑打鬧』。」（〈瑞穗的靜夜〉）

「那時，我們住的是『低矮簡陋』的農舍。」

「我曾有過許多紙船，在童年的無三尺浪的簷下水道航行，使我幼時的雨天時光，特別顯得『亮麗充實』。」（〈紙船印象〉）

「草木『嬌小玲瓏』。」（〈草坡上〉）

至於量詞的並列，我們在討論構詞法時曾拿來和疊字衍聲複詞作比較，例子如下：

「『家家』泉水，『戶戶』垂楊。」（〈大明湖〉）

「以前『種種』，譬如昨日死；以後『種種』，譬如今日生。」（〈從今天起〉）

「翠綠的葉子『片片』枯萎。」（〈只要我們有根〉）

除了這些名詞、動詞、形容詞、量詞等的並列之外，像「你我他」、「這裡、那裡」是稱代詞的並列；《詩經．氓》裡有「士也罔極，『二三』其德」，口語裡常說的「『八九』不離十」，其中「二三」、「八九」則是數詞並列的例子。至於並列的成分是主從結構的例子，有：

「當夜來的時候，整個城市裡都是『繁絃急管』，都是『紅燈綠酒』。」（〈行道

樹〉）

「『晉乘楚杌』，語多可採。」（〈臺灣通史序〉）

「太行、王屋二山，方七百里，高萬仞，本在『冀州之南、河陽之北』。」

「投諸『渤海之尾、隱土之北』。」（〈愚公移山〉）

並列結構的幾個成分之間，可以不必加上任何記號，或僅是以停頓來表示，像：「『低矮簡陋』的農舍」、「草木『嬌小玲瓏』」、「『家家』泉水，『戶戶』垂楊」、「以前『種種』，譬如昨日死；以後『種種』，譬如今日生」、「翠綠的葉子『片片』枯萎」、「當夜來的時候，整個城市裡都是『繁絃急管』，都是『紅燈綠酒』」等，這些結構之間都不加任何記號，而「陳涉之位，非尊於『齊、楚、燕、趙、韓、魏、宋、衛、中山』之君也。」的並列結構「齊、楚、燕、趙、韓、魏、宋、衛、中山」之間，就分別以頓號隔開。結構成分是名詞或名詞性單位的，可以用「和」、「與」、「跟」、「及」等作為連詞，像「『蝴蝶和蜜蜂』帶著花朵的蜜糖回家了」、「『羊隊和牛群』告別了田野回家了」、「人的一生就是『上天與社會』的賜與」等都是。如果是動詞性或形容詞性的單位，則常用「又」、「而」、「邊」、「且」以及跟它們意義相同或相似的詞作為連詞，例如：「撒了『滿天的珍珠和一枚又大又亮的銀幣』」這個並列結構的成分裡，「一枚『又大又亮』的銀幣」裡又有一個並列結構———「又大又亮」，就以「又……又……」連接「大」與「亮」兩個形容詞；「且」在文言裡較常見，像：「且戰且走」、「且行且吟」，「邊」和它的同義詞則用在口語裡，像：「邊說邊寫」、「一面哭一面說」等。如果表示結構之間的成分不定或有選擇餘地時，就用「或」以及它的同義詞作為連詞，「也許我們看某人不順眼，但是在他的『男友或女友』心中，往往認為他如『天仙或白馬王子』般地完美無缺。」就是一個明顯的例子。

並列結構的成分因為沒有主從的關係，所以多數名詞性並列結構的成分前後可以互換，像：「『羊隊和牛群』告別了田野回家了。」說成：「『牛群和羊隊』告別了田野回家了。」、「『蝴蝶和蜜蜂』帶著花朵的蜜糖回家了。」說成：「『蜜蜂和蝴蝶』帶著花朵的蜜糖回家了。」、「當夜來的時候，整個城市裡都是『繁絃急管』，都是『紅燈綠酒』。」說成：「當夜來的時候，整個城市裡都是『急管繁絃』，都是『綠酒紅燈』。」，都不會影響原來的語意；至於動詞性、形容詞性等成分的並列，多數也具有這種特點，例如：「一枚『又大又亮的』的銀幣」，可說成「一枚『又亮又大』的銀幣」，「我們住的是『低矮簡陋』的農舍」，可說成「我們住的是『簡陋低矮』的農舍」，「使我幼時的雨天時光，特別顯得『亮麗充實』」，可以說成「使我幼時的雨天時光，特別顯得『充實亮麗』」，「我們依然『說笑打鬧』」，可以說成「我們依然『打鬧說笑』」；有些並列結構則可能因習慣用法，而不大變換話序，例如「嬌小玲瓏」，而動詞性結構並列時，可能涉及動作的時間先後，所以如果語序改變，可能會造成語意的不同，例如「且戰且走」，說成「且走且戰」，在意義上會有差別。

並列結構能擔任的語句成分和它的原單位所能擔任的完全相同，因此前面舉的大多數例子裡，只要把結構之間的連詞去掉，就可以單獨以結構成分代替原結構充任語句成分而成句，我們可以說：「『蝴蝶』帶著花朵的蜜糖回家了」、「『羊隊』告別了田野回家了」、「撒了『滿天的珍珠』」、「『晉乘』語多可採」、「我們住的是『低矮』的農舍」、「人的一生是『上天』的賜與」，也可以說：「『蜜蜂』帶著花朵的蜜糖回家了」、「『牛群』告別了田野回家了」、「撒了『一枚又大又亮的銀幣』」、「『楚杌』語多可採」、「我們住的是『簡陋』的農舍」、「人的一生是『社會』的賜與」，當然在語意的表達上，跟以並列結構的方式表達有別，也就是可能會有趙元任先生所謂的「句值不同」的問題，但是都可以成句；有時候可能需要把相關的一些附加成分去掉，尤其是以並列結構為主語的句子，在主語和述語或表語之間，如果出現表示範圍限制的副語（出現在述語或表語之前，對述語、表語具有修飾、限制的作用），一定要去掉，才不至於造成不通的句子，像：「『父母兄弟』都是這樣的個性」，在把並列結構「父母兄弟」改成以其中某一個並列成分為主語時，表範圍限制的「都」就要去掉，必得說成：「父是這樣的個性」、「母是這樣的個性」等等，才能成句，否則，說成「父都是這樣的個性」就不通了。

二、主從結構

「主從結構」這個名稱在我們討論實詞的用法時，曾經一再出現，它是由詞或結構組成的一個名詞性單位（這裡採取的是許世瑛先生的說法，僅相當於王力先生的「指事物的主從仲語」，而不包括「指行為或德性的主從仲語」，也就是不含黃師慶萱在高級中學《文法與修辭》裡所說的「先主後從的主從結構」及「副詞性附加語＋端語的主從結構」，我們把非名詞性的主從結構歸入造句結構之中），其中有一個成分是主體、是主要的部分，另一個是從屬、附加或修飾成分，漢語的習慣，主體往往出現在後，接受前面附加成分的修飾（古漢語在某些特殊情況下也有附加成分出現在後的情形），這樣的構成方式稱主從結構，修飾成分稱為修飾語或附加語，簡稱加語，被修飾成分稱為中心語、被修飾語或端語。《中國文法講話》和《中國文法要略》都稱這種方式為「組合關係」，稱以這種方式組成的單位為「詞組」。

出現在主從結構前面的加語，除了對端語具有修飾、形容的作用之外，也有表示對端語的領屬關係，或表示和端語是同一性的單位；具形容作用的加語我們稱「形容性加語」，表示與端語有領屬關係的加語稱「領屬性加語」，至於表示加語和端語是同一性的單位的則稱「同一性加語」。前面介紹並列結構所提到的例子裡，很多都出現了主從結構，以下便利用其中的一些例子來說明，先看一些形容性加語的例子（主從結構裡加「△」的是加語，加「○」的是端語）：

「我們住的是『低矮簡陋的農舍』。」（〈紙船印象〉）

「撒了『滿天的珍珠』。」（〈夏夜〉）

「當『夜來的時候』，整個城市裡都是『繁絃』『急管』，都是『紅燈』『綠酒』。」（〈行道樹〉）

「父母兄弟都是『這樣的個性』。」（〈竹〉）

「『翠綠的葉子』片片枯萎。」（〈只要我們有根〉）

接下來看幾個主從結構裡出現領屬性加語的例子：

「蝴蝶和蜜蜂帶著『花朵的蜜糖』回家了。」（〈夏夜〉）

「『交通警察的背後』溼了又乾。」（〈汗水的啟示〉）

「『人的一生』就是『上天與社會的賜與』。」（〈飲水思源〉）

「『晉乘』『楚杌』，語多可採。」（〈臺灣通史序〉）

『投諸『渤海之尾』、『隱土之北』。」（〈愚公移山〉）

「『陳涉之位』，非尊於『齊、楚、燕、趙、韓、魏、宋、衛、中山之君』也。」

（〈過秦論〉）

「『每個人的看法或觀點』不同，『人與人之間』，應該有彼此容忍和尊重『對方的看法與觀點』的雅量。」

「也許我們看某人不順眼，但是在『他的男友或女友心中』，往往認為他如天仙或白馬王子般地完美無缺。」（〈雅量〉）

最後這個例子的領屬性加語「他的男友或女友」也是一個帶有領屬性加語的主從結構。

帶有同一性加語的主從結構，像：

「『太行、王屋二山』，方七百里，高萬仞。」（〈愚公移山〉）

「『你們兩個』是一母同胞的兄弟。」（〈書付尾箕兩兒〉）

出現在主從結構之間的成分是「連詞」（或稱「助詞」），文言常用「之」，口語裡則用「的」字。口語裡帶有領屬性加語的主從結構，加語和端語之間通常會出現連詞，像：「花朵的蜜糖」、「交通警察的背後」、「人的一生」等，但是如果是多層次主從結構的組合，為避免冗贅，只保留其中之一，像「他的男友或女友（的）心中」，括號裡的「的」，應該是連詞出現的位置，為了避免重複，就省略了；文言的領屬性加語和端語之間則不一定要使用連詞，「晉乘」、「楚杌」不加連詞，「渤海之尾」、「隱士之北」、「陳涉之位」等則用了連詞。形容性加語用不用連詞都可以，但是要看文章的修辭和語氣，原則上文言性強的較少加連詞，像前面提到的「繁絃」、「急管」、「紅燈」、「綠酒」等就是；至於同一性加語和端語之間則不能使用連詞。讀者請用上面那兩個例子試試看就知道了。

要判斷加語屬於什麼性質，往往可以用加語和端語互換位置、在主從結構之間加入「有」或「是」等方法來辨別。如果是形容性加語，那麼加語和端語互換位置之後，多數可以成句，像上面帶形容性加語的主從結構，「低矮簡陋的農舍」、「滿天的珍珠」、「繁絃」、「急管」、「紅燈」、「綠酒」、「這樣的個性」、「翠綠的葉子」等都可以把加語和端語互換位置，當說成：「農舍低矮簡陋」、「珍珠滿天」、「絃繁」、「管急」、「燈紅」、「酒綠」、「個性這樣」、「葉子翠綠」時，便成了表態句（這是以形容性單位為謂語中心的句型，在〈句子的基本類型〉裡有詳細的說明）；領屬性加語和端語的主從結構，多數可以在結構中間加入「有」字，所以像「花朵的蜜糖」、「每個人的看法或觀點」、「對方的看法與觀點」、「交通警察的背後」、「人的一生」、「上天與社會的賜與」、「晉乘」、「楚杌」、「渤海之尾」、「隱士之北」、「陳涉之位」、「齊、楚、燕、趙、韓、魏、宋、衛、中山之君」、「他的男友或女友」等這些主從結構，如果在連詞出現的位置上換成「有」字，說成：「花朵有蜜糖」、「每個人有看法或觀點」、「對方有看法與觀點」、「交通警察有背後」、「人有一生」、「上天與社會有賜與」、「晉有乘」、「楚有杌」、「渤海有尾」、「隱士有北」、「陳涉有位」、「齊、楚、燕、趙、韓、魏、宋、衛、中山有君」、「他有男友或女友」等，都可以成為有無句（「有無句」是以「有」為謂語中心的句子），當然插入「有」之後，有的句子語意稍顯彆扭，但仍是句子，不會像在形容性加語和端語之間加入「有」字般的不通，像前面帶有形容性加語的主從結構加上「有」字，會變成：「低矮簡陋有農舍」和「繁有絃」等，就成不通的句子了；至於像「太行、王屋二山」、「你們兩個」這兩個主從結構，可以說成：「太行、王屋是二山」、「你們是兩個（人）」，也就是可以在主從結構之間可以加入「是」字，這種加語就是同一性加語，這一類的主從結構表示加語和端語所指的是同一的人或事物。

三、造句結構

造句結構是由詞（或語）與詞（或語）以造句的方式構成，可以構成主語和謂語，也可能只構成一個謂語（「主語」是句子的主體，可能是動詞述語的主事者，也可能是主題，是被解釋、說明或描述的對象；句子除了主語以外，主語所作的行為、動作或是為主語作說明、解釋等的部分就是「謂語」），這些原本可以成句的單位，有的因為所在環境位置的關係，使它無法獨立成句，只能擔任句子或甚至只是「語」裡的某一個成分；也有的因為在主謂語間加了連詞的關係，變得無法成句；這類的結構都稱為造句結構。《中國文法講話》和《中國文法要略》稱這種方式為「結合關係」或「造句關係」，稱以這種方式組成的單位為「詞結」。

根據造句結構的內部成分可以分為主謂式造句結構、謂語式造句結構、主從式造句結構和複合式造句結構四種。討論語法的書籍對後兩種造句結構較無異稱，但對前兩種造句結構則不然。主謂式造句結構相當於王力先生的「句子形式」。謂語式造句結構，王力先生在《中國語法理論》裡稱為「謂語形式」，但在《中國語法綱要》裡稱這一類結構為「指行為或德性的主從仂語」；黃師慶萱在高中《文法與修辭》裡則稱這一類造句結構為「先主後從的主從結構」、「副詞性附加語＋端語的主從結構」和「述賓結構」。（至於從事語句分析時，造句結構的內部成分要如何稱呼，其實跟句子相似，請參看〈句子的基本類型〉一文。）

一個「主語＋謂語」的結構出現在句子裡，這個結構離開了所在的句子就可以獨立成句，但是在這個句子裡，只是句子的一個成分的，叫主謂式造句結構；如果句子裡的某一個成分沒有主語，只有謂語（「謂語」究竟可以包含那些成分，在〈句子的基本類型〉裡會有介紹），就稱謂語式造句結構；主語和謂語之間如果插入連詞「之」字，破壞了它的獨立性，就是主從式造句結構；兩個或兩個以上的造句結構並列在一起，擔任句子的某一個成分的，叫複合式造句結構。以下便依次舉幾個例子（造句結構裡的主語以「•」標示，謂語用「○」標示）：

「惟見『長江天際流』。」（〈黃鶴樓送孟浩然之廣陵〉）

「見『二蟲鬥草間』」（〈兒時記趣〉）

「莫說『相公癡』，更有『癡似相公』者。」（〈湖心亭看雪〉）

「我最喜歡聽『你跟琪琪在一起談學校裡的事』。」(〈父親的信〉)

「她是『慈母兼任嚴父』。」(〈母親的教誨〉)

「只知道『那銅幣此刻是我的』。」(〈一枚銅幣〉)

以上這幾個是主謂式造句結構的例子，這些造句結構如果離開它所在的句子，都是完整的句子。下面是謂語式造句結構：

「『認識新朋友』有時候並不容易。」

「(交友……)最大的好處是『增加我們的知識』。」(〈父親的信〉)

「遍國中無與『立談』者。」(〈孟子．離婁下〉)

「弊在『賂秦』。」(〈六國論〉)

「吾與汝『畢力』平險。」

「遂率子孫『荷擔』者三夫，叩石墾壤，箕畚運於渤海之尾。」（〈愚公移山〉）

主從式造句結構只出現在文言裡，像下面的例子就是：

「無『絲竹之亂耳』，無『案牘之勞形』。」（〈陋室銘〉）

「『吾資之昏』不逮人也，『吾材之庸』不逮人也。」（〈為學一首示子姪〉）

出現在主從式造句結構主謂語之間的連詞「之」字，很容易和主從結構的連詞相混，於是很多人就把它翻譯成口語的「的」字，事實上主從式造句結構裡的「之」字在口語裡沒有相當的字眼可以對譯。至於要判斷究竟是主從結構或是主從式造句結構，從形式上，可以先把結構之間的連詞去掉，看看剩下的成分是否成句，如果成句，就是主從式造句結構，像上面的例子裡，去掉連詞之後成為：「絲竹亂耳」、「案牘勞形」、「吾資昏」、「吾材庸」都可以成句，反觀前面舉的一些主從結構的例子，像「渤海尾」、「隱土北」、「陳涉位」，「齊、楚、燕、趙、韓、魏、宋、衛、中山君」等，多不能成句（「陳涉位」的「位」字如果看成動詞述語，則可以成句，但是意思不完全）；從語意上看，主從結構的主要成分是端語，〈陋室銘〉的例子，如果是主從結構，所無者只是「亂耳」、「勞形」而已，〈為學一首示子姪〉的例子，如果是主從結構，那麼：「『昏』不逮人」、「『庸』不逮人」，必定聰明過人，還有什麼好說的？

另外，還有一種以「其」為主語的主從式造句結構，雖然主謂語之間不出現「之」，但是因為稱代詞的「其」相當於「彼之」，所以也應看成主從式造句結構，像：「操蛇之神聞之，懼『其不已』也。」（〈愚公移山〉）就是。

複合式造句結構的例子像：

「忽有龐然大物，『拔山倒樹』而來。」（〈兒時記趣〉）

「『賂秦而力虧』，破滅之道也。」（〈六國論〉）

「然後知『生於憂患而死於安樂』也。」（《孟子・告子下》）

「『柔軟似絮、輕勻如綃』的浮雲，簇擁著盈盈皓月從海面冉冉上昇。」（〈鄉居情趣〉）

第一個複合式造句結構「拔山倒樹」裡的兩個單位「拔山」、「倒樹」（複合式造句結構裡的成分稱「單位」）都是謂語式造句結構；第二個例子「賂秦而力虧」，第一個單位「賂秦」是謂語式造句結構，第二個單位「力虧」是主謂式造句結構，「而」在這裡是「連詞」；第三個複合式造句結構的兩個單位「生於憂患」、「死於安樂」都是謂語式造句結構；最後一個例子裡，「柔軟似絮」、「輕勻如綃」都是主謂式造句結構。

真正從事語句分析時，造句結構裡的成分，除了複合式造句結構要依據內容先區分成若干個單位之外，其餘的都要按照句子的成分作分析（複合式造句結構區分成非複合式造句結構之後，也一樣），至於句子的成分在〈句子的基本類型〉裡會有詳細的介紹。

句子的基本類型

「句子」是語言裡獨立的表達單位，因此語法分析上最大的單位便是「句子」。下面的例子，像：「我愛鳥」（〈鳥〉）、「單于夜遁逃」（〈塞下曲〉）、「臣有二馬」（〈良馬對〉）、「蜀之鄙有二僧」（〈為學一首示子姪〉）、「環堵蕭然」（〈五柳先生傳〉）、「友人慚」（〈陳元方答客問〉）、「天寒」（〈黃河結冰記〉）、「菊，花之隱逸者也」（〈愛蓮說〉）、「酒非內法」、「肴非遠方珍異」（〈訓儉示康〉）、「意念是無形的東西」（〈意念的表出〉）、「民主不是一群會投票的驢」（〈哲學家皇帝〉）、「歲月如流」（〈黃河結冰記〉）、「夏蚊成雷」（〈兒時記趣〉）、「什麼事叫做大事呢」（〈立志做大事〉）、「牠的形狀像鴿樓上飼養的鴿子」（〈火鷓鴣鳥〉）、「釋之為廷尉」（〈張釋之執法〉）等等都是句子。

從句子的外表看，句子可以分為單句和複句，單句是由一個主語和一個謂語構成的獨立表達單位；複句可以說是一個複雜的句子形式，它的成分可以包括兩個或兩個以上的單句，也可以是單句和附屬句，甚至可以由單句和複句合成。我們日常所說的話或是書籍、報紙、雜誌上的文章裡，句子的數目可以說是無窮，但是句子的基本類型卻是有限。要討論句子的基本類型，必須分析謂語中心成分的性質，作為判斷句子分類的依據。

構成句子的基本成分是「語」，我們在〈詞類的區分和實詞的本用〉裡，不斷地談到某一詞類可以擔任那一種句型的某種「語」（像：「名詞」可以擔任敘事句的「賓語」），也就是當實詞單獨存在時稱「詞」，一旦它充任句子的成分時便稱「語」（有關實詞詞類名稱和語的層次的釐清，請參考戴師璉璋〈中國語法中語句分析的商榷〉一文，刊載於國立臺灣師範大學文學院《教學與研究》第七期，國文天地第一期曾有轉載）。如果打個比方，句子好比一個人，「語」就像是人體的各個部分，像：四肢、內臟、骨骼、皮膚、五官、毛髮等等各種器官和組織，這些器官、組織，實際上都可以分解成化合物或化學元素，「實詞」便可以看成是組成這些器官、組織的化合物和化學元素。當我們看一個人的物質生命和生理機能時，往往會說：「五官端正」、「骨骼發育良好」、「手腳俐落」、「有一頭烏黑的頭髮」、「皮膚白晰」，或者說「胃有毛病」、「冠狀動脈阻塞」、「甲狀腺機能亢進」、「眼球屈光不良」等等，都是以身體的組織、器官為談論重點；而很少以這些組織、器官的組成成分來說明，說：「鉀、鈉、鈣、鎂、鋅不足」、「碳、氫、氧化合物代謝不良」、「鐵、磷、碘障礙」。也就是在句子裡，「實詞」不再稱「詞」，而要依據它在句子裡所擔任的成分來稱呼；至於原屬於功能詞的虛詞，則仍舊稱詞。

前面提到單句是由主語和謂語構成的，主語是句子的主體，可能是主事者，也可能是被解釋、說明或描述的對象，像前面舉的例子裡，「我」、「單于」、「臣」、「蜀之鄙」、「環堵」、「友人」、「天」、「菊」、「酒」、「肴」、「意念」、「民主」、「歲月」、「夏蚊」、「什麼事」、「牠的形狀」、「釋之」等都是主語，「我」、「單于」是主事者，「臣」、「蜀之鄙」、「環堵」、「友人」、「天」、「菊」、「酒」、「肴」、「意念」、「民主」、「歲月」、「夏蚊」、「什麼事」、「牠的形狀」、「釋之」等則是被解釋、說明或描述的對象。

單句裡除了主語以外，主事者在「做什麼」，或是解釋、說明主語「擁有什麼」、「是什麼」、「像什麼」，描述主語「怎麼樣了」，或只是表明主語的一種「存在關係、狀況」等的成分，都叫謂語（這是廣義的謂語，狹義的謂語或指謂語的中心成分，或指判斷句的斷語——名詞謂語、表態句的表語——形容詞謂語，本文的謂語都指廣義的謂語，如果要指狹義的謂語，會特別加以說明）。前面的例子裡，「愛鳥」、「夜遁逃」是主語所做的事，「有二馬」是主語所擁有的東西，「有二僧」是表示一種存在的狀況，「蕭然」、「慚」、「寒」是描述主語的狀態，「花之隱逸者」、「非內法」、「非遠方珍異」、「是無形的東西」、「不是一群會投票的驢」則是說明主語「是什麼」或「不是什麼」，而「如流」、「成雷」、「叫做大事」、「像鴿樓上飼養的鴿子」、「為廷尉」等或描述主語「像什麼」、或說明主語「叫做什麼」、「作（不是『做』事的『做』，是『當』、『擔任』的意思）什麼」，都是謂語。要區分句子的基本類型，其實就是以句子謂語中心成分作為句子分類的依據，學者少則分為敘事、表態、判斷三類，多則分敘事、有無（從敘事句析出）、表態、判斷、準判斷（從判斷句析出）五類，以下便分別以單句為例，介紹這五種句型，並說明不分為三類說法的理由。

一、敘事句

敘事句又稱敘述句，敘述的大約都是行為或事件。它的主語往往是行為或事件的主事者，謂語中心所表示的是由主語所操控的動作，這個謂語中心成分就叫「述語」，述語如果是及物動詞，它所表示的動作便會涉及其他的人、事、物等對象，動作所及的對象叫「賓語」；述語如果是不及物動詞，就不帶賓語。前面我們舉的例子裡，「我愛鳥」

的「愛」是及物動詞，擔任這個句子的述語，所以後頭要有賓語，「單于夜遁逃」的「遁逃」也是述語，不過是不及物動詞，所以不必帶賓語（「夜」在這裡擔任述語的修飾成分，稱為「副語」；「副語」可以修飾述語、表語或繫詞，是句子的附加成分，但不是基本成分）。下面再舉幾個例子：

「卿得良馬否？」（〈良馬對〉）

「卿」是主語，「得」為述語，「良馬」是賓語（「否」是表示疑問語氣的句末助詞）。

「慈烏失其母。」（〈慈烏夜啼〉）

「慈烏」主語，「失」述語，「其母」賓語。

「天子誅匈奴。」（〈卜式輸財報國〉）

「天子」主語，「誅」述語，「匈奴」賓語。

「吾愛汝至。」（〈與妻訣別書〉）

「吾」主語，「愛」述語，「汝」賓語（「至」是補足語，補足語通常出現在述語、表語或述賓結構之後，對謂語中心作程度、數量、結果等方面的補充說明）。

以上是以及物動詞為述語的例子；下面的例子則是以不及物動詞為述語：

「僮僕漸睡。」（〈越縵堂日記〉）

「僮僕」主語，「睡」述語（「漸」副語）。

「燕子去了。」（〈匆匆〉）

「燕子」主語，「去」述語（「了」是句末助詞）。

有的句子在不及物動詞的後頭跟著名詞性單位，看起來像是賓語，實則不然，請看下面的例子：

「父來室中。」（〈習慣說〉）

「父」主語，「來」述語，「室中」不是賓語，是用來說明述語「來」所到的地點，是表示處所的次賓語，擔任介繫的介詞省略了。

「余住西湖。」（〈湖心亭看雪〉）

「余」主語，「住」述語，「西湖」也是處所次賓語。

這裡要特別說明的是：敘事句的主語往往是主事者，述語表示的一定是主語所操控的動作，有的時候在敘事句的述語之前也出現了名詞性單位，但這個名詞性單位並不是主語，像：

「東市買駿馬，西市買鞍韉，南市買轡頭，北市買長鞭。」（〈木蘭詩〉）

這個例子，在述語「買」之前出現了「東市」、「西市」、「南市」、「北市」等名詞性單位，但是「買」是詩中主角——木蘭——的動作，並不是由「東市」等操控的行為，「東市」等在這些句子裡的角色不是主語，而是表示處所的次賓語，介繫的介詞省略了，這些處所次賓語，對述語具有修飾的作用；不過因為它們出現在述語之前，又省略了介詞，所以也可以看成「副語」，作用同樣是對述語作處所方面的修飾、限制。

二、有無句

有無句的句型和帶有賓語的敘事句很類似，句子成分的名稱也相同，只是它的述語是「有」或「無」字。充任述語的「有」、「無」可以表示兩種意思：一種是表示肯定或否定的「擁有」，這種句子，主語往往是人，如果不是人，也有擬人化的意味，前面的例子裡，「臣『有』二馬」就是表示「擁有」的意思；另一種可以表示「存在」或「不存在」的關係與狀況，近似於英文的「There is」、「There are」的說法。「蜀之鄙『有』二僧」就是這類的例子。以下便分別從這兩方面舉幾個例子來說明：

「富者有難色。」（〈為學一首示子姪〉）

「富者」主語，「有」述語，「難色」賓語。這句的主語是人，以下兩句的主語雖不是人，但可以看成是把它們擬人化了：

「臺灣固無史也。」〈臺灣通史序〉

「臺灣」主語，「無」是述語，「史」賓語（「固」是副語，「也」為句末助詞）。

「一個意念有許多符號。」〈意念的表出〉

「一個意念」是主語，「有」述語，「許多符號」是賓語。

口語裡用「沒有」表示文言「無」的概念，在語法分析上可以把「有」看成述語，「沒」只看成是表示否定的副語，像：

「阿爸也沒有任何怨言。」〈負荷〉

「阿爸」主語，「也」和「沒」都是副語，「有」是述語，「任何怨言」賓語（副語「也」、「沒」在修飾述語「有」時，有層次上的差別，否定副詞「沒」先修飾「有」，「也」再對「沒有」作頻率方面的修飾，但是分析時直接析出「也」、「沒」這兩個副語就好了）。不過也有把「沒有」看成複詞，直接擔任述語的。

至於表示存在的有無句，像：

「宅邊有五柳樹。」（〈五柳先生傳〉）

「宅邊」主語，「有」是述語，「五柳樹」賓語。

「何處無竹柏？」（〈記承天寺夜遊〉）

「何處」主語，「無」述語，「竹柏」賓語。

「何夜無月？」（〈記承天寺夜遊〉）

「何夜」主語，「無」述語，「月」賓語。

「齊人有一妻一妾而處室者。」(《孟子．離婁下》)

「齊人」主語，「有」述語，「一妻一妾而處室者」賓語。

「客有吹洞簫者。」(〈赤壁賦〉)

「客」主語，「有」述語，「吹洞簫者」賓語。

口語裡有時候表示否定的有無句不說「沒有」，只說「沒」，這時可以看成複詞「沒有」省略了「有」，也可以把否定副詞的「沒」看成「副詞述語」，像：

「裡邊沒人。」(〈背影〉)

「裡邊」是主語，「沒」是述語，「人」賓語。

以上這些具有主語的有無句，《中國文法講話》和《中國文法要略》把「宅邊有五柳樹」、「何處無竹柏」、「何夜無月」、「裡邊沒人」等看成是「時地性」起詞（主語）的有無句，稱「齊人有一妻一妾而處室者」、「客有吹洞簫者」為「分母性」起詞的有無句，純粹表示「擁有」的有無句，像「臣有二馬」、「富者有難色」、「一個意念有許多符號」、「阿爸也沒有任何怨言」等則稱為「領屬性」起詞的有無句；至於沒有主語的有無句，像：「有一個初秋的傍晚」（〈母親的教誨〉）、「有蟲蟲」（〈楊桃樹〉）等，《中國文法講話》認為是單純表示事物的存在，可以稱為「存在句」。事實上，所謂時地性主語的有無句和分母性主語的有無句都可以看成是廣義的表示存在關係的存在句。

前面我們提到句子基本類型有最少分成三類的，就是把有無句也看成是敘事句，因為有無句的成分依然是「主語」、「述語」、「賓語」，和敘事句並無不同；這裡我們把有無句和敘事句區分開來，是因為敘事句的述語是由主語從事、操控的動作，而有無句的述語，只是表示一種存在的關係、狀況，或表示賓語確實是主語所擁有的事物而已。我們讓有無句獨立，主要的著眼點就在這裡。

三、表態句

表態句是對人、事、物在性質、狀態方面作描寫的句子，所以也叫描寫句。被描寫的對象是「主語」，謂語的中心成分叫「表語」，表語往往是形容性單位，所以像周法高先生和趙元任先生就稱表語為「形容詞謂語」。前面的例子裡，「環堵蕭然」、「友人慚」、「天寒」都是表態句，「環堵」、「友人」、「天」是主語，「蕭然」、「慚」、「寒」是表語。其他例子像：

「饑腸轆轆。」（〈談與趣〉）

「饑腸」是主語，「轆轆」為表語。

「朱墨爛然。」（〈越縵堂日記〉）

「朱墨」主語，「爛然」表語。

「芳草鮮美。」（〈桃花源記〉）

「芳草」是主語，「鮮美」表語。

「落英繽紛。」（〈桃花源記〉）

「落英」主語，「繽紛」是表語。

「興正濃。」（〈兒時記趣〉）

「興」是主語，「正」副語，「濃」表語。

「第一次的感覺真奇妙。」（〈第一次真好〉）

「第一次的感覺」主語，「真」副語，「奇妙」是表語。

表態句和帶有形容性加語的主從結構之間，往往只是語序的差別而已，如果表態句的表語移到主語之前，加上結構連詞，多數可以成為帶形容性加語的主從結構，像上面的例子可以變成：「寒（的）天」、「鮮美的芳草」、「繽紛的落英」、「轆轆的饑腸」、「爛然的朱墨」、「真奇妙的第一次（的）感覺」等等，所以我們在討論「語的結構」

時，提到要判定主從結構加語的屬性，可以用語序的改變作為判斷的參考。

有一種表態句很容易和敘事句相混，像「惠王立」（〈田單復國〉）這個例子，「立」的動作不是由主語「惠王」所操控，因為它不是主動的「站立」的意思，而取「被擁立」之意，在這種情況下，我們可以看成表態句，以「立」為表語（如果要看成敘事句，應該看成被動式，「惠王」是賓語，「立」是述語，主語是燕的臣民，省略了）。

四、判斷句

凡是對事物的屬性、內涵給予解釋、說明，或對事物作一是非、異同的判斷的句子就是判斷句。判斷句的謂語中心是「斷語」，判斷句是利用斷語對主語作一解釋、說明，或是以繫詞（又稱繫語）為「主語」和「斷語」的異同是非作一判斷，如果是肯定的判斷句，主語和斷語之間往往可以畫上等號，又因為斷語通常是名詞性單位，所以像周法高先生和趙元任先生就稱斷語為「名詞謂語」。文言的肯定判斷句用「為」、「即」、「是」等為繫詞，但是古代漢語往往以不用繫詞為常，像《論語・八佾》裡「起予者商也」的這個例子就是；至於否定的判斷句則以「非」為繫詞，前面舉的〈訓儉示康〉的例子「酒非內法」、「肴非遠方珍異」等都是；口語裡判斷句不論肯定、否定，都可以看成以「是」為繫詞，「不」只看成是否定副語，對繫詞作修飾、限制（也可以將「不是」視為複詞，直接擔任繫詞）。文言判斷句用繫詞的例子像：

「心為一身之主。」（〈書付尾箕兩兒〉）

「心」為主語，「為」是繫詞，「一身之主」是斷語。

文言的判斷句雖然以不用繫詞為常，但是有兩個助詞，可以看成表示判斷句的標記，即句中助詞「者」和句末助詞「也」字，〈與荷蘭守將書〉裡：「臺灣『者』，中國之土地『也』。」就是帶有這兩個標記的例子。不過，這兩個符號不一定同時出現，例如「菊，花之隱逸者也」就只出現一個句末助詞，類似的例子像：

「儉，美德『也』。」（〈儉訓〉）

「儉」為主語，「美德」是斷語。

「卜式，河南人『也』。」（〈卜式輸財報國〉）

「卜式」為主語，「河南人」是斷語。

至於完全不出現助詞的肯定判斷句，像：

「巨卿信士。」（〈張劭與范式〉）

「巨卿」是主語，「信士」為斷語。

「蓋文章，經國之大業，不朽之盛事。」（〈典論論文〉）

「文章」為主語（「蓋」是句首助詞），「經國之大業，不朽之盛事」是斷語。

表示否定的判斷句，例如：

「酒非內法。」（〈訓儉示康〉）

「酒」為主語，「非」是繫詞，「內法」是斷語。

「肴非遠方珍異。」（〈訓儉示康〉）

「肴」是主語，「非」繫詞，「遠方珍異」斷語。

「人非聖賢。」（〈幽夢影〉）

「人」為主語，「非」是繫詞，「聖賢」是斷語。

口語裡判斷句的例子，肯定與否定各舉一例：

「意念是無形的東西。」（〈意念的表出〉）

「意念」為主語，「是」繫詞，「無形的東西」是斷語。

「民主不是一群會投票的驢。」（〈哲學家皇帝〉）

語。

「民主」主語，「不」表示否定的副語，「是」是繫詞，「一群會投票的驢」是斷語。

五、準判斷句

有一種句型，可以表示主語具有某種身分、擔任某種職務或發生某種變化，或是以比喻的方式對主語作一番說明，這類句子介於敘事句（在說明具有某種身分、擔任某種職務和發生某種變化的情況時）和判斷句（以比喻的方式對主語提出說明時）之間，但不能稱為敘事句，因為擔任職務、具有某種身分、發生某些變化等並不是由主語操控的動作，也不能稱作判斷句，因為主語和斷語之間並不能畫上等號，所以稱為準判斷句。句型分類採三分法的語法學家，通常是把準判斷句看成判斷句。它的謂語中心叫「準繫詞」，其他的成分和判斷句用的是相同的稱呼。

表示主語具有某種身分、地位的準繫詞通常用「為」（文言）、「當」、「作」（口語）等，像：

「釋之為廷尉。」（〈張釋之執法〉）

「釋之」是主語，「為」準繫詞，「廷尉」斷語。這個「為」和前面「心『為』一身之主」的「為」意義不同，前面的「為」當「是」講，這個「為」卻是「擔任」、「作」的意思；而這兩個「為」和真正由主語用手去製造、操作甚至引申出研究、治理等意思的「為」意義又不相同，有製造、治理意思的「為」通常當敘事句的述語。請試著拿這兩個例子的「為」和『「為」學與做人』的「為」作一比較，當可明白。

有時候文言的「謂」、「曰」字，不是「對人說」或「說」的意思，翻譯成白話時要翻成「叫做」，這時「謂」、「曰」是準繫詞，這類的句型也是準判斷句：

「是謂國恥。」（〈廉恥〉）

「是」是主語，「謂」準繫詞，「國恥」是斷語。

「什麼事叫做大事呢？」（〈立志做大事〉）

「什麼事」主語，「叫做」是準繫詞，「大事」是斷語（「呢」是表示疑問語氣的句末助詞）。

如果是表示主語發生變化的，準繫詞往往用「變」、「成」、「化」等：

「夏蚊成雷。」（〈兒時記趣〉）

「夏蚊」是主語，「成」準繫詞，「雷」是斷語。

至於表示斷語和主語是比喻關係的準繫詞，通常用「如」、「似」、「若」、「像」等：

「歲月如流。」（〈黃河結冰記〉）

「歲月」是主語，「如」準繫詞，「流」是斷語。

「觀者如堵。」（〈文天祥從容就義〉）

「觀者」是主語，「如」準繫詞，「堵」是斷語。

「窪者若平。」（〈習慣說〉）

「窪者」是主語，「若」準繫詞，「此」是斷語。

「牠的形狀像鴿樓上飼養的鴿子。」（〈火鷓鴣鳥〉）

「牠的形狀」是主語，「像」準繫詞，「鴿樓上飼養的鴿子」是斷語。

下面簡單地把單句的五種完整型式的成分列在後面，括弧裡的成分表示可有可無：

	主語	謂		語	
敘事句：	主語	（副語）	述語	（賓語）	（補足語）
有無句：	主語	（副語）	述語	賓語	
表態句：	主語	（副語）	表語	（補足語）	
判斷句：	主語	（副語）	繫詞	斷語	
準判斷句：	主語	（副語）	準繫詞	斷語	

每一種句型除了主語以外的部分都是謂語，造句結構裡有一小類叫謂語式造句結構的，就是指含有主語以外成分的造句結構，在有些語法書上，可以看到「副述」——具有副語和述語的結構——、「述賓」——具有述語和賓語的結構——、「述補」——具有述語和補足語的結構——、「表補」——具有表語和補足語的結構——、「副表」——具有副語和表語的結構——等結構名稱，都是我們所謂的謂語式造句結構。

我的機車很「法拉利」

詞類活用一——名詞的活用

我的機車很「法拉利」，這是出現在電視上的機車廣告詞。「法拉利」是由外文音譯而來的汽車廠牌名稱，從構詞法說是衍聲複詞，是專有名詞，所以在詞類區分上，應當是名詞。名詞的特性是只能擔任主語、賓語、斷語等成分，同時不接受副詞——尤其是程度副詞——的修飾，但是現在「法拉利」前頭出現了程度副詞「很」字，同時這個句子依照句型分類，屬於表態句，「法拉利」在句子裡擔任表語的成分，這便展現了形容詞的功能了。名詞表現形容詞的功能是一種詞類活用的現象。

我們學習英文時，很多單字往往可以從單字本身判斷它的詞性：當看到字尾是-ness、-tion時，知道多半是名詞；如果字尾是-al、-ic、-ful的，往往是形容詞；至於副詞通常帶有-ly的字尾。類似-ness、-tion、-al、-ic、-ful、-ly等都可以看成是區別詞性的記號。反觀漢語，以一個個的方塊字記錄語言，方塊字上可以說沒有區別詞類的記號，所以我們在作詞類區分時，是根據詞彙意義和語法功能來分別的。虛詞的語法功能固定，能擔任的句子成分也有限；多數的實詞，光只是「本用」，語法功能就非常多樣化，例如：名詞和稱代詞可以擔任各類句型的主語、敘事句和有無句的賓語、判斷句的斷語、主從結構的端語和領屬性、同一性加語，介賓結構（介詞加介詞次賓語的結構）的介詞次賓語等；動詞可以作敘事句的述語，趨向動詞還可以擔任句子的補足語；形容詞主要擔任表態句的表語、主從結構的形容性加語，也可以作句子的補足語；副詞往往只能充當句子的副語，少部分的副詞可以作補足語；數詞通常擔任主從結構的形容性加語、量詞擔任主從結構的端語，文言裡數詞和量詞都可以任副語，數量結構還可以擔任表語和補足語等等（詳細請參看〈詞類的區分及實詞的本用〉）。如果發現實詞有了以上所述這些功能之外的用法，像題目上的「法拉利」，就是詞類活用的現象。

所謂詞類活用，範圍往往限定在實詞，是實詞在特定語言環境下臨時轉移用法的現象，也就是在某一個特殊的語言環境裡，實詞暫時具有它本用以外的用法的一種現象。虛詞因為本身詞彙意義已虛化，分類完全根據它在句子裡的職務來決定，所以活用的情形就少了。同時因為詞必須在句子裡透過語序的顯示，才能表現出句法功能，所以詞類活用也就必須在句子裡才能顯現出來。另外值得一提的是：詞類活用，並不是詞的兼類，也不是訓詁上的通假或假借。詞的兼類是一個詞同時兼有兩個或兩個以上的詞類，意義各殊，用法也不同，像「之」字，可以是動詞（〈為學一首示子姪〉裡的「吾欲『之』南海」）、稱代詞（〈文天祥從容就義〉裡的「左右強『之』」）、連詞（〈寄弟墨書〉裡的「士為四民『之』末」、〈習慣說〉裡「習『之』中人甚矣」）、助詞（〈愛蓮說〉裡「菊『之』愛陶後鮮有聞」），一個「之」字，兼有多種不同的意義和用法，又分屬不同的詞類，就是兼類的詞；但是詞類活用，指的並不是這種現象。至於訓詁上的通假或假借，則是指某一個字因為讀音相近、相同的關係，代替了另一個字的用法，而且積久成習的一種現象，〈出師表〉裡「益州『罷』弊」以「罷」字代替「疲」字、〈張釋之執法〉「『錯』其手足」的以「錯」代「措」字等就是。

至於詞類活用之後，在句子裡擔任的成分該如何稱呼？仍然依照〈句子的基本類型〉裡介紹的各個成分來稱呼，如果為了跟本用的成分區別，可以把原詞性加在活用後所擔任的句子成分名稱之前，像：名詞述語、名詞表語、名詞副語、形容詞述語、形容詞副語等就可以了。也有語法學家是以「品」來區分，例如：名詞最適宜用為首品、又頗適宜於次品、也有用為末品的等等的說法，原則上，名詞的本用為首品，形容詞、動詞的本用為次品，副詞本用則為末品，讀者可以自行參看王力、許世瑛、呂叔湘等諸先生有關的著作。

既然實詞都有活用的現象，以下先從名詞的活用談起，名詞除了本用之外，可以活用為述語、加語（形容性）、表語和副語。

一、名詞述語

名詞述語即一般所謂「名詞活用為動詞」的用法（我們這裡不稱動詞，是為了釐清詞類和句子成分的界限），這種活用法在古漢語裡是很常見的現象，大致可以有幾個判斷的依據：

(一)名詞出現在稱代詞之前時

古漢語稱代詞向例不接受修飾，所以當稱代詞之前出現名詞時，名詞往往活用為述語，大家熟悉的「解衣『衣』我」的第二個衣是「給……衣穿」的意思，就是名詞活用為述語的例子，《論語・述而》「曲肱而『枕』之」的「枕」也是同樣的情形。類似的例子像：

「田單乃起，……田單曰：子勿言也！因『師』之。」（〈田單復國〉）

「因師之」從句型上看是個敘事句，「師」本是名詞，出現在稱代詞「之」之前，活用為述語，「之」在這裡成了「師」的賓語，「因」是副語；在語意上則是「以之為師」的意思，是意動用法，這種用法以後會有專文再作討論。韓愈的〈師說〉裡有好幾個「師」字也是類似的情形。

「汝幸而『偶』我。」（〈與妻訣別書〉）

這也是個敘事句，「汝」是主語，「幸」是副語，「偶」本是名詞，原是「匹偶」的意思，在這個句子裡活用為是述語，所以教科書解釋為「與我結為夫妻」，稱代詞「我」擔任賓語，「而」在本句裡是副語和述語之間的「連詞」。

「出入『腹』我。」（《詩經．小雅．蓼莪》）

敘事句，「腹」本指「腹部」，原是名詞，出現在稱代詞「我」之前，擔任述語，有「懷抱」的意思，「我」是賓語，「出入」在這個句子裡是副語。

(二)名詞之前出現副詞時

副詞只能修飾在它後面的述語或表語，所以當名詞之前出現副詞時，這個名詞可能活用為述語（也有可能活用為表語），〈越縵堂日記〉裡「紫薇久花」的「花」字就是一個很好的例子，整句是個敘事句，主語是「紫薇」，「久」是副詞，擔任本句的副語，「花」出現它的後面，充當這個句子裡的述語，「花」雖然在現代漢語裡是個兼類詞，有「花費」的動詞意，但是在這兒，並不是這個意思，仍是取「『花』、草、樹、木」之意，只是用的是活用為述語「開花」的意思，副語「久」對述語「花」作時間方面的修飾。〈科學的頭腦〉裡引了古書「使日再中，天雨粟，烏白頭，馬生角，乃得歸。」的說法，「使日再『中』」的「中」也是這種情形，「日再中」，課本翻譯成：「太陽再由西方逆行到天空的中央。」「中」原是方位名詞，前頭出現副詞「再」字，這個「中」，有「運行到天空中央」的意思就是名詞述語。

(三)名詞前後出現介賓結構（或稱介補結構）時

介詞和介詞次賓語（或稱補詞）的結構，往往對述語有修飾、限制的功用（有關介賓結構的種類、用法，後文有較詳細介紹），所以當名詞前後出現介賓結構時，這個名詞可能活用為述語。這類例子像：

「不難『師』於老馬與蟻。」（〈老馬識途〉）

這句話也是前面提到的意動用法，「不」是副語，述語是「難」，有「以……（賓語）為難」的意思，「師於老馬與蟻」是賓語；賓語本身是一個謂語式造句結構，在這個謂語式造句結構裡，「師」後頭出現了「於老馬與蟻」表示授事的介賓結構（許世瑛先生稱這種次賓語為「反受詞」），也是名詞活用的現象，但是這裡「師」的語意和前面舉的「因師之」的「師」不同，「師之」是「以之為師」的意思，這兒是「師法、學習」的意思。

「生，於我乎『館』；死，於我乎殯。」（〈孔子的人格〉引）

這句話是從《禮記．檀弓》裡引錄出來的，「於我乎館」是「館乎於我」的倒裝，「館」本是「館舍」的意思，是名詞，當還原為非倒裝句時，在它後面有表示處所的介賓結構「於我」，「館」便活用為述語，有「居住」的意思；「乎」根據許世瑛先生的解釋，是表示句中停頓的語氣，有加重處所的意味，是句中助詞。

(四)名詞前後出現連詞時

有時候，名詞前或後出現連詞，可能是活用為述語的現象。前面提到〈與妻訣別書〉「汝幸而『偶』我」這個例子，「偶」之前有連詞「而」，也是個判斷的依據；〈馮諼客孟嘗君〉裡：「孟嘗君……『衣冠』而見之」的「衣冠」原是名詞，後面出現表示時間複句的連詞「而」字，在這裡「衣冠」是「穿衣、戴帽」的意思，活用為述語。〈田單復國〉裡也有這樣的例子：「實欲連兵南面而『王』齊」，「王」前頭出現了連詞「而」字，也活用為述語，是「稱王」的意思，只不過「齊」不是賓語，而是表示處所的介詞次賓語，但是在次賓語之前，不用介詞。

(五)兩個名詞同時出現，既非並列結構，也無主從關係，則是造句結構，其中有一個名詞活用為述語。

兩個名詞同時出現，可能是並列結構，像：「父母兄弟」（〈竹〉）、「太行、王屋」（〈愚公移山〉），也可能是主從結構，例如：「晉乘」、「楚杌」（〈臺灣通史序〉），如果既非並列，也無主從關係，那麼就是造句結構，其中有一個名詞活用為述語，〈文天祥從容就義〉裡：「天祥『相』宋於再造之時」，就是這種情形，主語是「天祥」，「相」和「宋」字都是名詞，但不是並列結構「相與宋」，也不是主從結構「相之宋」，因此應是造句結構，其中名詞「相」活用為述語，從「宰相」的名詞意轉成「為相、擔任宰相」的意思（通常專有名詞活用的情形較少）；《史記・孫子吳起列傳》裡，提到吳起事魯君，當齊人來攻時，有「魯欲『將』吳起」這句話，就是類似的例子。〈左忠毅公軼事〉中有：「一日，使史公更敝衣草屨，背筐，『手』長鑱，為除不潔者。」，「手」、「長鑱」都是名詞性單位，非並列、亦無主從關係，這時就應從造句關係來判斷，「手」活用為述語，當「用手拿」講。

另外，如果名詞疊用，不是疊字衍聲複詞，也不是詞的並列時，那麼可能其中之一活用為述語，《史記・淮陰侯列傳》裡，有一段漢高祖和韓信的對話，說：「陛下不能將兵，而善『將』將。」「將將」的第一個「將」，活用為述語，是「帶領」的意思，就可以用這個方法判斷；《論語・顏淵篇》齊景公問政於孔子時，孔子回答說：「君『君』、臣『臣』、父『父』、子『子』」，疊用的第二個「君」、「臣」、「父」、「子」，也都是名詞述語的例子，分別表示「盡君道」、「盡臣道」、「盡父道」、「盡子道」的意思。有時候，從句型的對比性上也可以看出名詞活用為述語的情形，大家比較熟悉的例子像：《詩・小雅・鹿鳴》「『鼓』瑟吹笙」、「吹笙『鼓』簧」的「鼓瑟」、「鼓簧」，

「鼓」本是名詞，但在這裡，和「吹笙」對文連用，「吹笙」是一個述賓形式的結構，「鼓」因而也具有述語的功能了。

二、名詞加語（形容性）、名詞表語

名詞活用為形容性單位時，可以擔任主從結構的形容性加語，也可以擔任表態句的表語。名詞活用為形容性加語，往往根據兩個名詞連用，既不是並列結構，又不具有造句關係來作判斷，多數是第一個名詞活用為形容性加語，對第二個名詞作形容、修飾。它的範圍不外下面的幾種情形：

㈠說明端語的材質

梁實秋先生〈鳥〉這篇文章，談到籠子裡的鳥，說牠們「冬天還有遮風的『棉』罩」，這裡的「棉」字，便是名詞活用為形容性加語、說明端語的材質的例子，歐陽修〈採桑子〉「『蘭』橈畫舸悠悠去」的「蘭」、李白〈長干行〉：「郎騎『竹』馬來」的「竹」也是類似的用法。

(二)說明端語的功用

日常生活裡，工具常用這種方法來命名，「罝」是捕獸的網，專用來捕兔子的，便稱「兔罝」，例如《詩．周南．兔罝》：「肅肅兔罝，施于中林」，養鴿的小房子稱「『鴿』樓」，在端語「罝」、「樓」前面的「兔」、「鴿」都是用來說明它的功用的。

(三)比擬、形容端語的形象

〈木蘭詩〉「當窗理『雲』鬢，對鏡貼花黃。」的「雲」，就是名詞活用為形容性加語，用來比擬或形容髮鬢的樣子；陸游在〈夜遊宮〉裡說「『鐵』騎無聲望似水」的「鐵」字、白居易〈長恨歌〉：「『雲』鬢『花』顏金步搖」的「雲」、「花」，都是這種活用法。

至於名詞活用為表態句的表語，大致以名詞之前的副語作為判斷依據：

名詞之前出現修飾形容詞的副語時，這個名詞往往活用為表語。我們的標題「我的機車很『法拉利』」的「法拉利」，在這裡就充任表語的角色，口語裡這類的例子很多，往往名詞性單位前出現一個程度副詞，這時的名詞便活用為表語，像：「很『君子』」、

「太『小人』」、「非常『藝術』」、甚至「很『希臘』」等都是；〈與宋元思書〉「急湍甚『箭』」的「箭」字，也是類似的用法。如果名詞之前出現的是程度副詞以外的副詞，就要看是活用為述語或活用為表語了，〈愛蓮說〉「中通外直，不『蔓』不『枝』」的「蔓」、「枝」之前出現的是否定副詞「不」，如果「蔓」、「枝」活用為述語，是表示「長出蔓」、「長出枝」，但是這裡是「沒有像藤類蔓生的細莖」、「沒有歧出的枝椏」的意思，所以不是名詞述語而是名詞表語。名詞表語和名詞述語如何區別？通常名詞表語往往有「像……的樣子」或「像……一樣」的語意，名詞述語則否。

三、名詞副語

名詞活用為副語，往往要從出現的環境位置上來判定，當名詞出現在述語或表語之前，如果該名詞不擔任句子的主語，就是活用為副語。名詞活用為副語，大致可以歸納出下列幾種情形：

(一)比喻述語的動作方式或形態

這種用法，是用這個名詞所表示的人或事、物的行為特徵，來描繪述語的動作方式或形態，〈諫逐客書〉：「『蠶』食諸侯，使秦成帝業。」這個句子的主語是承上文的「秦昭王」，「蠶」字，不是「食」掉諸侯的主語，是用來修飾述語「食」的，比喻秦昭王併吞諸侯的情形，像「蠶」吃桑葉那樣，慢慢地、不停地把諸侯給併吞掉；〈過秦論〉裡也有名詞活用為副語的用法：「天下『雲』集而『響』應」，這句話裡「『雲』集而『響』應」是複合式造句結構，作句子的表語，複合式造句結構裡的「雲」和「響」，是分別對「集」與「應」起修飾、限制的副語，表示「集」與「應」的方式；〈蕪城賦〉裡「『瓜』剖『豆』分」，蘇東坡〈念奴嬌赤壁懷古〉的「檣櫓（或作強虜）『灰』飛『煙』滅」也是類似例子；現代口語裡，這類的用法用得不少，像：「機車『蛇』行」、「觀眾『蜂』擁而至」等都是。

(二)表示態度

通常是用對待這個名詞的態度或方式來對待賓語，〈田單復國〉：「田單乃起，引還，東鄉坐，『師』事之」的「師」字，就是表示用「對待師的態度」來對待那個士兵；《孟子·萬章下》：「今而後，知君之『犬馬』畜伋。」的「犬馬」，也是表示一種態度，「犬馬畜伋」是說：「用養『犬馬』的方式來供養孔伋」，也就是「把孔伋當作犬馬來養」的意思；《漢書·司馬遷傳》中有「固主上所戲弄，『倡優』畜之，流俗之所輕也。」「倡優」表示的也是一種畜養的態度。

㈢表示處所

介紹句子的基本類型時，曾經提到〈木蘭詩〉裡「東市買駿馬，西市買鞍韉，南市買轡頭，北市買長鞭。」這幾句話，可以把「東市」、「西市」、「南市」、「北市」等處所詞看成副語，其實就是名詞活用的現象；《國語．越語》談到句踐復國時，禮待賢士，有「四方之士來者，必『廟』禮之。」的句子，「廟」活用為副語，表示「在宗廟裡」的意思；〈自由與放縱〉一文裡，引到《禮記．檀弓》「里有殯，不『巷』歌。」的「巷」也是由表示處所的名詞活用為副語。

㈣表示時間

〈自由與放縱〉一文裡還引用《禮記．坊記》「寡婦不『夜』哭」的說法，「夜」本是表示時間的名詞，活用為副語，對「哭」在時間方面作修飾、限制；〈馮諼客孟嘗君〉有「『晨』而求見」，「晨」也活用為表示時間的副語。

(五)表示使用的工具或方法

這是名詞副語對述語的動作方式或使用工具的修飾，〈愚公移山〉裡「『箕畚』運於渤海之尾」的「箕畚」，就是這類用法的例子，「箕畚」本是名詞，在這兒作為搬運土石的工具，擔任這個敘事句的副語，翻譯的時候要翻成「『用箕畚』搬運」」；《論語·子張篇》子貢形容夫子的偉大時說到：「夫子之不可及也，猶天之不可『階』而升也。」這個「階」也活用為副語，表示一種工具或方法。

事實上，判斷名詞活用的現象，有時候可以從多方面去觀察，並不一定從單一的規律來判定，例如：〈與妻訣別書〉裡「汝幸而『偶』我」，「偶」字活用，就可以從名詞出現在稱代詞「我」之前以及名詞前出現連詞「而」這兩方面來判斷；〈文天祥從容就義〉「天祥『相』宋於再造之時」這句話裡，「相宋」既是兩個非並列、亦無主從關係的名詞連用，後頭又跟著「於再造之時」表示時間的介賓結構，所以也有雙重的判斷依據；〈義田記〉「於是齊侯以晏子之觴而『觴』桓子」，第二個「觴」是名詞述語，「觴」之前有連詞「而」，又有介賓結構「以晏子之觴」，是介賓結構和連詞同時出現的狀況，而且它與「桓子」既非並列結構，也無主從關係。像這樣利用多重的依據，更可加強判斷的可靠性。

奔向「羅曼蒂克」、飛進浪漫歐洲

詞類活用二——形容詞的活用

「奔向『羅曼蒂克』、飛進浪漫歐洲」，報紙上的廣告詞，是很好的一個形容詞活用的例子。這兩個句子，都是敘事句，句型相似，主語省略，同時述語後頭帶有表示動作所到之處的處所次賓語。「浪漫歐洲」是主從結構，屬名詞性單位，在「飛進浪漫歐洲」這個句子裡是表示處所的介詞次賓語。「羅曼蒂克」則是從英文「**romantic**」直譯而來，它原意十分豐富，綜合起來不外：「浪漫的、虛構的、夢幻似的」等意思，是形容詞，因此我們常說的是：「某某人很『羅曼蒂克』」、「這是一個『羅曼蒂克』的故事」。「羅曼蒂克」在上面這兩個句子裡分別擔任表態句的表語和主從結構的形容性加語；但是在「奔向『羅曼蒂克』」這個句子裡，「羅曼蒂克」擔任介詞「向」的介詞次賓語，一般情況，介詞次賓語必須是名詞性單位，所以形容詞「羅曼蒂克」在「奔向羅曼蒂克」裡便具有了名詞的用法。這是這一次所要介紹的有關形容詞活用的情形。

形容詞以擔任表態句的表語和主從結構的形容性加語為本用，有的形容詞還可以擔任句子裡的補足語。如果形容詞有了它本用之外的用法，就是形容詞活用的現象，形容詞可以活用為名詞性單位，包括形容詞端語、形容詞主語（含兼語，兼語通常出現在遞繫式裡，因兼有第一繫賓語和第二繫主語之功能，故名）、形容詞賓語（含介賓結構的介詞次賓語）、形容詞斷語等，也就是當形容詞活用為名詞性單位時，所有名詞可以出現的位置，都可以出現；形容詞還可以活用為形容詞述語和形容詞副語，以下便分別舉幾個例子加以說明。

一、形容詞端語

形容詞活用為端語，其實是主從結構的省略變化，不論文言或口語，當帶有形容性加語的主從結構省略了端語，這時形容性加語便臨時性的代替了整個主從結構的功能，也就是一般所說的「形容詞具有名詞的用法」。因此當形容詞出現在主從結構的端語位置時，形容詞便活用為形容詞端語：

「老吾『老』，以及人之『老』；幼吾『幼』，以及人之『幼』。」（《孟子·梁惠王

上》）

「吾老」、「人之老」、「吾幼」、「人之幼」都是主從結構，「老」、「幼」原本詞性都是形容詞，但在「吾老」、「人之老」、「吾幼」、「人之幼」這些主從結構裡都擔任端語。擔任端語的「老」、「幼」是「老者（之人）」、「幼者（之人）」（也是主從結構）的省略。

「我沒有夸父的『荒誕』，但晚景的『溫存』卻被我這樣偷嘗了不少。」（〈我所知道的康橋〉）

「我感覺興味的不是那人的『悠閒』，卻是那鳥的『苦悶』。」（〈鳥〉）

「荒誕」、「溫存」、「悠閒」、「苦悶」都是形容詞，在這裡都擔任主從結構的端語。

二、形容詞主語（含兼語）

當形容詞出現在主語位置時，形容詞可能活用為主語，例子像：

「『老弱』皆擊銅器為聲。」

「使『老弱』女子乘城。」（〈田單復國〉）

這兩句話裡的「老弱」，都是「老」和「弱」並列的情況（第二個例子的「老」、「弱」實際上是和「女」、「子」並列），指的是「老者」和「弱者」，「老者」和「弱者」原是主從結構，「老」、「弱」各是主從結構的形容性加語，端語省略了，由加語負擔起整個主從結構的功能，第一個例子的「老弱」擔任敘事句主語，第二個例子的「老弱」（和「女、子」）擔任致使繁句的兼語。

「也只有『綠』，才是你一生想說的那句話。」（〈竹〉）

「綠」原是形容詞，在這裡擔任有無繫句遞繫式的兼語。

「故『聖』益聖，『愚』益愚。」〈師說〉

這是以形容詞「聖」、「愚」為主語的表態句，「聖」、「愚」分別代表的是「聖者」、「愚者」。

「『儉』，美德也，而流俗顧薄之。」〈儉訓〉

形容詞「儉」擔任判斷句的主語，指的是「儉的這種德行」。

「他的眼睛把夢想燃亮，『燦美』如星。」〈一隻白鳥〉

「燦美」也是形容詞，這裡代表的是「燦美的樣子」是準判斷句「燦美如星」的主語。

三、形容詞賓語（含次賓語）

當形容詞出現在述語之後，而形容詞後頭並沒有其他的名詞性單位可作為述語的賓語時，這個形容詞可能活用為形容詞賓語；如果形容詞出現在介詞之後，而後頭並沒有其他的名詞性單位可作為介詞的次賓語時，則是形容詞活用為形容詞次賓語。像：

「無如人之常情，惡『勞』而好『逸』。」（〈勤訓〉）

「即使工作再忙，也能做到忙裡抽『閒』，手不釋卷。」（〈論讀書〉）

「吾與汝畢力平『險』。」（〈愚公移山〉）

這些例子裡的「勞」、「逸」、「閒」、「險」等，原都是形容詞，但在句子裡都擔任賓語（最後一例的述語「平」，也是形容詞活用的現象）；而題目「奔向羅曼蒂克」中「羅曼蒂克」的用法則是形容詞次賓語的例子。

四、形容詞斷語

形容詞出現在判斷句或準判斷句的斷語位置時，形容詞多活用為斷語，像：

「人非『聖賢』，安能無所不知。」（〈幽夢影〉）

「其妻問所與飲食者，則盡『富貴』也。」（《孟子・離婁下》）

這兩個句子是形容詞擔任判斷句斷語的例子；下面的形容詞「平」擔任準判斷句的斷語：

「及其久，而漥者若『平』。」（〈習慣說〉）

上面提到的形容詞主語、形容詞賓語、形容詞斷語三種形容詞活用的情形，其實形容詞所代表的，也都是省略了端語的主從結構，所以不論那一個例子，都可以從上下文中找到形容詞所代表的主從結構裡省略了的端語。有的例子我們已在舉例時就說明了，一些沒有說明的例子，像〈勤訓〉：「無如人之常情，惡『勞』而好『逸』。」裡「勞」指的是「勞苦的事」、「逸」指的是「閒逸、輕鬆的事」；《孟子選・離婁下》：「其妻問所與飲食者，則盡『富貴』也。」的「富貴」，指的是「富貴者（之人）」；〈幽夢影〉：「人非『聖賢』，安能無所不知。」的「聖賢」，指的是「聖賢之人」。遇到這種類似的情形，讀者可以從文章的上下文去推求這些形容詞主語、賓語、斷語所代表的主從結構省略了的端語，對於文章的意思便能更明白。

五、形容詞述語

形容詞活用為述語在古漢語裡很常見，判斷形容詞述語，與判斷名詞述語的條件有些相似，大致可以有幾個判斷的依據：

(一)形容詞出現在稱代詞之前時

我們在談動詞活用時曾提到古漢語稱代詞向例不接受修飾，所以當稱代詞之前出現形容詞時，形容詞往往活用為述語，以下的幾個例子都是這種情形：

「『老』吾老，以及人之老；『幼』吾幼，以及人之幼。」（《孟子．梁惠王上》）

「命童子取土『平』之。」（〈習慣說〉）

「皆『苦』其心，『勤』其力，耕種收穫，以養天下之人。」（〈寄弟墨書〉）

「燕人『怪』之。」（〈田單復國〉）

「儉，美德也，而流俗顧『薄』之。」（〈儉訓〉）

「敬鬼神而『遠』之。」（《論語．雍也》）

(二)形容詞後出現名詞性單位，但不是組成主從結構時

形容詞出現在名詞或名詞性單位之前，但不是和名詞或名詞性單位組成一個主從結構，也就是形容詞出現在名詞之前，但不擔任形容性加語，這時形容詞往往活用為述

語。最常用來說明這種情形的例子，是《孟子．盡心上》「登東山而『小』魯，登泰山而『小』天下。」裡的「小魯」、「小天下」，「小魯」並不是「小的魯（國）」、「小天下」也不是「小的天下」，而是「以魯為小」、「以天下為小」的意思；〈田單復國〉裡「可為『寒』心。」的「寒」字，也是形容詞述語，不過這裡「寒心」不是「以心為寒」、而是「使心寒」的意思。

(三)形容詞之前所出現的副語既非程度副詞也非否定副詞時

形容詞可以接受程度副詞和否定副詞的修飾，如果形容詞之前出現不屬於程度和否定的副詞，則形容詞有可能活用為述語；尤其是出現像：「(互)相」、「自（自行）」和能願動詞「(不)能」、「將」等擔任副語時，則形容詞活用為述語的機率相當高。像〈與宋元思書〉裡，「負勢競上，互相『軒邈』。」的「軒邈」，本是「高遠」的意思，是形容詞，但出現在「互相」這個動詞專用的副詞之後，就活用為述語，所以課本的注釋說是「互爭高遠」。類似的例子如：

「文人相『輕』，自古而然。」（〈典論．論文〉）

「子貢曰：固天縱之將『聖』，又多能也。」（《論語・子罕》）

「昔者魯繆公無人乎子思之側，則不能『安』子思；泄柳、申詳，無人乎繆公之側，則不能『安』其身。」（《孟子・公孫丑下》）

《史記・屈原賈生列傳》有「乃為賦以自『廣』。」也是這種情形，「廣」本是形容詞，在這裡卻當「寬慰」講，作形容詞述語用。

(四)出現「副詞＋形容詞＋名詞」的語句結構時

語句結構的順序如果是：「副詞＋形容詞＋名詞」，其間的形容詞可能活用為述語。王安石〈泊船瓜州〉詩有一句膾炙人口的「春風又『綠』江南岸」，「綠」字出現在副詞「又」和名詞性單位「江南岸」之間，便活用為述語了；〈與荷蘭守將書〉裡「而余尤『怪』執事之不智也。」的「怪」字活用，也是這種情形。

(五)形容詞後出現表時態的助詞或表趨向的補足語時

形容詞之後如果出現表時態的助詞或表趨向的補足語，則形容詞可能活用為述語。

岳飛〈滿江紅〉詞裡「莫等閒『白』了少年頭。」的「白」，就是一個形容詞述語，因為它的後頭緊跟著表示時態的助詞「了」字；〈書付尾箕兩兒〉「最不可先『壞』了心。」的「壞」，也是這種用法。口語裡常說的：「某某人一天天『紅』起來」、「他漸漸『瘦』下去」等的「紅」、「瘦」，後接「起來」、「下去」這種表示趨向的補足語，「紅」、「瘦」便有了「變紅」、「變瘦」的意思，也是形容詞活用為述語的情形。

形容詞述語有三種不同的情形，一種是致動用法，一種是意動用法，還有一種是形容詞述語的普通用法。形容詞的致動用法可以說是致使繁句中一種類型的緊縮變化，因此可以用「使……（賓語）X」（「X」，形容詞）的方式把句子的語意還原，前面提到〈田單復國〉裡「可為『寒』心。」的「寒心」是「使心寒」，就是形容詞致動用法的例子；〈習慣說〉「命童子取土『平』之。」的「平之」，是「使之平」的意思，〈泊船瓜州〉詩「春風又『綠』江南岸」的「綠江南岸」，也是「使江南岸綠」的意思，所以都屬於形容詞的致動用法；形容詞的意動用法則是意謂繁句之中一種類型的緊縮變化（致使句、意謂句後有專文討論），因此可以用「以……（賓語）為X」的方式還原句子的語意，前面提到「小魯」、「小天下」就是這種情形，〈田單復國〉裡「燕人『怪』之。」的「怪之」也是「以之為怪」的意思；至於形容詞述語的普通用法，只能從該形容詞述語字義的引申變化上去理解，例如：《孟子．梁惠王上》「『老』吾老，以及人之老：『幼』吾幼，以及人之幼。」的第一個「老」和第一個「幼」，是形容詞述語，指的是「用對待老者應有的態度去對待」、「用對待幼者應有的態度去對待」，〈儉訓〉：「儉，美德也，而流俗顧『薄』之。」的「薄」字，表示的是「輕視、看不起」，〈寄弟墨書〉：「皆『苦』其心，『勤』其力，耕種收穫，以養天下之人。」的「苦」字、「勤」字，指的是「非常用（心）」、「十分盡（力）」，像這類由於形容詞本身詞義引申變化而來的意思，就是形容詞述語的普通用法。

六、形容詞副語

當形容詞出現在述語之前，就是形容詞活用為副語，形容詞副語是形容詞活用最普遍的現象，例如：「大」、「小」、「多」、「美」本都是形容詞，所以，「『大』樹」、「『小』河」、「『多』種現象」、「『美』人」等都是形容詞的本用，至於「『大』哭」、「『小』贏」、「『多』做」、「『美』言幾句」則活用為形容詞副語。〈寄弟墨書〉裡「『新』招佃地人，必須待之以禮。」的「新」字，原是形容詞，但在這兒卻當副語修飾動詞述語「招」，這類的例子極為常見，就不多舉例了。

其實判斷形容詞是否活用，跟判定名詞是否活用一樣，不一定只用單一的判定規律，尤其是形容詞述語的判定標準，和名詞述語的判定方式一樣，如果同時兼用多重標準必可以增加判定的可靠性。

棹歌驚起「睡」鴛鴦

詞類活用三——動詞的活用

動詞以擔任敘事句述語為主要功能，同動詞可以擔任判斷句和準判斷句的繫詞，趨向動詞可以擔任句子的補足語。李珣〈南鄉子〉這闋詞裡，「乘彩舫，過蓮塘，棹歌驚起『睡』鴛鴦。」的「睡」是動詞，但不是「棹歌驚起『睡』鴛鴦」這個敘事句的謂語中心，所以不是述語，當然「睡」不是同動詞也不是趨向動詞，自然也不能擔任繫詞或補足語。它只不過和「鴛鴦」組成一個主從結構，擔任句子的賓語，「鴛鴦」是端語，「睡」只是一個形容性的加語罷了。

前面提到動詞以擔任敘事句的述語為本用，部分動詞可以擔任句子裡的補足語或繫詞。如果動詞有了本用之外的用法，就是動詞活用的現象。動詞可以活用為句子裡的名詞性單位，舉凡句子裡名詞可以出現的位置，它都可以出現，這就是一般人所說的「動詞活用為名詞」的用法，理論上動詞可以活用為端語、主語（含兼語）、賓語（含介賓結構的介詞次賓語)、斷語等語法成分;此外,動詞還可以活用為形容詞性單位,擔任表態句的表語和主從結構的加語,另外更可以活用為動詞副語。

一、動詞活用爲名詞性單位

(一)動詞端語

動詞擔負起主從結構裡端語的功能時,就是動詞端語。判斷動詞端語,要先從帶有動詞的那個結構出現的位置去考量,現在我用下面的例子來說明:

「我以為從來不運動的人,可以︹從︹簡單的『運動』︺︺……漸進︹到︹有競爭性的『運動』︺︺……」(〈運動最補〉)

「簡單的運動」、「有競爭性的運動」是介賓結構「從簡單的運動」、「到有競爭性的運動」的介詞次賓語,都是主從結構;在這兩個主從結構裡,動詞「運動」是「簡單的運動」和「有競爭性的運動」的端語,前面都帶著形容性加語。因此當動詞前頭出現形容性單位時，如果該形容性單位不活用為副語（形容詞活用為副語，請參考〈奔向「羅曼蒂克」，飛進浪漫歐洲〉），就是後頭的動詞活用為端語。

文言的例子像：

「無一瓦之『覆』、一壟之『植』。」（〈瀧岡阡表〉）

這是一個有無句，賓語「一瓦之覆」、「一壟之植」是主從結構的並列，「覆」、「植」都是動詞，在「一瓦之覆」、「一壟之植」裡都活用為動詞端語。

文言裡的「其」字，有時候相當於「彼之」，如果「其」字後頭出現動詞，成為「其＋動詞」的結構，而這個結構是在句子裡的主語、賓語、斷語等位置上時，這個動詞也可能活用為動詞端語：

「則感恩者聞之，其『感』益深。……則惱我者聞之，其『怨』即解。」（〈書付尾箕兩兒〉）

「感」，原是動詞，是「感謝、感激」的意思，「怨」原來也是動詞，是「怨恨、惱怒」

的意思，出現在稱代詞「其」字之後，指的是「感激的心意」、「怨恨的心理」，所以「感」、「怨」便活用為動詞端語。

有的語法書上提到以出現在動詞前的「之」作為判斷動詞活用為名詞性單位的依據（按：在我們介紹的語法系統裡這種用法的「之」字是結構連詞，有的學者稱助詞），不過在這裡我們要特別強調的是：必須要從帶有「（形容性單位）＋之＋（動詞）」的結構來考量，當然這個「（形容性單位）＋之＋（動詞）」的結構去掉「之」字後，不是主謂式結構（如果是主謂結構，則可以獨立成句，詳細請參考〈語的結構〉），這樣，這個動詞才可能活用為端語。試比較下面的這兩個例子：

「卒相與驩，為刎頸之『交』。」（《史記·廉頗藺相如傳》）

「大道之『行』也，天下為公。」（〈大同與小康〉）

準判斷句「為刎頸之交」以「刎頸之交」為斷語，因此可以確定「刎頸之交」是名詞性單位，去掉「之」字成「刎頸交」，不是主謂式結構，不能獨立成句，「刎頸」對「交」具有形容性，所以「刎頸之交」是主從結構、「交」是動詞端語；「大道之『行』也，天下為公。」是一個複句，「大道之行也」是這個複句裡的一個附屬句（複句的附屬句往往對整個句子作有關時間背景等的說明），獨立在「天下為公」之外，去掉連詞「之」和句末助詞「也」之後，成為「大道行」，可以獨立成句，所以「大道之行」是主從式造句結構（或稱組合式造句結構），雖然「行」字前有「之」字，但「行」卻不是動詞端語。

(二)動詞主語

動詞出現在主語的位置上時，就是動詞活用為主語，例如：

「『運動』可以促進人體生理器官的功能，消除緊張，舒暢精神。」

「『運動』最補。」

「『運動』是最好的藥方。」（〈運動最補〉）

這幾個「運動」分別擔任敘事句（運動可以促進人體生理器官的功能，消除緊張，舒暢精神。）、表態句（運動最補。）、判斷句（運動是最好的藥方。）的主語；如果我們了解運動的重要，養成每天運動的習慣，我們可以說：「使『運動』成為日常生活的一部分」，這時「運動」便是動詞兼語了。而：

「『談笑』有鴻儒，『往來』無白丁。」（〈陋室銘〉）

「談笑」、「往來」本來都是動詞，在這裡卻是有無句的主語了。

㈢動詞賓語

兩個動詞連用，如果不是並列結構（動詞並列時，省略其中任何一個動詞都可獨立成句，全句的語意則是獨立之後的各個句子意思的總合，或稱連動式，有關並列結構的介紹請參考〈語的結構〉一文），那麼有兩種可能：一種是述賓式的造句結構，就是後頭的動詞活用為賓語；另一種則是副述式的造句結構，將在下文討論，在此先談述賓結構裡的動詞賓語。

「經綸世務者，窺谷忘『返』。」（〈與宋元思書〉）

「忘」、「返」都是動詞，但非並列結構，而是「返」活用為賓語，下面兩個也是動詞活用為敘事句賓語的例子，最後三個例子的動詞擔任有無句的賓語：

「樂毅畏『誅』而不敢歸。」（〈田單復國〉）

「舍『問』，其奚決焉？」（〈問說〉）

「至於犬馬，皆能有『養』。」（《論語．為政》）

「游魚細石，直視無『礙』。」（〈與宋元思書〉）

「今大開城門，必有『埋伏』。」（〈空城計〉）

(四)動詞斷語

動詞出現在判斷句和準判斷句的斷語位置，就是動詞斷語，這兩種句型舉例如下：

「甩手是『運動』，散步也是『運動』。」（〈運動最補〉）

這是判斷句，以動詞「運動」為斷語；

「急湍甚箭，猛浪若『奔』。」（〈與宋元思書〉）

「萬里赴戎機，關山渡若『飛』。」（〈木蘭詩〉）

這兩句是準判斷句，動詞「奔」、「飛」分別擔任它們的斷語。

動詞活用為端語等名詞性單位時，它的詞意是動詞原意加上與該動詞的動作有關的人、事或物的意思總合。以我們前面舉的例子來說：「簡單的『運動』」、「有競爭性的『運動』」，指的是「『運動』的『項目』」；「其『感』益深」、「其『怨』即解」，說的是「『感激』的『心意』」、「『怨惱』的『心理』」；「談笑」、「往來」是「人」的行為，所以「『談笑』有鴻儒，『往來』無白丁」是說「跟我『談笑』的『人』」、「跟我『往來』的『人』」；「直視無『凝』」的「凝」是「『阻礙、妨礙』的『東西』」等等。

因此有的語法學者把這種動詞活用為名詞性單位的現象視為動詞的名物化。

二、動詞活用爲形容性單位

(一)動詞加語

動詞出現在名詞之前，如果不是述賓式造句結構，就是主從結構。在「動詞＋名詞」的主從結構裡，動詞便活用為形容性加語，像我們這一次題目上引用李珣〈南鄉子〉：「棹歌驚起『睡』鴛鴦」的「睡」就是這種情形。下面的例子都是這種用法：

「北朝用其『叛』將、『叛』臣，入其國都，毀其宗社。」（〈文天祥從容就義〉）

「『游』魚細石，直視無礙。」（〈與宋元思書〉）

「『飛』鳥悉翔舞城中。」（〈田單復國〉）

「睡」、「叛」、「游」、「飛」雖然都是動詞，但「睡鴛鴦」、「叛將」、「叛臣」、「游魚」、「飛鳥」都不是述賓式造句結構（「睡」、「游」、「飛」是不及物動詞，一般不帶賓語，「叛」雖是及物動詞，但「將」和「臣」不是「叛」的對象，所以都不是述賓式造句結構），只能看成主從結構，「睡」、「叛」、「游」、「飛」便是形容性加語了。白話文裡更容易判斷，因為在動詞擔任的形容性加語之後往往帶有結構連詞「的」字，像以下的例子便是：

「功課再多，也不會抽不出『運動』的時間。」（〈運動最補〉）

(二)動詞表語

句子裡出現「名詞＋動詞」的語序，如果這個動詞的動作不是由它前面的那個名詞操控，就應看成表態句，這時後頭的動詞便活用為表語。討論句子的基本類型時，曾經提到〈田單復國〉裡「惠王『立』」這個例子，就是這種情形，下面的例子也是：

「桂花『搖落』以後，全家總動員揀去小枝小葉，鋪開在簟子裡，晒上好幾天太陽。」（〈故鄉的桂花雨〉）

「城中人見齊諸降者盡『劓』，皆怒，堅守。」（〈田單復國〉）

「大道之『行』也，天下為公。」（〈大同與小康〉）

第一個例子「桂花搖落」的「搖落」是人們的動作，不是由桂花操控的，對桂花而言，是「被搖落」；第二個例子「齊諸降者盡劓」的「劓」，是燕軍加在齊諸降者身上的行為，對齊諸降者而言，也是「被劓」，第三個例子「大道之行」的「行」，是人們去實行，對「大道」而言是「被實行」，都是表示被動的語態，所以當以「桂花」、「齊諸降者」、「大道」為主語時（這種主語又稱受事主語），「搖落」、「劓」、「行」便都成了動詞表語。我們平常說「門開了」、「燈關了」、「地掃了」、「桌子擦了」、「飯煮了」等等，「開」、「關」、「掃」、「擦」、「煮」也都是動詞表語。

三、動詞副語

前面提到兩個動詞連用，如果不是動詞的並列，那麼還有兩種可能，一種是述賓式的造句結構，另一種就是副述式的造句結構，述賓式在前面已經談過，下面要談的是其中一個動詞活用為副語的副述結構。利用語序排列和排除法（非並列亦非述賓式則為副述式）是判斷動詞副語很重要的一個依據。

副述結構的語序，出現在後的是主要動詞，在前頭的是動詞副語，王維〈終南別業〉詩有「行到水窮處，坐看雲起時」的名句，其中的「『坐』看」就是副述結構，「看」才是句子裡的主要動詞，「坐」雖然原來也是動詞，但在這裡卻活用為是副語，對於「看」的方式作一種修飾。類似的例子像：

「鄰人京城氏之孀妻有遺男，始齔，『跳』往助之。」（〈愚公移山〉）

「『俯』視地，坦然則既平矣。」（〈習慣說〉）

「『試』倩悲風吹淚，過揚州。」（〈朱敦儒・相見歡〉）

「不宜『踞』見賓客。」（〈虬髯客傳〉）

「『爭』窈窕，『競』折團荷遮晚照。」（〈李珣．南鄉子〉）

不過最後的這個例子裡「『爭』窈窕」的「窈窕」本是形容詞，在這裡活用為述語，意思是「表現窈窕的樣子」（有關形容詞的活用請參考〈奔向羅曼蒂克，飛進浪漫歐洲〉一文。）

有時候在連用的兩個動詞之間出現連詞，這時就要看這兩個動詞動作時間是否一致，如果動作同時發生，那麼前面的動詞也活用為副語，常出現的連詞是「而」，例如：

「『俛』而讀，『仰』而思。」（〈習慣說〉）

「孟嘗君『笑』而受之。」（〈馮諼客孟嘗君〉）

但是如果動作發生的時間有先後，那麼就應該看成兩個句子了，試用〈始得西山宴遊記〉裡「覺而起，起而歸。」和上面〈習慣說〉的例子作一比較當可明白：「覺」、「起」、「歸」是三個有時間先後的動作；「『俛』而讀，『仰』而思。」的「俛」和「讀」是同時的動作，「仰」、「思」也是同時的動作，因此「覺而起」、「起而歸」裡的「而」連接的是句子，「覺」和「起」分別是「覺而起」這個複句的兩個分句，「起」和「歸」又是「起而歸」複句裡的兩個分句，都不能看成是動詞的活用。

有時候兩個動詞之間的連詞也會用「以」字，像：

「因為長句，『歌』以送之。」〈琵琶行〉

「歌」是動詞「歌唱」的意思，在這兒對述語「送」的方式作修飾，所以活用為副語。不過，用連詞「以」字連接的情況較少，下面的例子的「指」也是動詞副語，在兩動詞之間除了連詞之外，還有一個「相」字（這個「相」字可以看成代詞性助詞或副語）：

「愈貞元中過泗州，船上人猶『指』以相語：……。」〈張中丞傳後序〉

這裡要特別提出說明的是：「以」字前後所呈現的狀況比較複雜，可能是以「以」為介詞的介賓結構（有可能是語序倒置或省略介詞次賓語），也可能「以」字是連詞，所以判斷時要特別謹慎。

文言裡動詞副語和述語之間，不論是否加了連詞，在譯成白話時，往往會在副述之間加入表示時態的助詞「著」字，例如：「爭割地」說成「爭著割地」、「笑而受之」說成「笑著接受（它）」，「『歌』以送之」會說成「歌唱著送給他」、「船上人猶『指以相語』」的「指以相語」則翻成「指著告訴我」或說成「指著互相談論」。這就是為什麼我們在前面強調如果兩個動詞同時出現，中間有連詞時，判定前頭的動詞是否活用為副語，要考慮這兩個動詞的動作是否同時發生的原因。

習之中人「甚」矣哉

詞類活用四——副詞及其他實詞的活用

實詞除了名詞、形容詞、動詞等有活用的現象之外，副詞、數詞和稱代詞也有活用的情形，不過它們不像名詞、形容詞、動詞等那樣常見而多樣化。這裡，我們只作簡單的介紹。

一、副詞的活用

副詞以擔任副語為本用，狀態副詞可以擔任表語、補足語，一部分的程度副詞可作句子裡的補足語；除了這三種情形之外，常見的是少數的副詞表語，偶爾還可以看到副詞述語、副詞賓語、副詞斷語等。

㈠副詞表語

只有少數的副詞，像：「甚」、「可」，可以活用為表語（李杰群在〈「甚」的詞性演變〉一文裡，認為「甚」在先秦兩漢時期是形容詞，到魏晉南北朝才發展成程度副詞，他的文章發表在一九八六年二期《語文研究》；不過我們這裡仍採傳統說法，把「甚」一律看成程度副詞）。副詞「甚」擔任表語的表態句，常常以主從式造句結構為主語，我們這次題目引用〈習慣說〉的「習之中人『甚』矣哉」就是這種情形；其他的例子像：

「孟子曰：王之好樂『甚』，則齊國其庶幾乎！」（《孟子・梁惠王下》）

下面這一個例子為了加強語氣，把表語提前了。

「『甚』矣，汝之不慧！」（〈愚公移山〉）

也有以主從結構為主語的例子：

「吏之戕摩剝削以速其疾者亦『甚』矣。」（〈指喻〉）

以主從式造句結構為主語、副詞「甚」為表語的表態句，可以將表語「甚」放在主從式造句結構的主語和謂語之間，同時把結構連詞「之」去掉，變成直接以主從式造句結構的主語為主語的句子（為了一目了然，便於說明，我們變換句型時把歎詞、助詞等略去）像：

「習之中人『甚』矣哉！」──→「習『甚』（能）中人」

「甚」是程度副詞，主從式造句結構「習之中人」的謂語是「中人」，以「中」為述語，但是「中」不是心理動詞，依理不能直接接受程度副詞的修飾、限制，所以我們在它們之間加入能願動詞「能」，成為「習甚能中人」，這樣就能成句。

「王之好樂『甚』。」──→「王『甚』好樂」

主從式造句結構「王之好樂」的述語是「好」，是心理動詞，前面可以直接加程度副詞修飾。

「『甚』矣，汝之不慧！」──→「汝『甚』不慧」

「不慧」是主從式造句結構「汝之不慧」的謂語，它是一個副表結構的形容性單位，前面也可以用程度副詞修飾。這樣，「甚」因在謂語中心之前，所以都成了副語（這是副詞的本用）。

經過刪節、移位以後的句子，並未改變語句的原意，我們可以說這兩種句型的深層結構（或底層結構）相同；但是我們不難發現在以「甚」的本用所形成的句子，雖然達到了表達語意的目的，不過對說話者的神情、說話的口氣等的傳達，則不如把「甚」活用為表語的表態句表現得盡致；同時因為以「甚」為表語，「甚」便成了句子的謂語中心，它甚至可以提前到主語之前，以便更加重語氣。我們也可以從這裡感受詞類活用的妙處。

以副詞「可」為表語的表態句，也可以找到一些例子：

「吾與汝畢力平險，指通豫南，達于漢陰，『可』乎？」（〈愚公移山〉）

「雖然，母志有樂得未致者，請寄斯圖也，『可』乎？」

「苟吾兒及新婦能習於勤，不亦『可』乎？」（〈鳴機夜課圖記〉）

「必秦國之所生然後『可』。」（〈諫逐客書〉）

判定副詞表語的依據是：句子的謂語部分如果只有副詞而沒有其他的實詞，句末又不帶「也」字，這時副詞只好擔負起句子謂語中心的功能，而這樣的句型就看成表態句，副詞便擔任表語了。

(二)副詞述語

副詞還可以活用為述語，請看下面的這兩個例子：

「麥朮丁力贊其決，遂『可』其奏。」（〈文天祥從容就義〉）

「則雖年光倒流，兒時可『再』，而亦無與為證印者矣。」（〈祭妹文〉）

第一個例子是副詞「可」字出現在稱代詞之前（這和討論到名詞述語、形容詞述語時的情形一樣，雖然不是動詞，但是出現在稱代詞之前便活用為述語），活用為述語；第二個例子副詞「再」前頭出現了既非程度也非否定的副詞，也就是出現了動詞專用的副詞（跟形容詞述語的判斷方法相似），於是「再」也活用為述語。

㈢副詞賓語

副詞活用為賓語，常見的是在文言的對話裡出現的「可」字，在詢問可否的問句裡，如果是肯定的，往往回答一個：「可」字，否定的回答有時只單獨答個：「不」字，這時「可」字、「不」字便是副詞賓語。下面的句子裡副詞「宜」是述語「失」的內容，也是副詞賓語的例子，所以課本上的解釋說是：「用人、行政，措施不當。」

「用舍失『宜』。」（〈文天祥從容就義〉）

㈣副詞斷語

如果一個句子的謂語部分只有副詞，副詞之後又帶有句末助詞「也」字（「也」字是判斷句的重要標記之一，請參考〈句子的基本類型〉），那麼這個副詞便活用為斷語，例子像：

「靖之友劉文靜者，與之狎，因文靜見之『可』也。」（〈虬髯客傳〉）

「自棄，不『可』也，毒人而以賊其身，愈不『可』也。」（〈辨志〉）

從這兩個例子和前面副詞表語的例子看來，它們之間的差別在：副詞斷語之後帶有「也」字，副詞表語則不帶「也」字。

二、數詞的活用

數詞的本用是和量詞組成數量結構（數量結構的句法功能和形容詞十分近似，可以擔任形容性加語和表態句的表語；它活用的範圍卻沒有形容詞廣，只能活用為名詞性單位，所以有數量端語、數量主語、數量賓語、數量斷語等，但是這不是我們現在要討論的重點），文言裡數詞可以直接出現在名詞之前，作為形容性加語，也可以直接加在動詞之前，作為對動詞的動作次數方面的修飾、限制。數詞常見的活用現象為數詞述語和數詞表語。

㈠數詞述語

判斷名詞述語、形容詞述語、副詞述語的方法都可以作為判斷數詞述語的依據，所以可以先看看：數詞後有沒有稱代詞、數詞前是否有動詞的專用副詞或可以當副語的能願動詞，再看看：數詞前後有無介賓結構，或者雖是「數詞＋名詞」的組合，但並非主從結構等等，用這些條件作為判定的依據。

〈恢復中國固有道德〉一文引《孟子．梁惠王上》「不嗜殺人者能一之」，它的上文是：「『孰能「一」之？』」其中的「一」前面有能願動詞「能」，後頭又緊跟著稱代詞「之」，便是數詞述語，有「統一」的意思。我們在介紹並列結構時曾經提到《詩．氓》裡有數詞並列的例子：「士也罔極，『二三』其德」，其中的「二、三」是並列的數詞，同一首詩裡還有「女也不爽，士『貳』其行」，這個「貳」和上面的「二三」都是數詞述語，因為它們的後頭緊跟著稱代詞「其」。

如果出現「數詞＋名詞」的組合，而非主從結構時（「數詞＋名詞」的主從結構，就是我們前面提到的文言裡數詞出現在名詞之前直接對名詞修飾的情況），數詞可能活用為述語，〈深慮論〉：「當秦之世而滅六諸侯，『一』天下。」其中「六諸侯」指的是「六個諸侯」，是主從結構，這是數詞「六」的本用，而「一天下」不是「一個天下」，不是主從結構，「一」就活用為述語，這個「一」也有「統一」的意思。

下面這個例子，數詞「貳」後頭因為帶有「於楚」的介賓結構，所以也活用為述語：

「晉侯、秦伯圍鄭，以其無禮於晉，且『貳』於楚也。」（〈燭之武退秦師〉）

(二)數詞表語

一個句子，如果數詞直接出現在名詞性單位（多數是主從結構）之後，它的後面又沒有其他的實詞，數詞便活用為表語：

「城之不拔者『二』耳。」（〈田單復國〉）

數詞「二」在名詞性單位「城之不拔者」之後，後頭又不跟其他的實詞，就是數詞表語的例子；〈中庸〉裡「天下之達道『五』，所以行之者『三』」的「五」、「三」也是數詞表語；荀子〈勸學〉引《詩・曹風・尸鳩》：「尸鳩在桑，其子『七』兮。淑人君子，其儀『一』兮。其儀『一』兮，心如結兮。」其中的「七」、「一」也都是數詞表語。

三、稱代詞的活用

古漢語三身稱代詞可以活用為述語，它辨認的方法和辨認名詞述語、形容詞述語、副詞述語的方法相同。不過我們教科書裡都沒有這類的例子，這裡舉三個語法學者常引用的例子以供參考：

「見公卿不為禮，無貴賤，皆『汝』之。」（《隋書・楊伯醜傳》）

「游雅嘗眾辱奇，或『爾汝』之。」（《魏書．陳奇傳》）

「昵昵兒女語，恩怨相『爾汝』。」（韓愈〈聽穎師彈琴〉）

這些例子裡的稱代詞，或前帶動詞專用的副詞，或後接稱代詞「之」，所以都活用為稱代詞述語。

詞類的活用，暫時介紹到此為止，我們現在從用法上再把實詞的活用歸納成幾個簡單的規律：

▽**使用符號說明：**

x→y　x變成y

（x）　表示可有x，也可以沒有x。

｛x／y｝表示可以有x，也可以有y；但不能兼有二者，也不能兩者都無。

｛x∽y｝表示既有x，又有y；不能只有其中之一或全無。

〔　〕　對前面的敘述加以解釋、說明。

(一)判斷非動詞活用為述語的規律：

1. 非動詞＋稱代詞──→謂語式〔述賓結構‖述語＋賓語〕

這是一個十分重要的規律，所有非動詞的實詞後接稱代詞時，都活用為述語。

2. (〔介賓結構／連詞〕)＋非動詞＋(〔介賓結構／連詞〕)──→謂語式〔(〔介賓結構／連詞〕)＋述語＋(〔介賓結構／連詞〕)〕

所有非動詞的前面或後面如果帶有介賓結構或連詞時，也活用為述語。

3. 非〔程度∝否定〕副詞＋非動詞＋(名詞)──→謂語式〔副語＋述語＋(賓語)〕

既非程度亦非否定的副詞後頭出現非動詞(可再接名詞)，非動詞亦活用為述語。

4. 非動詞＋名詞──→如非〔並列∝主從式〕，即謂語式〔述賓結構‖述語＋賓語〕

非動詞之後出現名詞，組成的結構如既非並列結構亦非主從結構時，即為述賓式，非動詞亦活用為述語。

5. 非動詞＋〔時態助詞／驅向補足語〕──→謂語式〔述語＋〔助詞／述補結構〕‖述語＋補足語〕

非動詞後頭出現表示時態的助詞或出現表示趨向的補足語時，非動詞亦活用為述語。

(二)判斷非形容詞活用為表語的規律：

程度副詞＋非〔形容詞∽心理動詞∽狀態副詞〕——→謂語式〔副表結構‖副語＋表語〕

這也是一條十分重要的規律，程度副詞只能修飾形容詞、心理動詞和狀態副詞，因此凡是非形容詞、非心理動詞和非狀態副詞而被程度副詞修飾、限制的，都活用為表語。

(三)判斷非副詞活用為副語的規律：

非副詞＋動詞→如非〔並列∽主從∽主謂〕式，即謂語式〔副述結構‖副語＋述語〕

非副詞和動詞結合，如果既非並列結構亦非主從結構更非主謂式造句結構時，就是副述式，也就是動詞前的非副詞活用為副語。

「教我如何不想他」

致使句和致動用法（上）

在〈詞類的區分及實詞的本用〉那篇文章裡，介紹動詞的本用時，曾經提到有一類動詞叫致使動詞，像「使」、「教」、「派」、「請」、「命令」、「公推」等等，作用是擔任致使句第一繫的述語。當時因為所介紹的術語和篇幅都有限，所以有些觀念留到現在再作說明。

一、致使動詞和致使句

致使動詞也叫使役動詞或使令動詞，句子裡出現這類的動詞，如果只在致使動詞擔任的述語後面帶一個賓語，語意還不完全，例如我們這一次的主標題「教我如何不想他」（借用中國語言學大師趙元任先生譜曲的歌名），假如光說「教我」，我們會認為「教」

是「教導」的意思；如果「教我」要表示「讓我、使我」這樣的意思時，一定要把「如何不想他」也說出來，才能表示完整的語意。因為這類的動詞會使它後頭的賓語或做出某種行為、動作，或擁有某件事物，或在形態、性狀等方面產生某些變化，或擔任某個職位、具有某種身分等等；所以致使動詞後頭要帶有賓語，而這個賓語同時又是另一個行為、動作的主事者，或某件事物的擁有者，或者在形態、性質等方面產生變化而被描述，或擔任某個職位、具有某種身分等等。在這方面看來，這種動詞和一般動詞的功能有些不同，凡是具有這種功能的動詞便稱致使動詞。常見的致使動詞除了前面提到的「使」、「教」、「派」、「請」、「命令」、「公推」等之外，文言裡「致」、「遣」、「選」、「求」等常用為致使動詞，而「命」、「令」在文言裡往往分開來使用；口語裡「請求」、「差遣」、「推派」、「指使」等也是常用的致使動詞。

根據上面對致使動詞所下的定義，我們可以為致使句作一個比較完整的說明：敘事句如果以致使動詞為述語，述語之後除了要有賓語之外（到這裡的完整型式是「主語＋述語＋賓語」，稱為第一繫），還要在賓語的後頭加上一個述語（或述賓式結構），來說明致使動詞使它的賓語做了什麼動作，或者加一個帶有表語或準判斷句、有無句形式的謂語式結構，表示致使動詞使它的賓語在形態、性質上發生了某種改變、產生了某種變化、或擁有某種東西、擔任某個職務等等（這些動作、擔任職務、發生的變化等叫第二繫，以第一繫的賓語為主語），語意才算完整。像這樣的句子就叫致使句。

致使句的謂語部分是由述賓結構和主謂結構（可以是「主語＋述語＋賓語」或「主語＋準繫詞＋斷語」、「主語＋表語」等的主謂形式）套在一起組成的。在致使動詞後頭的賓語既是第一繫的賓語，又兼任第二繫的主語，所以稱為「兼語」。像這種句式就叫「遞繫式」。除了致使句帶有兼語外，意謂句、有無句也可以帶兼語。有些學者稱這種句式為「兼語式」或「兼語句」。

二、致使句的再分類

致使句可以依第二繫謂語中心成分的不同，分為四種類型，先把它們的基本型式表明在下面：

主語＋述語（致使動詞）＋兼語＋ {
述語＋（賓語）（敘事句或有無句謂語）
表語（表態句謂語）
準繫詞＋斷語（準判斷句謂語）
}

說明：所列的都是基本成分；當中使用的符號，（ ）表示其中的成分可有可無；{ } 表示只能有其中的一個句式；（ ）是對前面的成分再作說明；／相當於「或」的意思，在它前後的成分只能有其一，不能兼有，也不可俱無。

(一)主語＋述語＋兼語＋敘事句謂語形式

「使」、「令」是最常用的致使述語。致使句的第二式如果是敘事句，所表現的意思就是我們前面提到致使述語會使兼語做出某種行為、動作的情況。先看以「使」為致使述語的例子：〈卜式輸財報國〉裡「上使使問式」這個句子，「上」是主語，第一個「使」字是致使述語，第二個「使」字是兼語，「問」擔任第二繫的述語，「式」為第二繫的賓語。這是一個致使句遞繫式最基本也最完整的形式，最基本是因為它完全沒有附加任何成分（像：副語、補足語等），最完整則是指這個句子具備了遞繫式的所有基本成分（在這裡第二繫是敘事句）；〈祭十二郎文〉「今吾使建中祭汝」也是一個完整的致使句（第二繫也是敘事句），只不過在句首多了時間副語「今」。〈空城計〉「吾已令興、苞二人在彼等候。」則是一個以「令」為致使述語的完整句，「吾」是主語，「興、苞二人」是兼語，第二繫也是敘事句，以「等候」為述語，在第一繫的主語和致使述語之間有副語「已」、兼語和第二繫述語之間有表示處所的介賓結構「在彼」；〈秦士錄〉「王令隸人捽入」這個句子也很完整，不過第二繫（也是敘事句）述語之後帶有補足語「入」。

還有很多以「使」、「令」為致使述語而第二繫接的是敘事句的例子，但是這些例子不見得都像我們前面舉的幾個例子那樣完整，它們往往有省略（省略是指句子裡某些成分該出現卻未出現而言，省略的成分可以在上下文或從語境中推求出來），像：

「（余）使之沖煙飛鳴。」（〈兒時記趣〉）

「（上）於是使騎捕。」（〈張釋之執法〉）

「（惠王）使騎劫代樂毅。」

「（田單）令甲卒皆伏。」

「（田單）令即墨富豪遺燕將。」（〈田單復國〉）

「（魏武）令修別記所知。」（〈世說新語·絕妙好辭〉）

「（先外祖）令吾母指其疵。」（〈鳴機夜課圖記〉）

以上的例子或以「使」或以「令」為致使述語，但主語都省略了；下面這個例子兼語並未出現，但是從上下文裡可以將之補足：

「且方其時，上使（左右）立誅之則已。」（〈張釋之執法〉）

最後這個例子主語、兼語都省略了：

「（母）復令（銓）讀。」（〈鳴機夜課圖記〉）

在中學國文課本選錄的文章裡，除了常見到以「使」、「令」為致使述語以外，也可見到以「命」、「遣」、「致」為致使述語的例子，以「請」為致使述語則是客氣的用法，請看下面的幾個例子：

「（上）遂命之退。」（〈文天祥從容就義〉）

「王即命（左右）給予。」

「（王）命（左右）酌酒勞弼。」（〈秦士錄〉）

這三個例子是以「命」為致使述語，第一個句子省略了主語，第二個句子省略了兼語，第三個例子主語和兼語都省略了；下面的四個例子都是以「遣」為致使述語，一、二兩例基本成分都未省略，其餘兩例省略了主語，但不難從上文中推求出來：

「真宗遣使急召之。」（〈訓儉示康〉）

「太守即遣人隨其往。」（〈桃花源記〉）

「（田單）遣使約降於燕。」（〈田單復國〉）

「然後（王）遣弼往。」（〈秦士錄〉）

下面這兩個例子是以「致」為致使述語：

「李郎能致吾一見否？」（〈虬髯客傳〉）

「何以致（汝）泣？」（〈世說新語 · 舉目見日不見長安〉）

前句基本成分俱足；後句省略了兼語，主語則是因為泛指而不出現。我們這一次的主標題「教我如何不想他」，就是一個標準的致使句遞繫式，以「教」為致使述語（「教」現或與「叫」通），主語也是因為泛指而不出現。

以「請」為致使述語的遞繫式，在對話的情況下，主語多數是第一身稱代詞，往往省略而不出現，非對話的情況下，或省或不省；至於兼語不省略的就少了：

「故『（吾）寧請汝先死』，吾擔悲也。」（〈與妻訣別書〉）

這是一個致使句遞繫式主語省略、兼語不省的例子，而主語、兼語俱省的句子也很常見：

「(元伯)請(母)設饌以候之。」〈張劭與范式〉

「(吾)請(汝)迎之。」〈虬髯客傳〉

同時以「請」為致使述語的遞繫式，可能有像下面這種三繫連接而省略了第一繫的例子：

「子犯請(晉侯派人)擊之。」〈燭之武退秦師〉

「(臣)請(君許臣)為君復鑿二窟。」〈馮諼客孟嘗君〉

(二)主語＋述語＋兼語＋有無句謂語形式

以上所舉的例子第二繫都是敘事句形式，至於第二繫是有無句的，像：

「(丈人)不使(蜂)有二王也。」〈靈丘丈人〉

「（由）可使（民）有勇。」（《論語·先進》）

「（此令）盜賊有所勸。」（〈論貴粟疏〉）

第一個例子主語是該篇寓言的主角靈丘丈人，省略了，在致使述語前面帶有否定副語「不」，兼語可從上下文推求出來，是「蜂」，第二繫的有無句是表示一種存在的狀態；第二個句子是夫子要子路等盡言以觀其志時，子路回答夫子的話，因為在對話裡，所以主語未出現，致使述語「使」之前出現副語「可」字，兼語指的是千乘之國之民，省略了，「有」是第二繫的述語，「勇」是賓語；第三個例子原是談論在上位者治理人民的態度，舉珠玉金銀為例，珠玉金銀，飢不可食、寒不可衣，但是在上位的人用它，所以一般人也就看重它了，這樣使得「臣輕背其主」、「民易去其鄉」、「盜賊有所勸」、「亡逃者得輕資」（原文作「此令臣輕背其主，而民易去其鄉，盜賊有所勸，亡逃者得輕資也。」），主語（此）和致使述語（令）都只在前文出現，「盜賊」是兼語，「有」是第二繫述語、「所勸」是賓語。後面這兩個例子第二繫都是表示擁有的有無句（有關有無句的再分類，請參看〈句子的基本類型〉）。

㈢主語＋述語＋兼語＋表態句謂語形式

在〈故鄉的桂花雨〉這篇文章裡，就可以找到致使句的第二繫是表態句形式的例子：「桂花，真叫我魂牽夢縈。」這種句式是我們上面提到主語會使兼語在形態、性狀等方面產生了某種變化的情況，句子主要成分俱全，「桂花」是主語，致使述語「叫」之前有副語「真」，「我」是兼語，「魂牽夢縈」本身是複合式造句結構，擔任第二繫的表語。〈四時讀書樂·春〉裡「蹉跎莫遣韶光老」這句話，是一個複句，「蹉跎」是第一分句，第二分句「莫遣韶光老」帶有致使述語，是我們討論的重點，主語因泛指而省略，「莫」是表示否定的副語，「遣」是致使述語，「韶光」是兼語，「老」是表語。其他的例子像：

「應是母慈重，使爾悲不任。」（〈慈烏夜啼〉）

這個例子裡，致使句遞繫式「母慈重使爾悲不任」，以主謂式造句結構的方式出現，擔任句子裡的斷語，「母慈重」（本身也是個主謂式造句結構）是主語，致使述語「使」，兼語是「爾」，「悲」是表語，表語之後帶有補足語「不任」；下面的這個例子兼語

「願」後頭緊接著否定副語「無」，「違」則是動詞表語擔任第二繫的謂語中心成分：

「(余)但使願無違。」(〈歸園田居〉)

接下來這兩個例子主語兼語都省略，前一例在第二繫的表語之前有表示交與的介賓結構「與臺」，後一例在第二繫的表語之前有表示否定的副語「勿」：

「(余)使(之)與臺齊。」(〈兒時記趣〉)

「(紅拂女)令(李靖)勿怒。」(〈虯髯客傳〉)

(四)主語＋述語＋兼語＋準判斷句謂語形式

致使句的第二繫是準判斷句形式的，往往是用於職位的選派任免，也就是我們前面提到致使述語使兼語擔任某種職位或具有某種身分的情形，文言常用「除」、「舉」、「拜」、「察」等為致使述語，第二繫的準繫詞「為」，或省或不省：

「是以眾議舉寵為督。」〈出師表〉

「前太守臣逵，察臣（為）孝廉；後刺史臣榮，舉臣（為）秀才。」

「（上）拜臣（為）郎中。」

「（上）除臣（為）洗馬。」〈陳情表〉

白話裡可用「請」、「聘請」、「選」、「公推」等為致使述語，但是第二繫的準繫詞往往不能省略，所以我們會說：「他們請我當證婚人」、「校長聘請他做訓導主任」、「同學選你當班代表」、「大家公推張先生做主席」，而不能說「他們請我證婚人」、「校長聘請他訓導主任」、「同學選你班代表」、「大家公推張先生主席」。

明月別枝「驚」鵲，清風半夜「鳴」蟬

致使句和致動用法（下）

我們在討論形容詞的活用時（形容詞的活用請參看〈奔向「羅曼蒂克」、飛進浪漫歐洲〉），曾提到形容詞述語有三種不同的情形，其中一種用法就是致動用法；但是並不是只有形容詞有致動用法，所以下面便想再進一步對致動用法作一些介紹。

致動用法是表示「主語使賓語怎麼樣」的一種用法；也就是不論動詞述語或非動詞述語（由其他實詞活用而來的述語），在主語的支使下，由賓語發出、完成該述語所表示的動作；這種用法的述語，不論是否原為動詞，表示的動作都不是由主語執行，而是由主語指使，使賓語來施行、完成；這種述語出現在賓語之前，通常會使賓語表示的人或事物產生述語所表示的動作或行為，它往往有「使……（賓語）……（怎麼樣）」的語意。這樣，就有點類似我們在前次討論的致使述語在致使句裡的功能，因此我們可以說這個述語具有「致動性」或「使動性」。這種用法和一般述語的用法顯然有別，我們稱為「致動用法」或「使動用法」。動詞述語和非動詞述語都可以有致動用法，以下便分別舉一些例子來說明。

一、動詞述語的致動用法

及物動詞、不及物動詞都可以有致動用法，及物動詞不論是一般用法或致動用法，後頭往往帶有賓語，所以出現及物動詞帶賓語的結構時，就要依前面所說的致動用法的定義仔細推敲，才能分辨出是動詞述語的一般用法，還是動詞述語的致動用法。下面我們用兩組具有對比性的句子來給各位作一比較。

岳飛在〈滿江紅〉裡有「壯志飢餐胡虜肉，笑談渴飲匈奴血。」的豪語，主語，也就是「飲匈奴血」的人是作者自己，我們看「飲匈奴血」這個結構，述語「飲」和賓語「匈奴血」之間的關係，「匈奴血」是「飲」的內容（不論是否真的喝下「匈奴血」，但是「匈奴血」是「液體」，按常理說是可「飲」的）；〈赤壁賦〉「東坡與客（主語）……飲酒樂甚」、〈鳴機夜課圖記〉蔣士銓提到他的「先外祖（主語）……喜飲酒」，「酒」也都是「飲」的對象，「飲」的動作都是由主語發出來的，上述幾個例子的情形都相同。但是岑參〈白雪歌送武判官歸京〉裡「中軍置酒飲歸客」，「飲」是述語，可是不像前面的例子，這裡「飲」不是主語「中軍」發出來的動作、行為，同時「歸客」不是可以「飲」的東西，反而是真正做出「飲」的動作的人，所以很明顯的，這裡的「飲」和「歸客」之間就不是「飲匈奴血」、「飲酒」那樣的關係了，這個「飲」是「中軍」讓「歸客」做的動作，於是就有了我們前面所說的「讓……（賓語）……（怎麼樣）」（「讓歸客飲」）的意思，「飲」後頭雖也帶著賓語，但顯然和一般動詞述語所帶的賓語不同，因此如果賓語要再行細分的話，有些學者主張把像這樣的賓語叫「致動賓語」，以便於和「對象賓語」（就是「飲酒」、「飲匈奴血」那一類賓語）有所區別。古樂府詩有〈飲馬長城窟行〉，其中的「飲馬」也是致動用法，是「讓馬飲水」的意思。

下面再舉一組例子：〈卜式輸財報國〉「人皆『從』式」、〈田單復國〉「五千人因銜枚擊之，而城中鼓譟『從』之。」這兩句話裡的「從」，也是及物動詞，是「跟隨」的意思，後面緊跟著賓語「式」、「之」，而「式」、「之」是跟隨的對象，所以這是及物動詞的一般用法；但是〈黃州快哉亭記〉「昔楚襄王『從』宋玉景差於蘭臺之宮」、〈虬髯客傳〉「與其妻『從』一奴戎裝乘馬而去」這兩個「從」字就不是單純的「跟隨」的意思，而是有「使宋玉景差（賓語）跟隨」、「讓一個奴僕（賓語）跟隨」的意思，因此要看成致動用法，遇到這種情況連讀音也會跟著改變，致動用法的「從」要唸「ㄗㄨㄥˋ」，去聲（第四聲），跟一般用法唸「ㄘㄨㄥˊ」，陽平（第二聲），有所區別。在

〈馮諼客孟嘗君〉裡有兩個要讀ㄙ的「食」字：「左右以君賤之也，『食』以草具。」、「『食』之，比門下之客。」也是透過讀音的改變，來表現不同的語意；就連前面我們提到的「飲歸客」、「飲馬」也唸去聲「ㄧㄣˋ」，以便有別於讀上聲（第三聲）的「飲」字。

不過並不是所有及物動詞的致動用法都在讀音上與一般用法有別，像在〈過秦論〉裡「然秦以區區之地，致萬乘之權，招八州而『朝』同列，百有餘年矣。」的「朝」，不光只是「朝見」、而是有「使同列（賓語）來朝」的意思，也是致動用法，所以課本後頭的解釋說是「使同列諸侯臣服」，但是讀音並沒有改變。因此及物動詞致動用法的判斷要從語意上仔細推敲。

不及物動詞如果後面帶有賓語，往往可以考慮它可能是致動用法，像〈過秦論〉裡「外連衡而『鬥』諸侯」的「鬥」，是不及物動詞，後帶賓語「諸侯」，就是致動用法的例子，意思是「使諸侯（賓語）鬥」，因此注解說是「使諸侯自相爭鬥」。我們題目引用辛稼軒〈西江月〉詞「明月別枝『驚』鵲，清風半夜『鳴』蟬。」作為主標題，其中「驚」和「鳴」都是不及物動詞，「『驚』鵲」、「『鳴』蟬」不是主從結構，而是述賓形式的結構，它們都有「使鵲（賓語）驚（怎麼樣）」、「使蟬（賓語）鳴（怎麼樣）」的意思，也是致動用法；不及物動詞「鳴」另有兩個致動用法的例子，大家一定不陌生，蔣士銓〈鳴機夜課圖記〉的「『鳴』機夜課」、《論語．先進》提到冉求為季氏搜括財富時夫子說「小子『鳴』鼓而攻之可也」的「鳴」也都是這樣的用法；有時候要表現自己來到一個不太好的環境卻能不挑剔，反而頗能自我調適時，會說「既來之，則安之。」其實這句話見於《論語．季氏》，它原作：「故遠人不服，則修文德以『來』之。既『來』之，則安之。」其中的「來」也是不及物動詞，兩個「來」都是「使（之）來」的意思，是致動用法，不過現在的用法和它原來的意思相差太遠了。

二、名詞述語的致動用法

名詞活用為述語有時也可能具有致動用法，詞類活用介紹名詞述語時，曾經引用到《史記．孫子吳起列傳》「魯欲『將』吳起」的例子（請參閱〈我的機車很「法拉利」〉），當時只說「將」是名詞述語，其實這個「將」就是名詞述語的致動用法，有「讓吳起為將」的意思。〈貴公〉一文提到管仲有病，桓公去探望，順便問管仲可以把治理國家的重任託付給誰，管仲問桓公「公誰欲『相』」的「相」，也是致動用法，「公誰欲相」，按照後代我們習慣的語序是「公欲『相』誰」（但是古漢語的語言習慣並不一定這樣），這裡的「相」是「讓……（賓語）為相」的意思，所以「相誰」就是說「讓誰為相」的意思，也是致動用法。〈辨志〉有「適燕者『北』其轅」、「適越者『南』其楫」兩句話，其中「北」、「南」是方位名詞活用為述語，「『北』其轅」、「『南』其楫」是「使其轅朝北」、「讓其楫向南」的意思，當然也是致動用法了。

三、形容詞述語的致動用法

形容詞活用為述語而具有致動用法，是致動用法裡最為常見的情形，我們在討論形容詞的活用時曾做過一番介紹，現在舉幾個例子在下面，並把在討論形容詞述語時曾經引用過的例子也一併附在後面，方便讀者用來和其他詞類的致動用法作比較：

「吾與汝畢力『平』險，可乎？」（〈愚公移山〉）

「平」是「使（險）平」的意思；

「諸侯恐懼，會盟而謀『弱』秦。」（〈過秦論〉）

「弱」是「使（秦）弱」的意思；

「昔者魯繆公無人乎子思之側，則不能『安』子思；泄柳、申詳，無人乎繆公之側，則不能『安』其身。」（《孟子．公孫丑下》）

這兩個「安」是「使（子思）安」、「使（其身）安」的意思；

「非子房其誰『全』之？」（〈留侯論〉）

「遭時竊位，而幸『全』大節，不辱其先者，其來有自。」（〈瀧岡阡表〉）

這兩個「全」都是「使（之）、（大節）全」的意思；下面例句裡的「勞」、「苦」、「餓」、「空乏」等，也是「使（神、筋骨）勞」、「使（心志）苦」、「使（體膚）餓」、「使（身）空乏」之意：

「何必『勞』神苦思，代下司職，役聰明之耳目，虧無為之大道哉？」（〈諫太宗十思疏〉）

「故天將降大任於是人也，必先『苦』其心志，『勞』其筋骨，『餓』其體膚，『空乏』其身，行拂亂其所為：所以動心忍性，曾益其所不能。」（《孟子·告子下·生於憂患死於安樂章》）

前面我們提到動詞述語的致動用法裡，《論語·季氏》有：「故遠人不服，則修文德以來之。既來之，則『安』之。」這個例子，其中的「安」也是形容詞，活用為述語之後有「使（之）安」的意思，也是致動用法。以下這些例子在談形容詞的活用時都曾出現過：

「命童子取土『平』之。」（〈習慣說〉）

「敬鬼神而『遠』之。」（《論語·雍也》）

「可為『寒』心。」（〈田單復國〉）

「春風又『綠』江南岸。」（王安石〈泊船瓜州〉）

四、數詞述語的致動用法

當數詞活用為述語時，如果後接賓語，往往產生致動用法，句子的語意是「使……（賓語）按照這個數詞的數目發生次數上的變化」或「使……（賓語）具有這個數詞表示的數量」。在討論數詞的活用時曾經提到：〈恢復中國固有道德〉一文引了《孟子．梁惠王上》「不嗜殺人者能一之」這句話，它的原文是：「『孰能「一」之？』」對曰：『不嗜殺人者能「一」之。』」其中的「一」是數詞述語，當時只說「一」有「統一」的意思，其實這只就現代口語的說法翻譯，它真正的語意乃是「使……（之）一」。另外也提到《詩．氓》裡的例子：「女也不爽，士『貳』其行」、「士也罔極，『二三』其德」，這裡面的「貳」以及「二、三」也都是數詞述語的致動用法，「『貳』其行」是「使其行貳」（也就是「使其行為前後不一」），「『二三』其德」是「使其德二三」（也就是「使其德改變多次」）的意思。

五、判斷致動用法的依據

我們在前面提到判斷及物動詞的致動用法要從語意上仔細推敲，因為具有致動用法的句子，從句子的表層結構看起來和一般述語帶有賓語的句式並無不同，語序都是「主語＋述語＋賓語」；但是一般述語的動作是由主語操縱、控制的，主語可以說是述語動作的主事者，賓語是述語動作的接受者（這種賓語或稱對象賓語）；致動用法的述語，形式上雖在主語之後、賓語之前，但所表示的動作不是由主語負責執行，而是由主語使賓語所代表的人或事物產生述語所表示的動作或行為（這種賓語或稱致動賓語）。因此判斷致動用法要從語言環境中根據上下文來看：如果述語的動作不是由主語親自完成，反而是由賓語去實現，主語只是一個支使者，那麼這個述語就是致動用法；反之，如果述語的動作由主語操縱、控制，由主語負責完成，賓語是述語動作的接受者，那麼就是一般述語了。

六、致動用法和致使句之間的關係

致動用法可以說是致使句的一種緊縮變化，透過這種緊縮變化，可以使句子變得不止形式上簡潔，而且語意生動。我們前面提到的致動用法的例子，〈黃州快哉亭記〉如果不說「昔楚襄王『從』宋玉景差於蘭臺之宮」，便要說成「昔楚襄王令宋玉景差從己於蘭臺之宮」，〈習慣說〉如果不說「命童子取土『平』之」就要說成「命童子取土使之平」，雖然這兩種句式在語意的表達上都一樣，但是在文字的使用上卻是致動用法比較簡潔，只用述賓式的結構就表達了致使句遞繫式的內容；同時多數致動用法的述語往往由非動詞活用而來，從前面的例子可以看出：不論是名詞述語、形容詞述語的致動用法，或數詞述語的致動用法，都使有具體形象或抽象表徵的非動詞，透過致動用法而彷彿「鮮活」了起來一般，也正因為如此，王安石〈泊船瓜州〉詩「春風又『綠』江南岸」才會成為名句。

從另一個角度來說，致使句遞繫式雖然在語法結構上比致動用法複雜，但是不論在句子的含義或是在句子所提到的人物之間的關係，都表現得非常清楚，例如前面舉的〈文天祥從容就義〉「（上）……遂命之退」這個例子，以致動用法來說，只說「（上）……

遂退之」，那種以上命下的口氣如果不細心體會，便容易忽略了；〈田單復國〉「（田單）……令甲卒皆伏」，假使只以致動用法說成「（田單）……伏甲卒」，對於主帥發令的威嚴也比較不易體現。因此致使句遞繫式可以說雖然在形式上比較複雜，但是在表達意義的功能上卻比較清楚、明確。同時致使句遞繫式還可以透過兼語前置的方式，使兼語成為主語（變成被說明的主題），以第一繫的主語、致使述語以及第二繫的成分為表語（作為說明的成分，表語本身是主謂式結構），這樣就成了表態句；或者兼語前置，原來的致使句在兼語的位置上用稱代詞代替，這時，前置的兼語可以看成外位的形式，是外位兼語，而把稱代詞當作形式兼語，仍然看成致使句，也可以將前置的兼語看成主語（被說明的主題），把第一繫的主語、致使述語、形式上的兼語以及第二繫等成分（是主謂式結構）看成表語，變成表態句。像這樣，透過兼語前置，變成表態句，對兼語就具有強調的作用了。

七、一些仍然保留致動用法的現代用語

前面我們對致動用法作介紹，所使用的例子幾乎都是文言，那麼是不是現代我們就不用這種用法了呢？其實並不然，現代漢語不論是口頭上或是出現在書面文字裡，依然

可以看到不少致動用法的例子，下面便把一些常見的例子附在後面，作為這一次討論的結束，請讀者不妨透過既有的語法常識來判別它們是那一種詞類的致動用法。

「興」風「作」浪

「驚」心「動」魄

「飛」沙「走」石

「止」咳「化」痰

「賞」心「悅」目

「悅」耳「動」聽

「驚」天地「泣」鬼神

「粉」身「碎」骨

「正」本「清」源

「富」國「強」兵

「豐」衣「足」食

濟世「活」人

培源「固」本

「穩定」物（菜）價

「端正」選風

「衆人皆以奢靡爲榮，吾心獨以儉素爲美」

意謂句和意動用法（上）

在介紹致使句時，我們曾經提到除了致使句帶有兼語時，會用遞繫式的形式表現以外，意謂句、有無句也可以帶兼語、用遞繫式的形式表現（有關致使句的介紹請參考〈教我如何不想他——致使句和致動用法（上）〉）。也就是說遞繫式這種句式，出現在致使句、意謂句（致使句和意謂句在句子基本類型的歸類上都是敘事句）和有無句這三種句型裡，我們可以用這樣的一個比方：有一對叫遞繫式的夫妻，先生有敘事句的特色，太太具有有無句的特點。他們夫妻二人生了三胎小孩，前兩胎孩子從父親遞繫式先生那兒遺傳了敘事句的特色，第三胎孩子從母親遞繫式太太那兒得到了有無句的特點。第一胎老大是前次我們介紹過的致使句，今天我們要介紹的是第二胎——意謂句，不過值得注意的是遞繫式太太的第二胎生了一對雙胞胎，照顧不來，所以把其中的一個孩子交給別人領養，因為成長環境不同，雖然是雙胞胎，他們在性情上卻有某些差別。這幾次我們以遞繫式為討論的重點，所以現在要談的是遞繫式夫婦自己照顧的這個孩子——用遞繫式形式表現的意謂句（以下簡稱意謂句遞繫式），不過也要順便談談由別人領養的孩子——不用遞繫式形式表現的意謂句。

一、意謂動詞和意謂句

凡是在語意上可以表現主觀意識的「認定」或「以為」的動詞，就叫「意謂動詞」，文言裡常用的意謂動詞是「謂」、「以為」、「以（……）為……」，口語則多用「認為」或「以為」，也有用「當」或「把……｛看成／當作｝……」、「拿……｛當／作為｝……」的。也就因為意謂動詞表示主觀意識的認定，所以有的學者把口語的「批評」、「誇獎」等動詞，也歸為意謂動詞。遞繫式夫婦第一胎和第二胎的差別除了第一胎是單胞胎、第二胎是雙胞胎之外，他們的最大區別在：老大做事實事求是，所說的都牽涉到客觀的事實，但是第二胎那對雙胞胎兄弟卻都是好想像的，不論是遞繫式夫婦自己撫養或是交給別人領養的孩子，所說的只是主觀的看法。也就是致使句裡第一繫的述語（致使動詞）要兼語做某種行為、動作，或者是使兼語在形態、性質上發生某種改變、產生某種變化、或擁有某種東西、擔任某個職務等等；相對的，意謂句裡，意謂動詞所表示的只是主語的主觀認定，只是主語心中的一種看法而已，它不像致使動詞那樣，對兼語有致使的作用。請注意：「意謂動詞只表示主語一種主觀認定，不涉及客觀的事實」這個特點非常重要。

二、意謂句的分類

前面提到意謂句是雙胞胎，留在遞繫式家庭裡的那個孩子仍保留遞繫式的姓氏，所以他和致使句遞繫式一樣，都具有遞繫式的特色，只不過致使句遞繫式是以致使動詞為第一繫的述語，它的致使動詞比較多樣化，一般用「使」、「教」、「讓」，客氣一點可以用「請」，如果不是很客氣則用「命」、「令」、「派」等等；而意謂句遞繫式卻是只有固定的「以（……）為……」（文言）或「把……︵當作／看成︶……」、「拿……︵當／作為︶……」（白話）這樣的表達方式。至於交給別人領養的那個孩子是交到一個叫「包孕式」的家庭裡（包孕式是指句子裡的主要成分——像：所有句型的主語、敘事句和有無句的賓語、表態句的表語、判斷句和準判斷句的斷語等——是造句結構的句式），所以叫意謂句包孕式——它雖是意謂句，卻不是遞繫式。

㈠意謂句遞繫式

前面提到意謂句遞繫式第一繫的述語（意謂動詞），表示的往往是主語的主觀認定，所以不論是表示主語主觀地認為兼語是什麼（這裡的「是什麼」是第二繫的謂語），或主語主觀地把兼語當成什麼（在這兒「當成什麼」也是第二繫的謂語），都只存在於主語的心目中，而不涉及客觀事實。因此，意謂句遞繫式可以依第二繫謂語中心成分的不同，分為兩種類型，把它們的基本型式排列在下面：

主語＋述語（意謂動詞）＋兼語＋{ 判斷句謂語形式（繫詞＋斷語）
準判斷句謂語形式（準繫詞＋斷語） }

說明：

以上列的是基本成分；當中使用的符號，「{ }」表示只能有其中的一個句式，「（ ）」是對前面的成分再作說明。

1.主語＋述語＋兼語＋判斷句謂語形式

「主語＋述語＋兼語＋判斷句謂語形式」，是表示主語主觀地「『認為』兼語『是』什麼」的句式，《論語・衛靈公》裡夫子對子貢說：「賜也，女以予為多學而識之者與？」其中的「女以予為多學而識之者與？」就是一個最典型的例子，「女」是主語，意謂動詞「以」擔任第一繫的述語，「予」是兼語，「為」是第二繫的繫詞，主從結構的「多學而識之者」是斷語，「與」是表示疑問語氣的句末助詞。下面的例句用『　』括出來的都是這一類的例子，兼語用「△」標示，斷語用「•」標示：

「『古人以儉為美德』，今人乃以儉相詬病。」

「『眾人皆以奢靡為榮』，『吾心獨以儉素為美』。」（〈訓儉示康〉）

「遠見救援不至，而賊來益眾，『必以其言為信』。」（〈張中丞傳後敘〉）

「依然有此知之非艱，行之維艱之大敵，橫梗於其中，則『其以吾之計畫為理想空言』而見拒也，亦若是而已矣。」（〈心理建設自序〉）

「今『張君不以謫為患』，竊會計之餘功，而自放山水之間，此其中宜有以過人者。」（〈黃州快哉亭記〉）

「子夏問孝。子曰：色難！有事，弟子服其勞；有酒食，先生饌。『曾是以為孝

乎？』」（《論語・為政》）

前五句的例子是這種句式的標準句型，最後一例是疑問句，代詞兼語「是」置於意謂述語之前。

2. 主語＋述語＋兼語＋準判斷句謂語形式

下面要介紹的「主語＋述語＋兼語＋準判斷句謂語形式」這種句式，這是表示主語主觀地「『把』兼語『當作什麼』」、「『把』兼語『看成什麼』」的例子，〈兒時記趣〉裡沈復回憶他小時候常常蹲在「土牆凹凸處、花臺小草叢雜處」，於是「『以叢草為林』，『蟲蟻為獸』；『以土礫凸者為丘』，『凹者為壑』。」，單引號裡用分號隔開的是兩個承上省略主語「余」的複句，兩個複句中的分句又分別以雙引號隔開，「以叢草為林」、「蟲蟻為獸」是第一個複句的兩個分句，「以土礫凸者為丘」、「凹者為壑」是第二個複句的兩個分句。第一個複句的第一分句「以叢草為林」，「以」是意謂動詞述語，兼語是「叢草」，「為」是準繫詞，斷語是「林」，第二分句「蟲蟻為獸」承前面的分句省略了意謂動詞述語（或以為是與第一分句共用意謂動詞述語），只出現兼語「蟲蟻」和第二繫的準繫詞「為」、斷語「獸」；第二個複句裡的兩個分句「以土礫凸者為丘」、「凹者為壑」語句結構和第一個複句相同，只不過第二個複句的第二分句兼語

「凹者」是「土礫凹者」之省承第一分句省略了形容性加語「土礫」，只剩端語。《墨子・公輸》記墨子聽說公輸盤（或作「班」、「般」）為楚國造了雲梯要攻打宋國，墨子為了勸楚王不要攻宋，便在楚王面前「解帶為城，『以牒（「牒」或作「楪」）為械』」，和公輸盤演出虛擬的攻防戰，「以牒為械」的主語當然是墨子，「以」是意謂動詞述語，「牒」是兼語，「為」是第二繫的準繫詞，「械」是斷語，也是這種句式。

口語裡意謂句遞繫式的例子，往往只出現在「把……（當成／看作）……」或「拿……（當／作為）……」的句式裡，所以我們會說：「您別把我當成三歲小孩子！」或者說「這個人老拿雞毛當令箭。」這種句子都是兼語之後帶著準判斷句的謂語形式。

我們前面介紹的第一種句式——意謂動詞述語之後接判斷句謂語形式的句式，其實大部份也可以把它們看成意謂動詞述語後接準判斷句謂語形式的句式，因為「女以予為多學而識之者與？」可以理解為「你認為我是（多多地學／學得很多）又能記住的人嗎？」（這樣，意謂動詞述語後面接的就是判斷句謂語），也可以看成「你把我當成（多多地學／學得很多）又能記住的人嗎？」（這是意謂動詞述語接準判斷句謂語）。同樣的，〈訓儉示康〉裡「古人以儉為美德」、「眾人皆以奢靡為榮」、「吾心獨以儉素為美」，也可以理解為「古人（認為／把）儉（是／看成）美德」、「眾人（認為／把）奢靡（是／看成）可炫耀的事」、「我心裡獨獨（認為／把）儉素（是／看成）美好的事」；〈張中丞傳後敘〉「必以其言為信」，也可以看成「一定（認為／把）他的話（是／看成）真的」；同樣，〈黃州快哉亭記〉「張君不以謫為患」，看成「張君不認為貶謫是禍患」或「張君不把貶謫看成禍患」，也是都可以的。但是意謂動詞述語後面接準判斷句謂語形式的句子卻不能把準判斷句謂語看成是判斷句的謂語，因為「以叢草為林」，不可以理解為「認為叢草是樹林」，只能翻譯成「（把／拿）叢草（看作／當成）樹林」，「以牒為械」也不可以翻成「認為小木札是攻城、守城的器械」，而要說成「（把／拿）小木札（看成／當作）攻城、守城的器械」。

㈡意謂句包孕式

意謂句遞繫式的孿生兄弟是意謂句包孕式，同樣也遺傳了遞繫式先生的特點，所以是一個敘事句，只不過這個敘事句以意謂動詞為述語；但是因為他寄養在包孕式家庭裡，所以也具有包孕式的特點，意謂動詞述語後面帶的賓語是一個造句結構。前面提到的意謂動詞之中，「以（……）為……」、「把……（當作／看成）……」、「拿……（當／作為）……」專供意謂句遞繫式使用，「謂」、「以為」、「當」等則是充當意謂句包孕式的述語，專供意謂句包孕式使用。意謂句包孕式依賓語成分的不同，又可分為四個小類：

主語＋述語（意謂動詞）＋賓語
- 主謂式造句結構
- 謂語式造句結構
- 主從式造句結構
- 複合式造句結構

1. 主語＋述語＋主謂式造句結構

「主語＋述語＋主謂式造句結構」，這是以主謂式造句結構作為意謂句包孕式的賓語，下面的例子便是（以「○」標出意謂動詞；用『』標出的是賓語）：

「久之，以為『行已過』。」（〈張釋之執法〉）

「嵩驚，以為『巡偶熟此卷』，因亂抽他帙以試，無不盡然。」（〈張中丞傳後敘〉）

「以為『凡是州之山有異態者，皆我有也』。」（〈始得西山宴遊記〉）

「此其心，以為『天下之知戰者，惟我而已』。」

「而臣以為『此所以安民也』。」（〈教戰守策〉）

上面五個例子以意謂動詞「以為」為述語，述語後接的都是主謂式造句結構：〈張釋之執法〉「以為『行已過』」、〈張中丞傳後敘〉「以為『巡偶熟此卷』」，賓語是敘事句形式的主謂式造句結構，〈始得西山宴遊記〉「以為『凡是州之山有異態者，皆我有也』」、〈教戰守策〉「此其心，以為『天下之知戰者，惟我而已』」、「而臣以為『此所以安民也』」三個例子的賓語都是判斷句形式的主謂式造句結構。

接下來的五個例子是以意謂動詞「謂」為述語：

「嘗謂。『女流中最少明經義、諳雅故者』。」（〈祭妹文〉）

「余微步廊廡，猶謂。『太宜人晝寢於軒中也』。」（〈蒼霞精舍後軒記〉）

「汝意謂。『長安何如日遠』？」（《世說新語·夙惠》）

「雖不謂。『吾言為是』，而亦無辭相答。」

〈祭妹文〉「嘗謂『女流中最少明經義、諳雅故者』」、〈蒼霞精舍後軒記〉「猶謂『太宜人晝寢於軒中也』」意謂動詞述語後接的賓語是敘事句形式的主謂式造句結構；《世說新語・夙惠》「汝意謂『長安何如日遠』」意謂動詞述語後接的賓語是表態句形式的主謂式造句結構；〈與妻訣別書〉「雖不謂『吾言為是』」意謂動詞述語後接的賓語則是判斷句形式的主謂式造句結構。

這種意謂動詞述語後接主謂式造句結構的句子，白話文往往用「以為」、「認為」或「當」為述語，〈雅量〉：「也許我們看某人不順眼，但是在他的男友或女友心中，往往認為『他如天仙或白馬王子般地完美無缺』。」就是用「認為」作述語、後面帶主謂式造句結構為賓語的例子（這個主謂式造句結構是表態句形式）；前面介紹意謂句遞繫式我們舉了一個「您別把我當成三歲小孩子！」的例子，如果換一種說法說成「您當我是三歲小孩子！」就是意謂句包孕式（賓語是判斷句形式的主謂式造句結構）。

2. 主語＋述語＋謂語式造句結構

「主語＋述語＋謂語式造句結構」，是意謂動詞述語下接謂語式造句結構的意謂句包孕式，像：

「即聞女子問病；九姑以為『宜得參』；六姑以為『宜得芪』；四姑以為『宜得

朮』。」（〈口技〉）

「人大笑，以為『不足患』。」

「始以為『不足治』，而終至於不可為。」

「幸其未發，以為『無虞』而不知畏。」（〈指喻〉）

這些例子是意謂句包孕式，以敘事句形式的謂語式造句結構為賓語；接下來的這個意謂句包孕式是以表態句形式的謂語式造句結構為賓語：

「吾今雖欲自以為『不足』，而眾已妄推之矣。」（〈稼說送張琥〉）

另外的這個例子，賓語是有無句形式的謂語式造句結構：

「武、宣以後，稍剖析之，而分其勢，以為『無事』矣。」（〈深慮論〉）

3. 主語＋述語＋主從式造句結構

意謂動詞述語後面以主從式造句結構為賓語，是「主語＋述語＋主從式造句結構」這樣的句式，通常都以意謂動詞「謂」為述語，而且只見於文言：

「予又長汝四歲，或人間長者先亡，可將身後託汝；而不謂『汝之先予以去』也。」（〈祭妹文〉）

下面例句裡的「謂」字，除去解釋成「以為」、「認為」（意謂動詞）之外，也有人當作「說」講（「謂」當「說」講，就不是意謂動詞了）：

「故吾母雖以中壽告終，不得謂『其天年之止於是』也。」（〈先母鄒孺人靈表〉）

4. **主語＋述語＋複合式造句結構**

「主語＋述語＋複合式造句結構」，是以複合式造句結構為意謂動詞述語的賓語，例子很多，〈卜式輸財報國〉裡提到漢武帝的使者問卜式何以捐了一半的家財助邊，卜式回答的話裡曾提到：「愚以為『賢者宜死節，有財者宜輸之，如此而匈奴可滅』也。」其中「賢者宜死節，有財者宜輸之，如此而匈奴可滅」就是複合式的造句結構；下面是類似的一些例子，前七例以「以為」為述語，末一例以「謂」為述語：

「然議者必以為『無故而動民，又撓以軍法，則民將不安』。」（〈教戰守策〉）

「愚以為『宮中之事，事無大小，悉以咨之，然後施行，必能裨補闕漏，有所廣益』。」

「愚以為『營中之事，悉以咨之，必能使行陣和睦，優劣得所』。」（〈出師表〉）

「昨日蒙教，竊以為『與君實游處相好之日久，而議事每不合，所操之術多異故』。」（〈答司馬諫議書〉）

「變封建而為郡縣，方以為『兵革可不復用，天子之位可以世守』。」

「漢懲秦之孤立，於是大建庶孽而為諸侯，以為『同姓之親，可以相繼而無變』。」（〈深慮論〉）

「吾與汝俱少年，以為『雖暫相別，終當久相與處』，故捨汝而旅食京師，以求斗斛之祿。」

「孰謂『少者歿而長者存，彊者夭而病者全』乎！」（〈祭十二郎文〉）

三、判斷意謂句的方法

我們曾在前面一再提到意謂句表示的語意是主語的主觀看法，這是判斷意謂句的第一要件。文言意謂句遞繫式往往用「以……為……」的結構來表現；不過，出現「以……為……」結構時，並非都是意謂句遞繫式，所以要用一些方法來判斷，才能分辨出真正的意謂句遞繫式；如果「以……為……」結構省略了「以」「為」之間的成分之後，和意謂句包孕式使用的意謂動詞述語「以為」在形式上看起來又完全相同，究竟是不是意謂句？如果是意謂句，到底是遞繫式？還是包孕式？以下便要對判別的方法作一個簡單的介紹。

(一)出現「以……為……」結構時

句子裡出現「以……為……」結構時，有四種可能的情況：第一種可能是一般的敘事句，表示「用……來做……」的語意；另一種可能是致使句遞繫式，表示「〈任命／派〉……擔任……」的意思；還有一種可能，就是表示「〈把／拿〉……〈看成／當作／作為〉……」的語意，所敘述的是既成的事實，因為敘述的是既成事實的事，便不是意謂句遞繫式，而是致使句遞繫式；最後一種可能是，表示「認為……是……」，或主觀地「〈把／拿〉……〈看成／當作／作為〉……」，所說的不涉及客觀的事實，這才是意謂句遞繫式。所以出現「以……為……」結構時，只有四分之一的可能是意謂句遞繫式，至於要如何判斷「以……為……」結構到底是不是意謂句遞繫式，只好用排除法，把不是意謂句遞繫式的句子一一排除掉，這個排除法正好也有四個步驟，下面便分別為各位介紹。

首先要從「為」的詞性和語法功能著手判斷：「為」具有動詞性，是真正的用手去「做」，或有「從事」、「經營」、「治理」等意思，而且它的動作是由主語操縱、控制，那麼「為」便擔任敘事句的述語，前面的「以」則是介詞，「以」字後頭接的不是兼語，而是表示憑藉的介詞次賓語，整個「以……為……」結構表示「用……來做……」的語意。《論語・里仁》有「能以禮讓為國乎？何有！不能以禮讓為國乎？如禮何！」其中的「以禮讓為國」就是這種情形，當然這裡要翻譯成「用禮讓治理國家」，而不能說是「用禮讓來做國家」；《孟子・梁惠王上》談到孟子見了梁惠王，為他解釋文王的靈臺、靈沼時，就曾說「文王以民力為臺、為沼」，也是這種情形，當然這兒的「為」，可以說成「做」，也可以說是「建造」。像這一類的句子都只是一般的敘事句。

如果「為」不是動詞述語，接下來要看看「為」後跟著的是不是官職，如果「為」後跟的是官職，「為」之前是人名、人稱代詞或指人的名詞性單位，這時這個「為」是「擔任」的意思，前面的「以」是「任命」之意，那麼這個句子就是致使句遞繫式，表示「︹任命／派︺……擔任……」的意思，「以」是致使動詞述語，「以」、「為」中間的人名、人稱代詞或指人的名詞性單位是兼語，「為」是準繫詞，「為」後的官職是斷語。〈文天祥從容就義〉裡就有一個我們要的例子：「上使諭之曰：汝以事宋者事我，即『以汝為中書宰相』。」「以汝為中書宰相」就是「任命你擔任中書宰相」，所以是致使句遞繫式。

萬一「為」不是動詞述語，也不具有「擔任」（準繫詞）的意思，而是「當成」、「當作」、「作為」的意思，這時這個「為」字雖是準繫詞，卻不一定是意謂句遞繫式，所以也還不能馬上就下決斷，而要看「為」和後面的斷語所說的是否已成事實，如果所說的是客觀的事實，這個句子還不是意謂句遞繫式，而是致使句遞繫式，「以……為……」結構的「以」字是致使動詞述語，相當於口語的「拿」或「把」，整個「以……為……」結構表示「︹拿／把︺……︹當成／當作／作為︺……」的意思。〈卜式輸財國〉就有一個這樣的例子：「卜式，河南人也。『以田畜為事』。」「（卜式）以田畜為事」是說「卜式︿拿／把﹀耕田、畜牧︿作為／當成／當作﹀職業、事業」的意思，這是客觀的事實，所以是致使句遞繫式。

假如「為」既不是動詞述語，也不是準繫詞「擔任」（某種官職、職務）的意思，卻有繫詞「是」或是準繫詞「看成」、「當作」之意，但所說的只是主語心中的主觀認定，不論是具有主觀地「認為……是……」或主觀地「︿拿／把﹀……︿當成／當作／作為﹀……」（它們都不涉及客觀存在的事實，而只是主語主觀的認定），那麼就是意謂句遞繫式了，這時「以……為……」結構裡的「以」字是「認為」或「把」、「拿」的意思。我們這一次的主標題用〈訓儉示康〉「眾人皆以奢靡為榮，吾心獨以儉素為美」，是主語「眾人」主觀地「『認為』奢靡『是』可炫耀的事」、主語「吾心」「『認為』儉素『是』美好的事」，另外〈兒時記趣〉「以叢草為林」，是主語（作者自己）主觀地「『把』叢草『當作』樹林」，事實上「叢草」並非「樹林」，所以是意謂句遞繫式，而不是致使句遞繫式，這類例子在前面談意謂句遞繫式那一小節裡介紹得很多，就不再多舉了。

(二)「以為」合用時

「以……為……」結構在「以」和「為」之間的成分有時會省略，於是便成了「以為」連用，這時和意謂句包孕式的意謂動詞述語「以為」表面上看起來完全相同，又該如何分辨呢？也可以分成幾個步驟來看：

首先在「以為」的前面看看能不能找到本該在「以為」之間而被提前了的成分，如果在「以」之前找得到本來在它後面而被提前的成分，那麼依舊要看成是「以……為……」結構，既然是「以……為……」結構，便可以用前面判定「以……為……」結構的方法來判斷究竟是那一種句式。〈先母鄒儒人靈表〉「母教女弟子數人，且『組屨以為食』，猶思與子女相保。」〈諫太宗十思疏〉「樂盤遊，則思『三驅以為度』。」〈縱囚論〉「是以堯舜三王之治，必本於人情；不『立異以為高』，不逆情以干譽。」都有我們談到的情況：「組屨以為食」「組屨」原是在「以」之後的成分，還原之後成為「以組屨為食」的結構，「三驅以為度」、「立異以為高」也可以分別還原成「以三驅為度」、「以立異為高」，經過這樣還原成「以……為……」結構的手續之後，再用我們前面提到判斷「以……為……」結構的四個步驟去判定它到底是什麼句式就可以了（其中：「組屨以為食」是致使句遞繫式的結構，因為它說的是一個事實；「三驅以為度」和「立異以為高」則都是意謂句遞繫式，因為它們只是主語心目中的主觀認定）。

如果找不到原在「以」之後而被提前的成分，那麼就要看「以為」之間能不能插入「之」字，如果插入「之」意思才完整，而且「之」又找得到稱代的對象，這樣的句式還是要看成是遞繫式。〈五柳先生傳〉「宅邊有五柳樹，因『以為號』焉。」〈送東陽馬生序〉「余朝京師，生以鄉人子謁余，譔長書『以為贄』。」〈過秦論〉「隳名城，殺豪俊，收天下之兵，聚之咸陽，銷鋒鍉，鑄『以為金人十二』，以弱天下之民。然後踐華為城，因河為池，據億丈之城，臨不測之谿『以為固』。」都有我們需要的例子：這些例子在「以為」之間都可以插入「之」，而且「之」都有稱代的對象，〈五柳先生傳〉「因『以（之）為號』焉」，插入「之」所稱代的是「五柳樹」、〈送東陽馬生序〉「譔長書『以（之）為贄』」，插入「之」稱代的是「長書」、〈過秦論〉「鑄『以（之）為金人十二』」用插入的「之」來稱代那些銷去鋒鍉的「天下之兵」、「據億丈之城，臨不測之谿『以（之）為固』」插入的「之」稱代的是以華山為城、以黃河為護城河的「據億丈之城，臨不測之谿」，這些句子插入「之」之後，意思才完整，所以還是要看成「以……為……」結構；再經過前面判斷「以……為……」結構的方法的一番驗證，可以看出第一（「以為號」）、二（「以為贄」）兩例是致使句遞繫式；第三個例子「以為金人十二」是一般的敘事句；只有第四例（「以為固」）才是意謂句遞繫式。

假如在「以為」之前找不到應該出現在「以為」之間的成分，插入「之」字又找不到稱代的對象，同時在「為」後出現的成分如果獨立出來可以成句，就是我們前面提到的是造句結構（除了主從式造句結構以外），那麼就是意謂句包孕式了，這時「以為」

要看成一個意謂動詞，它是造句式（或稱結合式）合義複詞。前面談意謂句包孕式時很多這樣的例子，〈過秦論〉裡還有一個例子：「天下已定，始皇之心，自『以為』關中之固，金城千里，子孫帝王萬世之業也。」便是（這裡意謂述語後接的判斷句形式的主謂式造句結構）。有關意動用法的問題留待下次再討論。

常人「貴」遠「賤」近，向聲背實

意謂句和意動用法（下）

我們在討論形容詞活用的時候（請參看〈奔向「羅曼蒂克」、飛進浪漫歐洲〉），曾提到形容詞述語有三種不同的情形，除了形容詞述語的普通用法之外，還有形容詞的致動用法和意動用法。因為不止形容詞具有致動用法，所以我們對致動用法又作了一些介紹（請參看〈明月別枝「驚」鵲，西風半夜「鳴」蟬——致使句和致動用法（下）〉）；至於意動用法，也不是形容詞獨有的特殊情形，所以想再為大家作一介紹。

意動用法是表示主語「以為賓語是什麼」、「｛把／拿｝賓語當成｛誰／什麼｝看待」或主語「認為賓語怎麼樣」的一種用法；在這種用法裡，述語和賓語的關係不同於一般的述賓關係（一般的述賓關係，賓語是述語動作的接受者），也不同於致動用法的述賓關係（致動用法是在主語的支使下，由賓語發出、完成該述語所表示的動作，致動用法的述賓關係可以用「使……（賓語）……（述語）」還原它的語意）。這種用法的述語，不論是否原為動詞，表示的都不是由主語操控、執行的動作，而是主語心目中的一種想法、看法，往往和客觀的事實無關，這樣，和我們在前一次討論的意謂動詞述語在意謂句裡的語意功能就很類似，因此我們可以稱這種用法的述語具有「意動性」、「以動性」或「意謂性」，而稱這種用法為「意動用法」、「以動用法」或「意謂性用法」。這種述賓關係只能用「以……（賓語）為……（述語）」還原其語意。不論動詞述語或非動詞述語（由其他實詞活用而來的述語），如果可以表示上面所說的這種語意，都可以說它具有意動用法，以下便用一些例子來說明。

一、名詞述語、稱代詞述語的意動用法

名詞述語、稱代詞述語的意動用法表示的是：主語依自己的主觀意識「以為」賓語「是什麼」、或主語主觀地「（把／拿）」賓語「當成（誰看待／什麼事物使用）」的語意。在〈田單復國〉中作者提到田單以一個士卒為師時有一段生動的描寫：先是田單對即墨城裡的人說「當有神人為我師」，有一個士卒開玩笑地問田單：「臣可以為師乎？」田單真的「師事之」，這個舉動把士卒嚇了一跳，老實對田單說：「臣欺君，誠無能也。」想不到田單非獨不生氣，反倒叫他什麼都別說，「因師之」。從「因師之」的

「師」字出現的環境位置，我們知道它是名詞述語（判斷名詞活用為述語的方法想必大家都還記得，請參看〈我的機車很「法拉利」〉），這裡的述賓關係不是一般的述賓關係（如果是一般的述賓關係，「師」是師法、學習的意思），也不是致動用法（如果是致動用法，表示的是：「使之為師」的語意，但在這裡不是田單讓士卒去當「師」教人），而是意動用法，是「以之為師」，也就是「拿他當師看待」的意思，這個「師」字就是名詞述語的意動用法。韓愈〈師說〉裡兩個「吾從而師之」的「師」字也是這種用法。下面兩個例子，除了「師」和我們剛舉的兩個例子一樣是意動用法之外，「侶」、「友」也都是名詞述語，而且是意動用法：

> 「費惠公曰：『吾於子思，則「師」之矣；吾於顏般，則「友」之矣；……是天子而「友」匹夫也。』」（《孟子・萬章下》）

> 「況吾與子，漁樵於江渚之上，『侶』魚蝦而『友』麋鹿。」（〈赤壁賦〉）

表示三身的稱代詞活用為述語後，可能具有意動用法（我們見到的例子裡通常是第一身和第二身的稱代詞述語具有意動用法的情形），可惜我們教科書裡沒有出現這樣的例子。討論稱代詞活用時（請參看〈習之中人「甚」矣哉〉）曾舉三個語法學者常引用的例子，再借用其中的一例，拿來放在這兒，作為稱代詞述語意動用法的例子：

「見公卿不為禮，無貴賤，皆『汝』之。」（《隋書・楊伯醜傳》）

還有《莊子・大宗師》：「且也相與『吾』之耳矣，庸詎知吾所謂『吾』之乎？」其中兩個的「吾之」語意上都是「以之為吾」的意思，第一個「之」字指的是「自己有形的、暫有的軀殼」（所以第一個「吾之」是「認為自己有形的、暫有的軀殼就是我。」），第二個「之」字稱代的是「我以外所有的事物」（因此第二個「吾之」是「把我以外的一切事物看成是我。」），也是稱代詞述語意動用法很好的例子。

二、動詞述語的意動用法

一般只有少數表示心理活動的動詞擔任述語時有意動用法的情形，這種用法的主述賓關係表示的語意是：主語主觀地「認為」賓語「怎麼樣」或主語主觀地「把」賓語「︹看成／當作︺怎麼樣的事」。《孟子・離婁下》：「故聲聞過情，君子『恥』之。」

的「恥」字就是動詞述語意動用法的好例子，表示「以之為恥」的意思（透過我們前次介紹判斷「以……為……」結構的程序，知道這裡表示是：「認為那是恥」，或「把那看成可恥的事」）；〈師說〉裡有三個「恥」字：「今之眾人，其下聖人也亦遠矣，而『恥』學於師。」、「愛其子，擇師而教之，於其身也則『恥』師焉。」、「巫醫、樂師、百工之人，不『恥』相師。」也都是動詞述語意動用法的例子（不過要注意的是：第二例「則恥師焉」、第三例「不恥相師」的「師」和例句裡其他的「師」意義有別，其他的兩個「師」都是名詞的本用，這兩個「師」字是名詞活用為述語，成為謂語式造句結構以後才擔任賓語的成分的）。下面再舉幾個動詞述語意動用法的例子：

「每見閭閻之中，其父兄古樸質實，足以自給，而其子弟『羞』向者之為鄙陋，盡舉其規模而變之，於是累世之藏，盡廢於一人之手。」（〈儉訓〉）

「又『患』無碩師、名人與遊。」（〈送東陽馬生序〉）

「季康子『患』盜，問於孔子。」（《論語・顏淵》）

三、形容詞述語的意動用法

形容詞述語出現意動用法的情形最多，具有這種用法的主述賓關係表示的是：主語「認為」賓語「怎麼樣」或主語「認為」賓語「具有形容詞述語所表示的形狀、性質、程度等特質」。〈田單復國〉提到田單命即墨城中人每食必祭先祖於庭，於是飛鳥便在城中盤旋飛舞，「燕人『怪』之」。其中的「怪之」是「以之為怪」的意思，便是形容詞活用為述語，而且是意動用法，表示主語（燕人）認為賓語（之——那種情形）怎麼樣（怪）的語意。我們討論形容詞活用時，曾提到孔子登東山而「小魯」、登泰山而「小天下」的「小」字，也是形容詞述語的意動用法，表示主語（孔子）認為賓語（魯、天下）具有形容詞述語所表示的特質（小）。下面還有一些例子：

「後，孟嘗君出記，問門下諸客：誰習計會能為文收責於薛者乎？馮諼署曰：能！孟嘗君『怪』之。」（〈馮諼客孟嘗君〉）

「忽逢桃花林，夾岸數百步，中無雜樹，芳草鮮美，落英繽紛；漁人甚『異』

之。」（〈桃花源記〉）

「今年九月二十八日，因坐法華西亭，望西山，始指『異』之。」（〈始得西山宴遊記〉）

「常人『貴』遠『賤』近，向聲背實。」

「夫然，則古人『賤』尺璧而『重』寸陰，懼乎時之過已。」（〈典論論文〉）

「夫珠玉金銀，飢不可食，寒不可衣，然而眾『貴』之者，以上用之故也。……是故明君『貴』五穀而『賤』金玉。」

「今法律『賤』商人，商人已富貴矣。」

「欲民務農，在於『貴』粟。『貴』粟之道，在於使民以粟為賞罰。」（〈論貴粟疏〉）

「兩生素『賤』其人，力拒之。」（〈秦士錄〉）

「左右以君『賤』之也，食以草具。」

「孟嘗君『怪』其疾也，衣冠而見之。」（〈馮諼客孟嘗君〉）

「吾以謂自古忠臣義士，多出於亂世，而『怪』當時可道者何少也？」（〈五代史一行傳敘〉）

「戚黨人爭『賢』之。」（〈鳴機夜課圖記〉）

「不地著則離鄉『輕』家，民如鳥獸，雖有高城深池，嚴法重刑，猶不能禁也。」（〈論貴粟疏〉）

「商人『重』利『輕』別離，前月浮梁買茶去。」（〈琵琶行〉）

四、如何判斷述語具有意動用法

句子裡的述語具有意動用法，從表層結構上看起來跟一般述語後帶賓語的句式並無不同，語序都是「主語＋述語＋賓語」；以前我們曾經一再強調一般敘事句主語往往是述語動作的主事者、操縱者（有些語法學家稱這類的主語為施事主語），賓語是述語動作的接受者（這種賓語或稱對象賓語）；而意動用法的主述賓關係和致動用法的主述賓關係一樣，也是一種特殊關係，它的主語只是一個主觀意念的表示者，這個主觀意念往往不涉及客觀的事實；述語表示的是主語心中的一種意念、想法，它可以是主語認為賓語在形狀、性質、狀態等方面的一種特質，也可能是主語心中對待賓語的一種方式，或者只是主語認為賓語怎麼樣了；賓語當然不是述語動作的接受者，它只不過是主語表示主觀意念所涉及的對象（相對於致動用法的致動賓語，也有語法學者稱這類的賓語為意動賓語）。因此判斷意動用法跟判斷致動用法一樣，要從語境中來判斷，也就是要根據上下文來看：如果述語所表示的動作不是由主語操控、完成，而是主語支使、由賓語去完成，那麼這個述語則是致動用法；如果述語所表示的不是由主語操控、完成的動作，也不是主語支使、由賓語去實現、完成，主語只是主觀認為賓語具有述語所表示的特質，或把賓語當作這個述語所代表的事物看待，那麼就是意動用法。

五、意動用法和意謂句之間的關係

意動用法可以說是意謂句的一種緊縮變化，所以如果把意謂句遞繫式透過省略、移位等變化，就可以變成意動用法，意謂句遞繫式的基本句式是：「主語＋意謂動詞述語＋兼語＋〔繫詞／準繫詞〕＋斷語」，省略了意謂動詞述語和繫詞（或準繫詞），把斷語移至兼語之前，就成為：「主語＋述語（原來的斷語）＋賓語（原為兼語）」，仍然可以表示意動的語意，這時的述賓關係就是意動用法的述賓關係了。例如：〈黃州快哉亭記〉「張君不以謫為患」這個句子，可以變成：「張君不患謫」，這時「患」的用法和〈送東陽馬生序〉「又『患』無碩師、名人與遊。」、《論語．顏淵》「季康子『患』盜，問於孔子。」裡的「患」用法便相似了。意謂句遞繫式透過這種省略與變化，句子變得形式簡單了，只用述賓形式就表達了意謂句遞繫式的內容，但是依然能夠精準表達語意。我們平常說地方上的惡霸常常「『魚肉』鄉民」、「『魚肉』百姓」，其中的「魚肉」就是「把……當魚、肉看待」的意思，只以四個音節的成語，就表達了一個意謂句遞繫式的完整語意。所以語句簡潔是意動用法的特性。

反之，意動用法的句式也可以透過在句子裡加入意謂動詞「以」、繫詞或準繫詞「為」，變化成「以……為……」結構，意動用法的「主語＋述語＋賓語」加入「以」、「為」，語序略為改變：「主語＋以＋兼語（原來的賓語）＋為＋斷語（原來的述語）」，便成為意謂句遞繫式了，這時候，原來意動用法的賓語成了意謂句的兼語、原來意動用法的述語成了意謂句第二繫的斷語，這是文言的句式；如果加入的是意謂動詞「以為」或「認為」，就成了：「主語＋︹以為／認為︺＋賓語︹主謂式造句結構（原來的賓語）＋（原來的述語）︺」，這時，賓語提到意動用法的述語前面，和意動用法的述語組成了主謂式造句結構，成為意謂述語「以為」或「認為」的賓語，這樣就是意謂句包孕式了。這兩種語句結構雖然比意動用法複雜，但是不論是遞繫式或包孕式，句子成分之間的關係都表示得非常清楚：誰是主觀意念的表示者、表示的是怎樣的主觀意念、哪一個才是主語主觀意念涉及的對象等，不需要透過句子的移位變形，就一清二楚了。所以雖然意謂句的句式比較冗長，但是卻具有語意清楚明白的特點。

六、致動用法和意動用法的比較

致動用法和意動用法都是異常的述賓關係，因為它們是古漢語的修辭手法所造成的，所以這種特別的語法現象普遍地存在於文言裡。能掌握它們的特點，是有助於我們學習、了解文言的，我們之所以花了不少篇幅為大家介紹，就是這個原因。下面簡單地列舉致動用法和意動用法的同異之處作為本文的結束。

▽致動用法和意動用法相同之處：

1.它們所帶的賓語都不是述語動作的承受者，反而是述語動作的完成者（致動用法）或是在主語的意念裡所陳述、描寫的對象（意動用法）。

2.它們的述語多數不是動詞述語，往往是由名詞、形容詞等活用而來。

▽致動用法和意動用法相異之點：

1.致動用法的述語陳述的是一種行為動作或客觀事實；意動用法的述語多數陳述的是主語的心理活動，而不涉及客觀事實。

2.致動用法的賓語在語意上是致使句遞繫式的兼語；意動用法的賓語在文言的語意上也是意謂句遞繫式的兼語，但是在白話裡卻只是意謂句包孕式賓語裡的一個成分（這個意謂句包孕式的賓語是主謂式造句結構，而意動用法裡原來的賓語在這個主謂式造句結構裡擔任主語）。

「別有幽愁闇恨生，此時無聲勝有聲」

有無句遞繫式及其相關問題（上）

前面，我們依次介紹了致使句遞繫式、意謂句遞繫式，以及與它們相關的一些問題，不過還有一個遞繫式家族裡的成員沒有談到，那就是有無句遞繫式。有無句遞繫式既是遞繫式家族的成員，當然具有家族的共同特點——帶有兼語；不過它還有一個和另外的成員不一樣的地方，那就是它表現了有無句的特色，第一繫以「有」或「無」為述語，所以我們稱它為有無句遞繫式。

我們在〈句子的基本類型〉裡介紹有無句時，曾經提到有無句述語的「有」、「無」可以表示兩種意思：一種是表示肯定或否定的「擁有」，另一種是表示「存在」或「不存在」的關係與狀況。有無句遞繫式既然表現有無句的特色，以「有」或「無」為第一繫的述語，按理說，當然也可以表示這兩種意思，不過在我們見到的例子裡，「有」、「無」多半都表示「存在」或「不存在」的關係與狀況，表示肯定或否定「擁有」的例子相當少。以下我們要分兩次來討論有無句遞繫式以及一些相關的問題。這一次我們先要討論有無句遞繫式分類的問題，下次我們將再談與有無句遞繫式的主語、兼語以及句式簡化等的一些相關問題，並且拿有無句遞繫式和前幾次介紹的致使句遞繫式、意謂句遞繫式在主語、兼語等方面作一個比較。

致使句遞繫式可以依據第二繫謂語中心成分的不同再行分類，有無句遞繫式也一樣，可以根據第二繫謂語的中心成分再行分類。句子既有五種基本類型，所以按道理說有無句遞繫式也可以分為五個小類，不過我們目前看到的例子裡頭，較少出現像：「我有一個朋友有三條狗」這樣的句子（第一繫、第二繫都以「有」或「無」為述語，也就是有無句遞繫式的第二繫謂語也是個有無句的形式），因此以下將只討論四小類的例子。先把它們的基本句式表明在下面：

（主語）＋述語（有無動詞）＋兼語＋
- 述語＋（賓語）（敘事句謂語形式）
- 表語（表態句謂語形式）
- 繫詞＋斷語（判斷句謂語形式）
- 準繫詞＋斷語（準判斷句謂語形式）

一、（主語）＋述語＋兼語＋敘事句謂語形式

「（主語）＋述語＋兼語＋敘事句形式」這種句式，是兼語之後緊接著一個述賓結構的有無句遞繫式，如果不看第一繫，只看兼語和它以下的成分，是一個標準的敘事句，兼語往往是主事者，它後頭的動詞性單位所代表的，是由兼語操縱、控制的動作、行為，也就是由兼語發出的動作、行為。國中、高中的國文課本裡，這類的例子非常多，簡單的是完全沒有附加成分（不論第一繫述語或第二繫述語之前都沒有副語，述語的前後也沒有介賓結構）或補充成分（第二繫述語或述賓之後沒有補足語），兼語連同第二繫謂語是一個只具備基本成分的敘事句，複雜的是兩繫述語前分別有副語、述語前後帶著介賓結構，或第二繫謂語裡帶著補足語。下面我們用實際的例子來作說明（用「•」標示兼語，「○」標示第二繫述語；「△」標示附加成分或補充成分；如果為了顧及文意，引在「　」裡的還有其他的句子，就用『　』把有無句遞繫式標示出來）：

第一個例子是最基本的有無句遞繫式：

「自許封侯在萬里。『有誰知，鬢雖殘，心未死。』」（〈陸游．夜遊宮（記夢寄師

伯渾」〉）

在兩繫述語「有」、「知」的前、後沒有副語、也沒有介賓結構或補足語。其次是像我們這一次主標題引用白居易〈琵琶行〉的「別有幽愁闇恨生」，在第一繫述語「有」之前出現副語「別」，類似的例子像：

「問其與飲食者，盡富貴也，而『未嘗有顯者來』。」（《孟子·離婁下》）

「吾今死無餘憾，國事成不成，『自有同志者在』。」（〈與妻訣別書〉）

「若以思想史言，則『是書固另有價值在』。」（〈天工開物卷跋〉）

「僕初到潯陽時，有熊孺登來。」（〈與元微之書〉）

接下來的例子是第二繫述語之前出現副語或介賓結構：

「有人從長安來。」（〈世說新語．夙惠〉）

「有人向你說某人感你之恩。」

「有人向你說某人惱你、謗你。」（〈書付尾箕兩兒〉）

「有善相者，思見郎君。」（〈虬髯客傳〉）

「『左有一童子，手捧寶劍』；『右有一童子，手執麈尾』；城門內外有二十餘百姓，低頭灑掃，旁若無人。」（〈空城計〉）

「有一小女子細聲曰……」（〈口技（二）〉）

「客有吹洞簫者，倚歌而和之。」（〈赤壁賦〉）

第一、二兩繫述語前帶副語的例子，像：

「一日，見二蟲鬥草間，觀之，興正濃，『忽有龐然大物，拔山倒樹而來』，蓋一癩蝦蟆也。」（〈兒時記趣〉）

第一繫述語前帶介賓結構、第二繫述語前帶副語的，例如：

「『到亭上，有兩人鋪氈對坐』，一童子燒酒。」（〈湖心亭看雪〉）

下面這一個例子，在第二繫述語的後頭帶著表示處所的介賓結構，介詞省略，只出現次賓語：

「已巳，有南昌老畫師遊鄱陽。」（〈鳴機夜課圖記〉）

至於底下這個例子，是第二繫述語前有副語，述語後又有介賓結構：

「有于嵩者，少依於巡。」（〈張中丞傳後敘〉）

而下面則是第二繫述語前有介賓結構、述語後又有補足語的例子：

「『有一人從橋下走出』，乘輿馬驚。」(〈張釋之執法〉)

以上都是以「有」為第一繫的述語、第二繫帶敘事句形式的有無句遞繫式。如果用「無」做第一繫述語，第二繫述語表示的也是兼語的行為或動作，這類的例子和以「有」為第一繫述語的例子比較起來，相對的就少了。《孟子．告子上》：「苟得其養，『無物不長』；苟失其養，『無物不消』。」其中「無物不長」、「無物不消」就是典型的例子，以「無」為第一繫述語，「物」是兼語，第二繫述語之前都出現副語「不」，「長」、「消」分別擔任第二繫述語。不過這類的句子往往有所省略，我們常見到兼語省略的例子，像〈曾子大孝〉引《詩．大雅．文王有聲》：「自西自東，自南自北，『無思不服』。」其中的「無思不服」，「無」是第一繫述語，「思」是句中助詞，「不」是副語，「服」是第二繫述語，就省略了兼語「人」字；底下還有個例子也省略了兼語「人」：

「見聞者無不流涕。」（〈文天祥從容就義〉）

二、（主語）＋述語＋兼語＋表態句謂語形式

「（主語）＋述語＋兼語＋表態句形式」是第二繫以表態句形式出現的有無句遞繫式，表示的是兼語具有該表語所代表的性質或狀態。歐陽修〈醉翁亭記〉裡有一個這種句式最簡單的例子：「有亭翼然。」這句話裡，「亭」是兼語，第二繫「翼然」是形容詞表語，除此之外完全沒有附加成分。至於下面引用的例子，第二繫的表語有的就不是這麼簡單，多數句子第二繫的表語是造句結構（用「•」標示兼語，「○」標示第二繫表語），像：

「幸哉！有子如此！」（〈曾子大孝〉）

這個例子也像〈醉翁亭記〉的例子一樣，表語不是造句結構，兼語連同第二繫是表態句的簡單式；下面引的例子，第二繫表語是造句結構，〈原毀〉的兩例第二繫表語都是判

斷句形式的主謂式造句結構，〈習慣說〉那個例子，第二繫表語是表態句形式的主謂式造句結構：

「聞『古之人有舜者，其為人也，仁義人也』。……聞『古之人有周公者，其為人也，多才與藝人也』。」（〈原毀〉）

「室有窪徑尺。」（〈習慣說〉）

第二繫表語複雜的是複合式造句結構：

「南岸有青石，夏沒冬出。」（〈水經江水注〉）

「左有一童子，手捧寶劍；右有一童子，手執麈尾；『城門內外有二十餘百姓，低頭灑掃，旁若無人』。」（〈空城計〉）

「我有一兒，年已十七，頗曉書疏。」（〈廉恥〉）

「有奇石，如二人像，攘袂相對。」（〈水經江水注〉）

「忽有一人，中形，赤髯而虬，乘蹇驢而來。」（〈虬髯客傳〉）

「昔有吳起者，母歿喪不臨。」（〈慈烏夜啼〉）

最後這個例子第二繫表語「母歿喪不臨」，是由「母歿」和「喪不臨」兩個造句結構合成的複合式造句結構，「母歿」是表態句形式的主謂式造句結構，「喪不臨」是謂語式造句結構，是「不臨喪」的倒裝，「不」是副語，「臨」是述語，「喪」是表示處所的次賓語；有的參考書把「臨」字解釋為「哭臨」，恐怕與制度不符，因為「哭臨」不是「奔喪」之意（「臨喪」才有這個意思），而是眾人同哭的意思，同時當「哭臨」講的「臨」字要讀去聲，這樣，在音讀上也不能與全詩的平聲韻腳押韻。

至於這種第二繫謂語是表態句形式的句式，有沒有以「無」為第一繫的述語的呢？有的，史可法〈復多爾袞書〉裡有「法北望陵廟，無涕可揮。」這樣的話，其中的「無涕可揮」就是這種句式，第一繫述語「無」以下，主要成分俱全（值得注意的是：這兒的「揮」字是動詞表語，因為它不是由「涕」操縱、控制的行為、動作。）。以下的例子兼語都省略了，一、二兩例和前一小節提到《詩．大雅．文王有聲》的例子一樣，可以說省略兼語「人」，第三例如果硬要補足省略的兼語，可以從上文看出，那就是「事迹」：

「眾官無不駭然。」（〈空城計〉）

「百年而後，予登嶺上，與客述忠烈遺言，『無不淚下如雨』。」（〈梅花嶺記〉）

「然其事迹不著，而無可紀次。」（〈五代史一行傳敘〉）

這種「無……可……」、「無……不……」的句式，現代口語沿用得不少，像：「無話可說」、「沒辦法可想」、「無錢可花」、「沒飯可吃」、「無堅不摧」、「無敵不克」等等（其中第二繫的副語「可」字，有時也可以不說），這是古今語法傳承的好證據。

三、（主語）＋述語＋兼語＋判斷句謂語形式

有無句遞繫式第二繫謂語是判斷句或準判斷句形式的例子，和前面的兩種句式比較起來，在數量上明顯地少了。「（主語）＋述語＋兼語＋判斷句形式」這種有無句遞繫式，是以判斷句為第二繫的謂語，像：馬致遠的套曲〈題西湖〉裡有「苫間草廈，有林和靖是鄰家。」其中「有林和靖是鄰家」就是這種句式的標準例子：兼語是「林和靖」，「是」擔任第二繫繫詞，「鄰家」是斷語；教科書裡還有一個例子：

「子歸過京師而問焉，『有日轍子由者，吾弟也』，其亦以是語之。」（〈稼說送張琥〉）

四、（主語）＋述語＋兼語＋準判斷句謂語形式

剛剛已經提到有無句遞繫式第二繫謂語是準判斷句形式的句子不多見，所以這裡只

能舉出一個例子供大家參考：

「當有神人為我師。」（〈田單復國〉）

有關有無句遞繫式的分類，暫時討論到這裡，和有無句遞繫式相關的其他問題，像：有無句遞繫式主語的有無、有無句遞繫式帶有「者」字的兼語、有無句遞繫式的簡化以及有無句遞繫式和另外兩種遞繫式的比較等，留待下面再談。

「有朋自遠方來，不亦樂乎」

有無句遞繫式及其相關問題（下）

前一次討論過有無句遞繫式的分類，這一次要談和有無句遞繫式有關的一些問題。

一、有無句繫遞式主語的再討論

有無句述語的「有」、「無」，可以表示肯定或否定的「擁有」，也可以表示「存在」或「不存在」的關係與狀況，有無句遞繫式既然是以「有」或「無」為第一繫的述語，當然也可以表示這兩種情形，不過我們見到的例子裡，表示「存在」或「不存在」的關係與狀況的例子多，表示「擁有」的例子少。我想在看過前次列舉的一些例子之後，應該很容易明白。

第一繫述語的「有」、「無」，是表示肯定或否定「擁有」的有無句遞繫式，往往有主語（這種主語《中國文法講話》稱為「領屬性起詞（主語）」），在我們前一次介紹的例子裡，像：

「鄰人京城氏之孀妻有遺男，始齔，跳往助之。」（〈愚公移山〉）

「我有一兒，年已十七，頗曉書疏。」（〈廉恥〉）

「若以思想史言，則『是書固另有價值在』。」（〈天工開物卷跋〉）

都是有主語的。這是確實有主語，而且主語的出現在語意上有一種類似宣示性的功能、具有強調的作用。

至於有無句遞繫式第一繫述語的「有」、「無」，是表示「存在」或「不存在」的關係與狀況的，多數例子在「有」之前是無主語的，它往往表示一種客觀的存在、存有，或只是一種概括性的敘述，不容易補出主語，這種句子通常稱為無主語句。讀者請自行從〈教我如何不想他——致使句和致動用法（上）〉，那篇文章裡找一些例子來和我們前次介紹的例子作一比較，當不難發現如果致使句遞繫式主語不出現，多數可以從前後文補出主語，這種該出現而不出現、可以補出主語的，是省略，就不能稱為無主語句。像我們這一次主標題：「有朋自遠方來」，有人主張可以補出主語，變成「吾有朋自遠方來」，但是並不是非常必要，因為把它看成是一種概括性的敘述，表示「任何人有朋自遠方來」的意思也是可以的。

以下我們把前一次列舉的屬於這種表示「存在」或「不存在」的例子，第一繫具有主語的，羅列在一起，可以發現這種例子有的是以時間詞為主語，像：

「昔有吳起者，母歿喪不臨。」（〈慈烏夜啼〉）

「己巳，有南昌老畫師遊鄱陽。」（〈鳴機夜課圖記〉）

也有以地點或方位詞為主語：

「『左有一童子，手捧寶劍』；『右有一童子，手執麈尾』；『城門內外有二十餘百姓，低頭灑掃，旁若無人』。」（〈空城計〉）

「南岸有青石，夏沒冬出。」（〈水經・江水注〉）

「室有窪徑尺。」（〈習慣說〉）

這兩小類都是所謂「時地性起詞（主語）的有無句」（《中國文法講話》的用語）；而另一小類例子，第一繫的主語是一個整體，兼語是主語的一分子或一部分，例如下面這個例子：

「齊人有馮諼者，貧乏不能自存。」（〈馮諼客孟嘗君〉）

「齊人」是一個整體、一個集合，「馮諼」是「齊人」當中的一個；其餘類似的例子有：

「客有吹洞簫者，倚歌而和之。」（〈赤壁賦〉）

「聞『古之人有舜者，其為人也，仁義人也』。……聞『古之人有周公者，其為人

也，多才與藝人也』。」（〈原毀〉）

這幾個例子第一繫述語是肯定的「有」，下面三個例子是以否定的「無」為第一繫述語，兼語都省略，省略的兼語是「人」（其實是「一個人」，這裡的「一個人」，不是泛指不相干的「任何一個人」，而是專指在主語裡的「任何一個人」）：

「見聞者無不流涕。」（〈文天祥從容就義〉）

「滿坐賓客，無不伸頸，側目，微笑，默歎，以為妙絕。」（〈口技（一）〉）

「眾官無不駭然。」（〈空城計〉）

這類句子，是所謂「分母性起詞（主語）的有無句」（這也是《中國文法講話》的用語，有關有無句主語的介紹，請參考〈句子的基本類型〉）。這一些例子，連同上面提到以時間、地點或方位詞為主語的例子，它們的第一繫述語「有」或「無」，都是表示「存在」或「不存在」的關係或狀況的，並不是真正表示肯定或否定的「擁有」。

從上面這些例句比較，可以看出第一繫述語「有」、「無」是表示肯定或否定「擁有」的有無句繫遞式，跟表示「存在」或「不存在」的關係與狀況的例子比較起來，在數量上還真是不多呢！

二、有無句遞繫式帶「者」字的兼語

有無句遞繫式以「有」為第一繫述語的句子，常見兼語帶有「者」字。並非所有兼語帶的「者」字意思都相同，大致上兼語帶的「者」字可以分為兩種情況：一種「者」字出現在專有名詞的兼語之後，像：

「有于嵩者，少依於巡。」（〈張中丞傳後敘〉）

「齊人有馮諼者，貧乏不能自存。」（〈馮諼客孟嘗君〉）

「聞『古之人有舜者，其為人也，仁義人也』。……聞『古之人有周公者，其為人也，多才與藝人也』。」（〈原毀〉）

「昔有吳起者，母歿喪不臨。」（〈慈烏夜啼〉）

這種出現在專有名詞之後的「者」，其實並不屬於兼語的一部分，上面這些句子的兼語，分別是「于嵩」、「馮諼」、「舜」、「周公」、「吳起」等，「者」表示句中語氣的停頓，是助詞。這種句式經常出現在某一個人物第一次出現，而他又是全篇敘述的重點、或是篇中極為重要的一部分的時候。譯成白話，「者」可以不翻出來，也可以翻成「啊」。

另一種「者」字是下面的這種情形：

「有善相者，思見郎君。」（〈虬髯客傳〉）

「問其與飲食者，盡富貴也，而『未嘗有顯者來』。」（《孟子・離婁下》）

「吾今死無餘憾，國事成不成，『自有同志者在』。」（〈與妻訣別書〉）

「客有吹洞簫者，倚歌而和之。」（〈赤壁賦〉）

「子歸過京師而問焉，『有曰轍子由者，吾弟也』，其亦以是語之。」（〈稼說送張琥〉）

這些例子裡的「者」字，是兼語的一部分：「善相者」、「顯者」、「同志者」、「吹洞簫者」、「曰轍子由者」。這些「者」字分別和第一繫述語「有」字後頭的成分組成主從結構，在「有」和「者」字之間的，是主從結構的形容性加語，「者」是主從結構的端語。這種「者」，具有實際稱代的作用，所以在譯成白話時，往往要根據稱代的對象來翻譯，上面這幾個「者」字都要翻成「的人」，不可以不翻，也不能翻成「啊」，只翻成「的」也可通，但要看成是「的人」的省略（主從結構的端語省略，只剩加語，仍可以代表整個結構）。

三、有無句遮繫式的簡化

有無句遮繫式不論其「有」、「無」表示「存在」、「不存在」，或表示肯定或否定的「擁有」，多數可以透過移位的方法，變成一個賓語是主從結構的有無句簡單式，在語意的表達上仍然不變。移位的方式是：

（主語）＋（有／無）＋兼語＋{敘事句形式／表態句形式／判斷句形式／準判斷句形式}

→（主語）＋（有／無）{敘事句形式／表態句形式／判斷句形式／準判斷句形式}＋（之／的）＋兼語

把無句繫遞式第二繫向前移到第一繫述語「有」字之後，再加上一個主從結構的結構連詞「之」（文言）或「的」（口語），同時把兼語移到句末，就可以變有無句繫遞式為有無句簡單式，這樣有無句簡單式的賓語是一個主從結構。在文言裡，如果遇到有無句繫遞式兼語原本就是一個帶有數詞或數量結構加語的主從結構，移位之後可以把原來兼語那個主從結構的加語，也就是附加在兼語之中的數詞或數量結構，擺在向前移位的第二繫之前，把去掉數詞或數量結構之後的兼語（本為主從結構，除掉加語之後只剩端語了）放在句末，例如〈廉恥〉這個例子：「我有一兒，年已十七，頗曉書疏。」可以

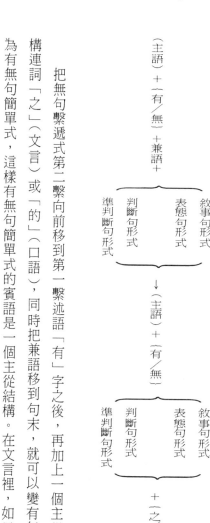

轉換成：「我有一年已十七、頗曉書疏之兒。」（這是把數詞「一」放在向前移位的第二繫「年已十七，頗曉書疏」之前），也可以說成：「我有年已十七、頗曉書疏之一兒。」（這是按照我們前面的公式移位的）。不過口語裡往往要把兼語原帶的數詞或數量結構放在移位完成的主從結構最前端，比較合於我們的語感，像：「我有一個兒子會讀書」，說成：「我有一個會讀書的兒子」比較自然、順當，如果說成：「我有會讀書的一個兒子」，也不是完全不通，只是在語感上覺得比較怪異。

我們前次介紹過的各種不同類型的有無句遞繫式，多數都可以透過這種句式轉換的方式，變成有無句簡單式，不過有無句遞繫式的第二繫如果是判斷句形式，遇到下面的這種情況時就得特別注意。有無句遞繫式第二繫接的是判斷句的，像：「苫間草廈，有林和靖是鄰家。」（馬致遠套曲〈題西湖〉），可以直接用這個公式轉換成「有是鄰家的林和靖。」（注意：這個判斷句形式的第二繫，有繫詞、有斷語）；但是文言裡判斷句的繫詞有時候不出現，例如〈稼說送張琥〉：「有曰轍子由者，吾弟也。」（這個判斷句形式的第二繫，沒有繫詞，只有斷語和句末助詞），遇到這種句子，在移位轉換句式的時候，要把繫詞「是」字補出來，同時把判斷句末的助詞去掉，說成「有『是』吾弟之曰轍子由者。」才可通。

我們前面提到兼語帶「者」字的，可以用這個方法來複驗看看所帶的「者」是稱代詞或只是助詞：如果移位以後，「者」必須保留意思才完整，那麼這個「者」是兼語的一部分（兼語是主從結構，「者」是端語，具有稱代的作用，是稱代詞），像：〈赤壁賦〉「客有吹洞簫者，倚歌而和之。」可以轉換成「客有倚歌而和之之吹洞簫者。」〈虬髯客傳〉「有善相者，思見郎君。」也可以轉換成：「有思見郎君之善相者。」這些句子裡的「者」字都需要保留。如果「者」字是句中表示停頓語氣的助詞，那麼當進行類似的語句轉換時，「者」不能保留，像：〈馮諼客孟嘗君〉「齊人有馮諼者，貧乏不能自存。」變成：「齊人有貧乏不能自存之馮諼者。」就不通了，頂多可以說成「齊人有貧乏不能自存之馮諼。」〈張中丞傳後敘〉「有于嵩者，少依於巡。」也不可以變成：「有少依於巡之于嵩者。」這類進行有無句遞繫式簡化不能保留的「者」字，就是表示句中停頓語氣的助詞了。透過簡化、變形，也可以判斷有無句遞繫式兼語帶的「者」的詞類屬性。

四、有無句遞繫式與其他遞繫式的比較

楊伯峻、何樂士兩位先生合著的《古漢語語法及其發展》頁六〇三也曾對有無句遞繫式和致使句遞繫式作了簡單的比較，現在我們將前後介紹過的三種遞繫式作一個比較

詳細的比較。

前面提到有無句遞繫式的「有」、「無」往往表示「存在」或「不存在」的關係與狀況為主，所以它出現的語境，第一繫述語的「有」、「無」往往是在介紹一個客觀存在的某一個對象，兼語就是這個被介紹的對象，第二繫則是表示兼語這個客觀對象所發出的動作或具有的某一種特質、狀態、身分、地位，也就是說：第二繫如果是敘事句型式，那麼兼語便是第二繫述語的主事者，如果是表態句、判斷句或準判斷句型式，那麼第二繫所敘述的都是兼語本來就具有的特質、狀態、身分、地位等等。這和致使句遞繫式、意謂句遞繫式便有了顯著的不同，大家想必還記得，致使句遞繫式第二繫是兼語在主語的驅使、命令或請求下進行、從事某一種行為、動作，或擁有某件事物，或在形態、性狀等方面產生某些變化，或擔任某個職位、具有某種身分等等；意謂句遞繫式第二繫表示的是主語對兼語的主觀認定。但是有無句遞繫式的第二繫，不論是那一種句式，所陳述說明的，是兼語本身主動的行為、動作，或是兼語本有的特質、狀態、身分、地位，完全不受第一繫述語的影響。這是有無句遞繫式和另兩種遞繫式最大的不同點。

有無句遞繫式和致使句遞繫式、意謂句遞繫式它們的主語出現與否，也有很大的差別。致使句遞繫式（除了是泛指性的主語不必出現以外）、意謂句遞繫式的主語是必要的，如果主語不出現，往往都可以依據前後文把它補足；有無句遞繫式除了少數確實有主語（表示「擁有」的句子）、為了強調而出現的主語以外，多半主語不出現，而且也難以從上下文找出，所以可以說有無句遞繫式的主語如果不出現，就是所謂「無主語句」，是不需要補足的。這是有無句遞繫式和其他兩種遞繫式的又一個差別。

有無句遞繫式的兼語和致使句遞繫式、意謂句遞繫式的兼語，在性質上也有明顯的不同：

致使句遞繫式的兼語，可以是普通名詞、專有名詞、指稱詞，多半都是專有所指。

意謂句遞繫式的兼語，可以是普通名詞、專有名詞、指稱詞，也可以是抽象名詞（多數由非名詞活用而來），多半也是專有指涉對象。

有無句遞繫式的兼語，如果是普通的名詞性單位，則多為泛指，如果是專名，後面一定要加助詞「者」。這種專名後加助詞「者」的兼語，是其他兩種遞繫式所沒有的。這是有無句遞繫式和另兩種遞繫式又一個不同的地方。

至於在句子的緊縮變化方面，致使句遞繫式有時候可以緊縮為致動用法，意謂句遞繫式可以緊縮為意動用法，致動用法和意動用法的述語和賓語是一種特殊的述賓關係；有無句遞繫式緊縮變化之後，成為以主從結構為賓語的有無句簡單式，並未改變有無句原來的述賓關係。這也是有無句遞繫式和其他兩種遞繫式的一個不同點。

蓋追先帝之殊遇，欲報之「於陛下」也

介賓結構之一——表示受事或授事對象的次賓語

句子裡固然可以用副語來說明謂語中心成分發生在什麼時間、哪個處所、或是使用什麼樣的工具（我們在討論詞類活用時，曾介紹過名詞活用為副語，就有相關的例子，請參看〈我的機車很「法拉利」〉），不過，有時候光是副語可能不容易交代清楚；更何況有時候還要說明主語為什麼有謂語中心成分的行為、動作（可能是原因，也有可能是目的）？主語的動作、行為是為何人而發？跟某人一起從事？種種情況，可能也不是副語就能說清楚的。那麼究竟要用什麼方法來說明呢？主要由介詞和介詞次賓語（以下簡稱次賓語，介詞次賓語又稱補詞或副賓語）所構成的「介賓結構」（或稱介補結構、介賓詞組）來擔負這個任務。「介賓結構」是我們往後幾次的介紹重點。

在一般的敘事句裡，如果由表示「告語」或「給與」等語意的動詞擔任謂語中心，可能會出現兩個賓語，一個是「告語的內容」或「給與的事物」本身，另一個是「告語的對象」或「表示接受或施與等關係的對象」（往往是人或是指人的名詞或稱代詞），因為不這樣的話，句子的語意可能不夠完整。因此當句子裡出現告語或受、施等關係的對象時，有時候在這些對象之前也會同時出現介詞，於是這個介詞便和表示告語或受、施等等關係的對象也組成了介賓結構。這一次我們便想先介紹這種表示告語或受、施等對象的介賓結構，不過在談介賓結構之前，我們得先簡單地介紹帶這種由告語或受、施語意的動詞擔任述語的雙賓語句型。

一、哪些動詞會帶雙賓語

我們前面提到敘事句如果由表示告語或給與語意的動詞擔任述語，可能出現兩個賓語，表示告語語意的動詞，例如口語裡說：「老師教學生畫畫。」（「教」讀陰平調）、「我請教老李一個問題。」（「教」讀去聲）是由表示告語語意的動詞「教」、「請教」擔任述語的典型敘事句，「教」的後頭跟著「學生」和「畫畫」兩個賓語，「請教」的後頭跟著「老李」和「一個問題」兩個賓語。又白話裡如果出現像：「告訴」、「問」、「麻煩」等動詞述語時，也會出現類似這種兩個賓語的句子；文言如果出現像：「問」、「叩」、「聞」、「語」、「告」、「言」、「訓」等動詞述語，也可能出現這種句子。兩個賓語，其中一個表示告訴或請問的對象，往往是指人的名詞性單位，另外一個是告語的內容，或是告訴的話語。文言的例子像：

「孟孫問孝於我。」（《論語．為政》）

「『叩之寺僧』，則史公可法也。」（〈左忠毅公軼事〉）

「『教民親愛』，莫善於孝；『教民禮順』，莫善於悌。」（《孝經．廣要道章》）

這幾個例子裡的「問」、「叩」（是「問」的意思）、「教」都是表示告語意義的動詞，它們分別擔任句子裡的述語，在句子裡，「問」的後頭除了有問的對象——「我」——以外，還有「問」的內容——「孝」；「叩」除了有「叩」的對象——「寺僧」，更有「叩」的內容——「之」；「教」除了要有「教」的對象——「民」，也還要有「教」的內容——「親愛」、「禮順」。

至於由具有表示受、施語意的動詞擔任述語的敘事句，〈故鄉的桂花雨〉裡作者寫母親打算送桂花：「送一斗給胡宅老爺爺，一斗給毛宅二嬸婆。」句子裡出現了送的東西——「一斗（桂花）」，這是我們前面說的「受或施的事物」，同時還有贈送的對象——「胡宅老爺爺」、「毛宅二嬸婆」，多數是指人的名詞性單位；另外我們在口語裡也常說類似：「我送（給）你一朵花。」或「我送一朵花給你。」這樣的話，句子裡也出現送的東西——「一朵花」（這是我們前面說的「受或施的事物」），和送的對象——「你」（這是贈送的對象）。口語除了「送」會出現這種句型之外，以「給」為動詞述語，也可能出現雙賓語的句式，像〈匆匆〉：「我不知道『他們給了我多少日子』。」裡的賓語「他們給了我多少日子」就是，賓語本身是主謂式造句結構，以「給」為述語，「我」（是給予的對象）、「多少日子」（是給予的事物本身）都是賓語；另外「借」、「還」、「寄」、「託（付）」以及含有這種語意的動詞也都可能出現這種句型。文言像：「託」、「獻」、「與」、「乞」、「藉」、「資」、「受」、「示」、「借」、「寓」、「假」、「委」、「報」、「賜」等等，它們擔任述語時，句子裡也都可能出現兩個賓語。請看下面的例子：

「天祥不顧歸附，『當賜之死』。」（〈文天祥從容就義〉）

「蓋追先帝之殊遇，欲『報之於陛下』也。」（〈出師表〉）

「夫『子房受書於圯上之老人』也，其事甚怪。」（〈留侯論〉）

「『南霽雲之乞救於賀蘭』也，賀蘭嫉巡、遠之聲威功績出己上，不肯出師救。」（〈張中丞傳後敘〉）

『』裡都是帶雙賓語的句子或結構，其中「賜」、「報」、「給」、「受」、「乞」是表示接受或施與語意的動詞，分別擔任句子或結構的述語，在它們的後頭也分別出現了表示受的「之」、「陛下」，表示施的「圯上之老人」、「賀蘭」等對象，另外還出現「死」、「之」、「書」、「救」等受或施的事物或內容。

由這兩類動詞擔任述語的敘事句，一般稱為雙賓語句。兩個賓語之中，表示告語的內容以及受或施的事物等，我們稱為賓語，《中國文法講話》稱為止詞，也有仿照英語文法稱為直接賓語的。告語時表示接受告語的一方與受或施時表示接受的一方（多數是指人的名詞性單位），我們稱為受事次賓語，《中國文法講話》稱為「受事補詞」，簡稱「受詞」，或用英語文法的說法，稱為間接賓語。一般述賓關係的敘事句（不含被動式，也不含致動、意動等用法的特殊述賓關係）可以從主語和賓語兩方面分別探討它們和述語動作之間的關係：主語往往是述語動作的主事者、發出者（如以感官動詞為述語，主語是感受者），是述語動作的起點；從賓語的角度來說，賓語是述語動作所涉及的人、事、物，往往是述語動作的承受者（感官動詞述語後的賓語是客體），是述語動作的終點。以這種方式來看雙賓語句的主語，如果把述語的動作方向看成向外的，那麼主語是述語動作的起點，受事次賓語是述語動作的終點，賓語是由起點傳給終點的「事物」或「訊息」；如果從受事次賓語的角度來說，主語是施的一方，需要付出，受事次賓語是「受」的一方，承受主語傳來的「事物」或「訊息」，是一種獲得，〈匆匆〉：「我不知道『他們給了我多少日子』。」裡，看「他們給了我多少日子」這個主謂式結構（在整個句子裡擔任賓語），「他們」是施的一方，是述語動作「給」的起點；「我」是受的一方，是「給」這個動作的終點。不過中文在表示告語關係時，有時候次賓語表示的是訊息的發出者（就是被問、被請教的一方），例如《論語．為政》：「孟孫問孝於我」，從「問」這個動作來說，孟孫是起點，「我」是終點，但從另一個角度來說，「孟孫」從「我」那兒得到了「什麼是孝」的解答，是受惠的一方，「我」是被問的人，告訴「孟孫」「什麼是孝」，就成了付出的一方了；同樣的在受或施時，次賓語也有可能表示施與的一方，從述語動作的方向來說，固然是述語動作的終點，但是從施與或接受的角度來說，次賓語需要付出，主語反而可以從次賓語那兒獲得「事物」或「訊息」，〈留侯論〉：「夫『子房受書於圯上之老人』也，其事甚怪。」裡的「子房受書於圯上老人」，「子房」固然是述語「受」的起點，但從施與或接受的角度來說，反而是「得」的一方，「圯上老人」雖然是述語「受」的終點，不過在施與或接受的角度來說，反而是要「付出」的一方。這種情形和前面所說的受事次賓語便有了顯著的不同，我們稱之為授事次賓語，早期呂叔湘先生稱為「反受詞」，《中國文法講話》則將這兩種次賓語一律稱為「受事補詞」和「受詞」。

二、不帶介詞的雙賓語句

從上面舉的一些例子，不難看出帶有受事次賓語的雙賓語句有的是不用介詞來介繫、引進的，像〈文天祥從容就義〉：「當賜之死」、《孝經．廣要道章》：「教民親愛」、「教民禮順」，受事次賓語緊接在述語之後，賓語出現在受事次賓語的後面，成為「主語＋述語＋受事次賓語＋賓語」的語序關係，這種語序是相當固定的，我們還找到一些例子：

「怡然敬父執，『問我來何方』。」（〈贈衛八處士〉）

「我」是受事次賓語，「來何方」是所問的話，是賓語；

「以著其義，以考其信，著有過，刑仁講讓，『示民有常』。」（《禮記．禮運》）

「民」是「示」的對象，為受事次賓語，「有常」是所示的內容，是賓語；

「此所謂『藉寇兵而齎盜糧』者也。」（〈諫逐客書〉）

「寇」、「盜」是「藉」、「齎」的對象，為受事次賓語，「兵」、「糧」是所「藉」、所「齎」的事物，是賓語；

「『許君焦、瑕』，朝濟而夕設版焉。」（〈燭之武退秦師〉）

「君」是「許」的對象，是受事次賓語，「焦、瑕」是所許的贈地，是賓語。

「『子噲不得與人燕』，……有仕於此，而子悅之，不告於王，而『私與之吾子之祿爵』。」（《孟子·公孫丑下》）

《孟子》這一章裡，前一個例子，「人」是「與」的對象，是受事次賓語，「燕」是所與的事物，是賓語；後一個例子，「之」是「與」的對象，是受事次賓語，「吾子之祿爵」是所與的事物，是賓語。

「『梓匠輪輿，能與人規矩』，不能使人巧。」（《孟子·盡心下》）

這也是從《孟子》裡選出來的例子，「人」是「與」的對象，是受事次賓語，「規矩」是所與的事物。《孟子》裡類似的例子還不少，像：

「由今之道，無變今之俗，雖『與之天下』，不能一朝居也。」（《孟子·告子下》）

「天子能薦人於天，不能使『天與之天下』；諸侯能薦人於天子，不能使『天子與之諸侯』；大夫能薦人於諸侯，不能使『諸侯與之大夫』。」（《孟子·萬章

上》）

這些都是文言雙賓語句不用介詞介繫受事次賓語的例子。

口語裡「借他十塊錢」這句話，在述語「借」和受事次賓語「他」之間不出現介詞，可以有兩種語意，分別是「借給他十塊錢」和「向他借十塊錢」，述語代表的動作行為，因為這兩種不同的語意而有了全然不同的兩個方向，表示「借給他十塊錢」語意的「借」，動作行為方向是「借出」，這時「他」和前面我們提到表示接受的對象的次賓語地位相當，我們可以稱為受事次賓語；表示「向他借十塊錢」語意的「借」，動作行為的方向是「借入」，述語後頭的「他」和受事次賓語正好相反，屬於我們前面提到的表示施的對象的次賓語一類，要看成授事次賓語。

三、帶介詞的雙賓語句

通常口語在有施受關係的動詞述語句裡，會以介詞「給」介繫受事次賓語（告語意義的雙賓語句往往不帶「給」）。帶「給」的介賓結構可以出現在賓語的後頭，以「主語＋述語＋賓語＋介詞（給）＋受事次賓語」的形式出現，我們前面提到的例子：「我送一朵花給你」就是這種句式，另外像「小明寄一封信給小華」也是，不過這個介賓結構也可以出現在述語之後、賓語之前，變成「主語＋述語＋介詞（給）＋受事次賓語＋賓語」，有的述語如果受事次賓語緊接著出現在它的後頭，介詞還可省略，成為「主語＋述語＋受事次賓語＋賓語」，例如上面「我送一朵花給你」那個句子，還可以說成「我送給你一朵花」（這是「主語＋述語＋介詞＋受事次賓語＋賓語」的語序，「送」、「給」分別成詞），或「我送你一朵花」（語句成分是「主語＋述語＋受事次賓語＋賓語」），不過有些雙賓語動詞，像「寄」就只能說「小明寄給小華一封信」，不可以省略成「小明寄小華一封信」（這部分參考〈直接賓語與間接賓語〉；收錄於學生書局出版的湯廷池先生《國語語法研究論集》中，讀者如有需要，請自行參考）。

文言表示告語意義的雙賓語句，我們從教科書裡找到一個用介詞「於」介繫受事次賓語的例子：

「操蛇之神聞之，懼其不已也，『告之於帝』。」（〈愚公移山〉）

表示受事的介賓結構「於帝」出現在賓語「之」之後。這和口語的習慣顯然不同，口語這一類的雙賓語句，通常不會出現介詞，像我們前面提到的：「老師教學生畫畫」，就不會說成：「老師教畫畫給學生」，同樣的，「我告訴媽媽一件事」，也不可能說成：「我告訴一件事給媽媽」。不過這種表示告語意義的動詞述語，後頭出現介詞「於」介繫受事對象，並不是只有〈愚公移山〉這個例子，像《論語・堯曰》第一章引《尚書・湯誓》：「予小子履，敢用玄牡，敢『昭告于皇皇后帝』」、《孟子・梁惠王下》：「『克告於君』，君為來見也」，就以介詞「於」（或「于」）來介繫表示受事的對象，只不過它並不是以雙賓語句出現罷了。

我們前面曾經提到表示告語意義的雙賓動詞，像「問」、「請教」等，有時候次賓語（就是被問、被請教的一方）反而需要付出，而主語可以從他那兒得到「訊息」，所以我們把它們稱作授事次賓語。這種語意的句子在文言裡都是表示授事的介賓結構出現在賓語之後，以「主語＋述語＋賓語＋介詞＋授事次賓語」的語序呈現。《論語・為政》：「孟孫問孝於我。」，又〈八佾〉「哀公問社於宰我。」都是這一類的例子。值得注意的是這一類的句子翻譯成白話時，要把表示授事的介賓結構提前在述語之前翻出來，而且介詞不能翻成「給」，要翻為「向」，所以上面的那兩個例子，要翻成「︹孟孫／哀公︺向︹我／宰我︺問︹孝／有關立社之事︺。」

至於表示受或施等關係的動詞，不論是受或是施的一方都可以用介詞「於」介繫。先看介詞「於」介繫受事次賓語的例子：

「故『天將降大任於是人』也，必先苦其心志……」（《孟子．告子下》）

「蓋追先帝之殊遇，『欲報之於陛下』也。」（〈出師表〉）

「某則以為受命於人主，議法度而修之於朝廷，以『授之於有司』，不為侵官。」（〈答司馬諫議書〉）

「降」、「報」、「授」分別擔任這三個例子的述語，在交接關係上表示主語是施的一方，介詞「於」分別介進的「是人」、「陛下」、「有司」是受的一方，是表示受事的對象，「大任」及另外的兩句「之」字是句子裡的賓語。

用介詞「於」介進授事次賓語正好跟上面的例子相反，主語是受的一方，授事次賓語反而是施的一方。前引〈答司馬諫議書〉的句子，我們選用的是「授之於有司」是主語施、次賓語受的例子，其實它前面的句子正好有主語受、次賓語施的例子：

「某則以為『受命於人主』，議法度而修之於朝廷，以授之於有司，不為侵官。」

（〈答司馬諫議書〉）

類似的例子像：

「夫『子房受書於圯上之老人』也，其事甚怪。」（〈留侯論〉）

「南霽雲之『乞救於賀蘭』也，賀蘭嫉巡、遠之聲威功績出己上，不肯出師救。」（〈張中丞傳後敘〉）

在《孟子・公孫丑下》裡有一段沈同問孟子可不可以攻打燕的對話，孟子回答的話裡有「子噲不得與人燕，『子之不得受燕於子噲』。……夫士也，亦無王命而『私受之於子』，則可乎？……。」『　』裡的句子也是這一類的例子；《左傳・僖公二年》記載晉向虞借道伐虢，有「假道於虞」、「得道於虞」等語句，介繫授事次賓語的也是介詞「於」。

這種表示主語受、次賓語施的句子，介詞「於」在口語裡要翻譯成「從」或「向」，而且要放在述語的前面，譯成：「從某人那兒得到」或「向某人借」，所以我們在比較晚期的書面語裡可以看到像下面的這種例子：

「予幼從先生受經。」（〈祭妹文〉）

這已經接近白話的語序了。

有時候這種表示主語受、次賓語施的句子，賓語可能省略，這時授事次賓語之前的介詞「於」，通常會出現，像下面這個例子就是：

「余幼時即嗜學。家貧，無從致書以觀，每『假借於藏書之家』。」（〈送東陽馬生序〉）

表示受事或授事的次賓語就為大家介紹到這裡，當然語意上含有雙賓語的句子，不只用我們在這一次介紹的句式表現，還有在賓語之前帶連詞「以」的（只在文言裡，出現的位置可以在受事次賓語之後，也可以出現在述語之前），或用「把」字把賓語提到述語之前（只出現在口語裡），不過這不是我們這一次討論的重點，只好留待以後有機會再談了。

誰習計會能「爲文」收責於薛者乎

介賓結構之二——表示關切對象的次賓語

主語的行為動作是為某一個人、為某一個特定對象而發時，在句子裡要用怎樣的句式表現？這是我們這一次要討論的主題。

一般來說，表現這種「主語為某人而做出某種行為、動作」語意的句子，句子裡是由一個介賓結構來擔負這個任務。我們把主語為他發出動作、行為的對象稱為主語關切的對象或服務的對象，表示這種主語關切或服務對象的介賓結構就稱為表示關切的介賓結構。只有敘事句是以主語發出的動作或行為作為謂語的中心，所以表示關切的介賓結構通常出現在敘事句裡。這種介賓結構裡的次賓語，可能因主語的動作行為而受益，大部分可以說是受益的對象；少數帶關切次賓語的例子，次賓語可能因主語的行為動作而蒙受不利，也有可能只是主語順著次賓語的意思去做某一件事（以上這兩種說法都見於《中國文法要略》）。不論屬於上面說的哪一種情形，這種介賓結構的次賓語往往是人。

表示關切的介賓結構所用的介詞比較固定，在口語裡常用「替」，或語意等於「替」的「給」（不是我們上次介紹的介繫表示受事次賓語的「給」），文言則多用「為」（「為」讀去聲），偶或用「代」字。

一、口語表示關切的介賓結構

前面提到口語裡介繫、引進關切次賓語的介詞用「替」、用「給」，在〈飲水思源〉裡，藍蔭鼎先生寫道：「老人在小溪旁架起了水車，替鄉人擣米，拿點小報酬維持生活。」請看其中「替鄉人擣米」這個句子：主語是承上的「老人」，述語是「擣」、「米」是賓語，「替鄉人」就是一個表示關切的介賓結構，「替」是介詞，「鄉人」是老人服務的對象，是表示關切的次賓語；〈觸發〉裡有「還要求我過上海時替你買些可看的書。」這句話是致使句繫遞式，表示關切的介賓結構「替你」出現在第二繫「我過上海時替你買些可看的書」裡。這兩個介賓結構的介詞都用「替」。另外朱自清的〈背影〉：「他給我揀定了靠車門的一張椅子，我將他給我做的紫毛大衣鋪好座位。」也有我們要的例子，先看「他給我揀定了靠車門的一張椅子」這個句子，主語是「他」，述語是「揀定」，賓語「靠車門的一張椅子」是個主從結構，「了」是表示完成貌的助詞，「給我」就是我們要的介賓結構，介詞「給」，介繫的關切對象是「我」；其次看「我將他給我做的紫毛大衣鋪好座位」這個句子，其中「他給我做的紫毛大衣」是個主從結構，結構裡「他給我做」是形容性加語（用「的」字和端語「紫毛大衣」連接起來，修飾端語），原是一個主謂式造句結構，「他」是主語，「做」是述語，「給我」是表示關切的介賓結構；〈觸發〉：「我已給你選定了好幾部書了。」的「給你」，也是表示關切的介賓結構，這幾個介賓結構介詞都用「給」。

口語裡用「給」來介繫、引進關切、服務的對象時，和我們前次介紹表示受事關係的次賓語所用的介詞一樣，要怎麼區別呢？一般情況，表示關切的介賓結構多數出現在述語之前，所以可以用排除法來判別：首先可以看「給」字介賓結構出現的位置，如果出現在述語（或述語和賓語）之後，那麼一定不是表示關切的介賓結構，而是表示受事關係的介賓結構。例如我們在前一次的文章裡提過〈故鄉的桂花雨〉：「送一斗給胡宅老爺爺，一斗給毛宅二嬸婆。」的例子，「給」字結構在述語和賓語「送一斗（桂花）」（第二句述語仍是「送」承前省略了）之後，「給」所介繫的就是受事次賓語，而不是關切次賓語；又如：「我送一朵花給你」、「小明寄一封信給小華」、「借給他十塊錢」等，「給你」、「給小華」、「給他」分別出現在「送一朵花」、「寄一封信」、「借」等的後頭，當然其中的次賓語也不是關切次賓語，而是受事次賓語；不過有的雙賓語動詞述語句表示受事次賓語的「給」字結構，可以出現在述語之前，也可以出現在述語之後，所以萬一「給」字結構出現在述語之前，就要看「給」字在句子裡是不是等於「替」的意思，如果「給」字的語意等於「替」，而述語又不是表示受、施語意的動詞（可以帶雙賓語的動詞有告語和受、施兩種語意的動詞，通常只有表示受、施語意這一類的動詞會用介詞「給」字），那麼「給」字結構裡的次賓語就是關切次賓語，像我們前面提到〈背影〉：「他給我揀定了靠車門的一張椅子，我將他給我做的紫毛大衣鋪好座位。」裡的「給我」以及〈觸發〉：「我已給你選定了好幾部書了。」的「給你」，因為「給」字結構出現在動詞述語之前，同時句子裡的述語「揀定」、「做」、「選定」等又都不是雙賓語動詞，而這些「給」的語意又等於「替」，所以可以確定這幾個介賓結構所帶的都是關切次賓語。比較麻煩的是：「給」字結構出現在述語之前，述語又是可帶雙賓語的動詞，「給」的語意等於「替」也可通，這時就要看整句的意思了，像我們前一回提到雙賓語句的例子：「小明寄一封信給小華」（「給」字結構在述賓之後），還可以把「給」字結構放在述語之前，說成「小明給小華寄一封信」（一般會在「寄」後加一助詞「了」字表示完成貌），「給」字不論當「給予」或當「替」講，意思都可通，這時就要看全句的意思了：如果全句的語意跟「小明寄一封信給小華」一樣，「小明」是寄信的人，也是寫信者，而「小華」則是收信人，那麼「給」字結構裡的次賓語依然是受事次賓語；如果全句的語意和「小明替小華寄一封信」一樣，「小明」雖是寄信的人，但不是寫信者，「小華」不是收信人，而是實際寫信的人，只是為了某種原因，由「小明」替他寄信，從句子裡看不出來信寄給了誰，這時「給」字結構裡的次賓語才是關切次賓語。

至於上面提到《中國文法要略》的說法：少數帶關切次賓語的例子，次賓語可能因主語的行為動作而蒙受不利，或只是主語順著次賓語的意思去做某一件事（《中國文法要略》稱「順某人之意而為之」），這兩種情形，在我們的教科書裡不容易找到例子，所以引用兩個《中國文法要略》上的例子供大家參考：

「你再這樣『給我』到處宣傳，我可不答應你。」

這是次賓語可能因主語的行為動作而蒙受不利的例子；又：

「快『給我』進來罷，外面風大得很。」

這個例子則是主語順次賓語的意思去做某一件事（在這裡因為是對話，所以主語

「你」省略了）。

二、文言表示關切的介賓結構

文言表示關切的介賓結構，介詞一般都用讀去聲的「為」，翻譯成白話相當於「替」的意思（讀去聲的「為」，還可以介繫表示原因或目的的介賓結構）。國中國文第六冊選錄《後漢書・獨行傳》張劭與范式的故事，提到張劭把和范式有約的事告訴母親，同時說范式是一個守信的人，於是張劭的母親說：「若然，當為爾醞酒。」我們要看「當為爾醞酒」這句話，因為是在對話裡，所以主語「我」省略了，述語是「醞」、賓語是「酒」，「當」是副語，「為爾」的「為」是介詞，「爾」是關切、服務的對象，就是表關切的介賓結構。這種例子很多，我們舉一些在下面（用『 』把介賓結構標示出來），先看次賓語是名詞的例子：

「當亦樂犧牲吾身與汝身之福利，『為天下人』謀永福也。」（〈與妻訣別書〉）

「神仙之說，所謂『為蛇』畫足。」（〈梅花嶺記〉）

「然尚恨有闕者，不『為許遠』立傳，又不載雷萬春事首尾。」（〈張中丞傳後敘〉）

「誰習計會能『為文』收責於薛者乎？」

「先生所『為文』市義者，乃今日見之。」（〈馮諼客孟嘗君〉）

再看次賓語是稱代詞的句子：

「故自汝歸後，雖『為汝』悲，實『為予』喜。」（〈祭妹文〉）

「他日婿歸，『為我』言……」（〈鳴機夜課圖記〉）

「竊以『為君』市義。」

「乃臣所以『為君』市義也……請『為君』復鑿二窟。」（〈馮諼客孟嘗君〉）

文言除了「為」常出現在表示關切的介賓結構裡，擔任介詞之外，還可以用「替」、用「代」來介繫關切次賓語，在〈木蘭詩〉裡我們看到一個用「替」為介詞的例子：「願為市鞍馬，從此『替爺』征。」這和現代口語所用的介詞「替」完全一樣，而次賓語是「爺」；至於用「代」為介詞的介賓結構，例子請參看下節。

三、關切次賓語的省略

表示關切的介賓結構，有時候其中的成分會省略，省略的往往是次賓語，介詞則不省，前面我們提到〈馮諼客孟嘗君〉：「誰習計會能『為文收責於薛』者乎？」的例子，在同一篇文章裡，有一個具有明顯對比的例子：「先生不羞，乃有意欲『為收責於薛』乎？」，請看這兩句裡分別用『　』括出來的文字，前句「為文收責於薛」與後句「為收責於薛」，其間的差別只在「為文」和「為」，它們都是表示關切的介賓結構，只是前句是一個完全的介賓結構，而後句僅出現介詞「為」。這種省略的情形不難從語境上找出關切的對象，像在這裡省略的是孟嘗君自稱之詞——「文」，可以看成第一身稱代，也可以用第一身稱代詞來補足。同樣省略第一身稱代詞的還有：

「汝來牀前，『為說稗官野史可喜可愕之事』。」（〈祭妹文〉）

也有省略的關切對象是第三身稱代詞的：

「公閱畢，即解貂覆生，『為掩戶』。」（〈左忠毅公軼事〉）

「江右王猷定、關中黃遵巖、粵東屈大均，『為作傳銘哀詞』。」（〈梅花嶺記〉）

前一節提到有用「代」字為介詞的關切次賓語結構，但是沒有舉例，因為在教科書裡找到用「代」介繫表示關切次賓語的例子，其中的成分有所省略，所以放在這裡介紹，作為本次討論的結束。例子見於〈祭妹文〉：「汝之女，吾已代嫁。」這個例子在分析時，敘事、表態兩可。從表態句的觀點來看：「汝之女」是主語，「吾已代嫁」是表語，表語本身是主謂結構；表語的主謂結構裡，「吾」是主語，「已」是副語，「嫁」是述語，「代」是介詞，有「替」的意思，它後面原有代替的對象；也就是關切次賓語——「汝」，所以原句當作「汝之女，吾已代汝嫁。」。要是分析為敘事句：「吾」是主語，「已」是副語，「嫁」是述語，「汝之女」是提前的賓語，「代」是介詞，它的後面省略了關切次賓語「汝」。「吾已代嫁」，在表態句和敘事句的分析上，看起來相同，不過請特別注意，它們在句子結構的層次上是有分別的。

秦伯說，「與鄭人」盟

介賓結構之三——表示交與關係的次賓語

敘事句的主語往往是述語所表示的行為或動作的主事者，也就是說：述語是由主語所操控的行為、動作。有的敘事句述語的行為動作是由主語獨立完成，像：「燕子去了」（〈匆匆〉）、「天子誅匈奴」（〈卜式輸財報國〉）、「父來室中」（〈習慣說〉）等等。但是有的敘事句除了主語之外還有一個和主語共同完成述語行為、動作的人物，這時候需要一個介賓結構來介繫、引進這個和主語共同完成行為、動作的人物，例如〈結善緣〉裡說：「畢竟，在茫茫人海中，一個人能『和其他數個或數十個來自不同家庭不同背景的人』同聚一座屋簷之下……」，句子裡「一個人」是主語，「其他數個或數十個來自不同家庭不同背景的人」便是和主語「同聚一座屋簷之下」的人，用介詞「和」來介繫、引進到句子裡；〈與妻訣別書〉說：「吾今以此書『與汝』永別矣！」、〈汗水的啟示〉裡提到：「那粒粒焦灼的汗水往下滴，『與子女的淚水』交溶在一起。」也都有一個和主語一起行動、共同完成述語動作的人或物，它們由介詞「與」介進到句子裡。我們稱這種介繫、引進和主語一起行動、和主語共同完成述語行為、動作的介賓結構為「表示交與關係」的介賓結構，結構裡與主語一起行動、和主語有共同行為、動作的人物則稱為「交與次賓語」；這種結構經常出現在主語和述語之間。

剛剛我們提到的例子，分別用介詞「和」、「與」來介繫表示交與的次賓語，現代口語裡除了用這兩個介詞之外，也有用「跟」介繫的例子；早期白話有用「同」介繫的。文言則多用「與」，也有用「共」介繫的；早期的文言有用「於」介繫交與次賓語的，而且都位於述語（或述賓）之後，這和現代漢語的語序有很大的不同。這些介詞裡的「和」、「跟」、「與」和連詞的「和」、「跟」、「與」容易混淆。所以下面我們將先從教科書裡找些帶有交與關係介賓結構的例子，再看看能不能從這些例子裡歸納出一些區別「和」、「跟」、「與」是介詞用法或連詞用法的規律。

一、介繫交與次賓語常用的介詞

(一)「和」

用「和」介繫交與次賓語，在口語裡非常普遍，我們在本文一開始舉了〈結善緣〉：「畢竟，在茫茫人海中，一個人能『和其他數個或數十個來自不同家庭、不同背景的人』同聚一座屋簷之下……」這個例子，其中主語和介賓結構之間有一個能願動詞擔任的副語；除這個例子之外，還有：

1.「行李太多了，得向腳夫行些小費才可過去，他便又忙著『和他們』講價錢。」（〈背影〉）

主語「他」和介賓結構之間的成分比較複雜，「便」、「又」、「忙著」都是副語。

2.「唯獨這一件『和我』拉上了情感的長線，被我一直珍藏著。」（〈破毛衣〉）

副語「唯獨」出現在句首，對整句做「僅只、唯獨」這種語意的範圍限制。

3.「我下定了決心一定要把它數清，於是『和海瀾』相約每人數一邊。」（〈盧溝橋的獅子〉）

「和海瀾相約每人數一邊」的主語是承上句的「我」，「於是」如果置於句首，可以看成連詞，連接前後兩個複句；如果把它放在主語「我」和介賓結構「和海瀾」之間，則是副語。

4.「可是她們永遠站在那裡，寸步不移，默默地『和自然的韻律起伏』互相呼應著。」（〈植物園就在你身邊〉）

我們要討論的是「默默地和自然的韻律起伏互相呼應著」這個小句，主語是承上的「她們」（指植物）；「默默地」是副語，表示主語的情態；「和自然的韻律起伏」是我們所要的介賓結構；「互相」是副語，「呼應」是述語，「著」是表示進行貌的助詞。

5.「其間三十多年，可說沒有一天『和鐵路』斷絕關係。」（〈詹天佑〉）

雖然沒出現主語，但是我們知道主語是「詹天佑」，它出現的位置應該在時間副語「其間三十多年」之後，而謂語式造句結構「可說沒有一天和鐵路斷絕關係」是表語；把表語謂語式造句結構再行分析，「說」是述語，「沒有一天和鐵路斷絕關係」是賓語，「可」是副語；「沒有一天和鐵路斷絕關係」這個賓語仍是一個謂語式造句結構，可以依文意在最前面補出主語「詹天佑」，成為主謂式造句結構：「詹天佑沒有一天和鐵路斷絕關係」，這樣結構裡的成分就可以看得很清楚：「沒有一天」是謂語式造句結構擔任副語，「和鐵路」當然是我們注意的焦點——表示交與關係的介賓結構，「斷絕」是述語，「關係」是賓語。

(二)「跟」

用「跟」介繫交與次賓語，在口語裡也很普遍，〈父親的信〉這篇文章裡出現了好幾個例子，我們把它們錄在下面：

6.「你們所談的就是你們『跟同學』交往的情形。」

7.「最有趣的是，你認識朋友越多，『跟人』交友越容易。」

8.「在學校裡你應該多認識幾位同學，多『跟他們』談話，多去了解他們。」

（〈父親的信〉）

例6斷語是由主從結構「你們跟同學交往的情形」擔任，不過這個主從結構裡的形容性加語「你們跟同學交往」才是我們要討論的重點，它是一個主謂式造句結構，結構裡「你們」是主語，「交往」是述語，「跟同學」就是表示交與的介賓結構；例7是個複句，第二分句「跟人交友越容易」，由謂語式造句結構「跟人交友」擔任主語（其實語意上是以「你跟人交友」為主語），我們要的是「跟人」這個介賓結構；例8是由三個具有補充關係的分句合成的，我們要看第二分句「多跟他們談話」，「談話」是述語，「跟他們」是交與的介賓結構，主語是承第一分句的「你」，省略了，「多」是副語。

不過，在口語裡介詞「跟」除了介繫交與次賓語之外，也可以介繫表示對象的次賓語（《中國文法講話》稱為「處所次賓語的引申應用」），〈楊桃樹〉就有一個例子：「謝什麼咧！還『跟阿公阿媽』客氣。」；介詞「跟」還可以介繫表示授事的次賓語，例如說：「我『跟他』借十塊錢。」至於「跟」在教科書裡還有動詞用法，表示「跟隨」

的意思，像：

9.「只有夜風還醒著，從竹林裡跑出來，跟著提燈的螢火蟲在美麗的夏夜裡愉快地旅行。」（〈夏夜〉）

10.「同治十一年，滿清政府選派各省聰穎子弟往各國留學，他被選中了，跟著留學監督到美國。」（〈詹天佑〉）

不論是動詞用法，或介繫對象次賓語、授事次賓語的用法，「跟」都不能用「和」、「與」去替換（不過〈楊桃樹〉那個例子，據說北平人也可以說成：「謝什麼咧！還『和阿公阿媽』客氣。」但是並不是省略的主語——兩個孫子——「和阿公阿媽」一起「客氣」，而是主語「對阿公阿媽」表示客氣）。

(三)「同」

用「同」來介繫交與次賓語，太田辰夫在《中國語歷史文法》曾舉了幾個例子，其中最早的一個是杜甫詩：「梅熟許『同朱老』喫，松高擬對阮生論」（〈絕句四首之一〉），之後的例子則見於元曲（讀者有需要可參看該書頁二五〇），因此比起「與」當交與次賓語的介詞的歷史來（「與」的例子請見下文），可以說是晚得多了，不過在臺灣地區的口語裡，好像少有用「同」介繫的例子（我們在前面例1至10的文章裡都沒有看到以「同」為介詞的例子），高中國文課本有從《紅樓夢》裡選錄出來的〈劉老老〉一課，剛好有一個「同」之後帶有表示完成貌助詞「了」（或看成完成貌詞尾）的例子，可以讓我們體會一下早期白話的風貌：

11.「鳳姐兒聽說，便回身『同了李紈、探春、鴛鴦、琥珀』，帶著端飯的人等，抄著近路，到了秋爽齋。」

(四)「與」

用「與」介繫表示交與關係的次賓語，除了我們在一開始舉的兩個例子：「吾今以此書『與汝』永別矣！」（這是文言的例子）、「那粒粒焦灼的汗水往下滴，『與子女的淚水』交溶在一起。」（這是白話的例子）之外，文言的例子我們可以看到：

12.「陳太丘『與友』期行。」（《世說新語・方正》）

13.「李郎宜『與一妹』復入京。」（〈虯髯客傳〉）

例12、13是兩個很難得的例子，為什麼？因為在文言帶有表示關切的介賓結構的句子裡，主語往往會承上文省略，這兩個例子主語就在當句出現，在我們的教科書裡還真不多見呢！以下就都是主語省略的例子（為了讀者閱讀上的方便，我們再把句子裡所承的上文主語用「•」標出來）：

14.「先帝在時，每『與臣』論此事，未嘗不歎息痛恨於桓、靈也。」（〈出師表〉）

15.「范式，少遊太學，為諸生，『與汝南張劭』為友。」（《後漢書·獨行傳》）

16.「其妻歸，……『與其妾』訕其良人，而相泣於中庭。」（《孟子·離婁下》）

17.「謝太傅寒雪日內集，『與兒女』講論文義。」（《世說新語·言語》）

18.「百年而後，予登嶺上，『與客』述忠烈遺言，無不淚下如雨，想見當日圍城光景。」（〈梅花嶺記〉）

19.「秦伯說，『與鄭人』盟。」（〈燭之武退秦師〉）

20.「遠寬厚長者，貌如其心。『與巡』同年生，月日後於巡。」（〈張中丞傳後敘〉）

接下來的三個例子，雖然從文中無法找出主語，但是從語意可以看出來：

21.「日『與其徒』上高山，入深林，窮迴溪。」（〈始得西山宴遊記〉）

22.「日月逝於上，體貌衰於下，忽然『與萬物』遷化，斯志士之大痛也！」（〈典論論文〉）

23.「先世避秦時亂，率妻子邑人來此絕境，不復出焉，遂『與外人』間隔。」（〈桃花源記〉）

例21的主語是作者自己；例22主語是泛指所有的人；例23主語自然是指居住在桃花源裡的人了。底下這幾個例子更複雜一點：

24. 「白沙在涅，『與之』俱黑。」〈勸學〉

25. 「東陽馬生君則，在太學已二年，流輩甚稱其賢。……『與之』論辯，言和而色怡。」〈送東陽馬生序〉

例24承上的主語是「白沙」，而交與次賓語為第三人稱稱代詞「之」，例25主語是作者，而交與次賓語也是第三人稱稱代詞「之」（我們把「之」所稱代的對象用「△」標出來）。

文言帶有這種介賓結構的句子，介詞次賓語可以省略，像：

26. 「素斂容而起，『與』語大悅，收其策而退。」〈虬髯客傳〉

27.「何時一尊酒，重『與』細論文？」(〈杜甫・春日憶李白〉)

例26主語是承上的「(楊)素」，介詞後面省略的次賓語是「李靖」；例27主語是作者自己，介詞後面省略的次賓語是「李白」。

白話文以「與」為這種結構的介詞，除了前面談到〈汗水的啟示〉那個例子以外，〈志摩日記〉裡也有一個例子：「再過幾年，也許西湖的秋雪竟『與蘇堤的斷橋』同成陳迹。」不過比起文言的例子來，就少多了。

(五)「共」

「共」介繫交與次賓語，出現的歷史恐怕也不會太早，在南齊時翻譯的佛教經典《百喻經．與兒期早行喻》這一則故事裡有：「明當共汝至彼聚落」，可能是早期的用例；晚一點大家比較熟悉的像李義山〈無題詩〉：「春心莫『共花』爭發，一寸相思一寸灰。」教科書的選文裡也有幾個例子，不過「共」的這種用法並未保存在現代口語裡，所以我們仍將它的使用範圍歸為文言，這幾個帶交與介賓結構的句子主語都省略了：

28.「老瓦盆邊笑呵呵，『共山僧野叟』閒吟和。」(〈關漢卿．四塊玉．閒適〉)

29.「即遊亦尚有幾許心中言，要汝知聞，『共汝』籌畫也。」(〈祭妹文〉)

30.「至夜分寒甚，母坐於牀，擁被覆雙足，解衣以胸溫兒背，『共銓』朗誦之。」(〈嗚機夜課圖記〉)

(六)「於」

早期的文言有用「於」介繫交與次賓語，但是在我們的教科書裡不容易找到這樣的用例，這兒借用《古漢語語法及其發展》引用《左傳》的一個例子，以及當年個人修習國文文法課時戴老師璉璋所舉的兩個例子，附在下面給大家參考：

31.「四年二月壬戌，為齊侵蔡，亦獲成『於楚』。」(《左傳．文公十七年》)

32.「王速出令，反其旄倪，止其重器；謀『於燕眾』，置君而後去之，則猶可及止也。」(《孟子．梁惠王下》)

33.「權，然後知輕重；度，然後知長短。物皆然，心為甚。王請度之。抑王興甲兵危士臣，構怨『於諸侯』，然後快於心與？」（《孟子．梁惠王上》）

本文在一開始雖然提到表示交與關係的介賓結構通常出現在敘事句裡，但是其他類型的句子並非就不可以帶有這種介賓結構，譬如〈與荷蘭守將書〉：「若有願留者，余亦保護之，與華人同。」裡的「『與華人』同」跟〈書付尾箕兩兒〉：「見一個好人，則思量我將來必定要與他一般。」裡的「『與他』一般」以及〈左忠毅公軼事〉：「余宗老塗山，左公甥也，與先君子善。」裡的「『與先君子』善」，這裡面的「同」、「一般」、「善」都是表語，所以這些表示交與的介賓結構都出現在表態句裡；〈田單復國〉：「惠王立，與樂毅有隙。」裡的「『與樂毅』有隙」，〈梅花嶺記〉：「吳中孫公兆奎，以起兵不克，執至白下。經略洪承疇與之有舊」裡的「經略洪承疇『與之』有舊」，〈秦士錄〉：「王上章薦諸天子，會承相與王有隙，格其事不下。」裡的「『與王』有隙」，〈與妻訣別書〉：「吾今與汝無言矣！」裡的「『與汝』無言」，表示交與的介賓結構都出現在有無句裡；〈始得西山宴遊記〉：「然後知是山之特出，不與培塿為類也。」的「不『與培塿』為類」則是在準判斷句裡出現這類的介賓結構；至於判斷句通常不出現「主語＋交與介賓結構＋（繫詞）＋斷語」的句式，因為判斷句繫詞之前的語句成分通常都要看成主語。

二、「和」、「跟」、「與」究竟是介詞或連詞

「和」、「跟」、「與」除了介詞用法以外，還有連詞用法，「和」、「跟」、「與」的連詞用法用為對等連詞，連接兩個名詞性單位成為並列結構，如果這樣的並列結構出現在主語位置上（尤其是結構裡的成分都是名詞時），就很容易和主語後帶有由「和」、「跟」、「與」介繫、表示交與的介賓結構混淆，因此我們在這裡想利用前面所舉的一些例子，看看能不能歸納出判別帶有「和」、「跟」、「與」的句子究竟是並列結構擔任主語，還是主語之後帶有介賓結構。

㈠當「{和/跟/與}＋名詞性單位＋謂語」時，「和」、「跟」、「與」後頭出現的名詞性單位是交與次賓語

帶有連詞「和」、「跟」、「與」的名詞性結構出現在謂語（這裡指的是廣義的謂語）前，是並列結構，像：

34.「『蝴蝶和蜜蜂』帶著花朵的蜜糖回家了。『羊隊和牛群』告別了田野回家了。」(〈夏夜〉)

35.「『我和孩子們』便眼巴巴地等候小鳥孵出來。」(〈第一次真好〉)

36.「近幾年來,『父親和我』都是東奔西走。」(〈背影〉)

37.「『廣播和電視』可以使人增廣見聞,獲得新知。……『懷疑與好奇』為科學之母。」(〈論讀書〉)

38.「『藥補與食補』是沒有發現運動之益以前的說法。」(〈運動最補〉)

這種名詞性單位的並列結構(我們在〈語的結構〉裡曾作過簡單的介紹),成分之間沒有主從的關係,成分前後位置多數可以互換,而不會影響原來的語意;結構之中的「和」、「跟」、「與」之類的連詞也可以刪除,中間改用頓號標開,語意還是不變;同時刪除並列結構之中的任何一個成分,仍然可以獨立成句,不過要注意的是:必須同時刪除謂語之中表示總括語意的副語，像例36的「都」；也就是說：並列結構擔任句子裡的主語時，要嘛「和」、「跟」、「與」連同它們前後的成分都要出現，要不然就是成分並列，而不出現連詞。如果只是其中的一個成分單獨出現，是不可以帶上「和」、「跟」、「與」的。換言之：「和」、「跟」、「與」直接帶上名詞性單位，那麼「和」、「跟」、「與」就不是連詞，而是介詞了。而「主語＋{和／跟／與}的介賓結構＋謂語」這樣的句式，主語是可以省略的。我們分別討論各個介詞時，舉了不少例子，其中除了例1、2、6、12、13擴以及〈與妻訣別書〉「吾今以此書與汝永別矣」之外，主語都省略了，看到主語不省的例子，我們反而覺得十分難得。因此我們可以得到下面這樣的一個規律：

{和／跟／與}＋名詞性單位＋謂語→表示交與的介賓結構＋謂語

(二)「(主語)＋副語＋{和／跟／與}＋名詞性單位＋謂語」時「和」、「跟」、「與」後頭出現的名詞性單位是交與次賓語

我們從前面例34到38可以看出來，那些並列結構之間沒有出現其他的修飾成分，也就是以連詞「和」、「跟」、「與」連接的並列結構裡，結構的第一成分和連詞「和」、「跟」、「與」之間是不能加上其他的修飾成分的，但是介詞「和」、「跟」、「與」帶上

交與次賓語的介賓結構，在結構之前可以出現副語（或其他的介賓結構），以便對句子的謂語起修飾、限制的作用。像例1、3、4、5、13、14、21、22、23、27等，在「和」、「跟」、「與」之前，出現：「便」、「又」、「忙著」、「於是」、「默默地」、「多」、「宜」、「每」、「日」、「忽然」、「遂」、「重」（以上多數是副詞副語，少部分由其他詞類活用為副語），或出現「沒有一天」（謂語式造句結構擔任副語），而〈與妻訣別書〉「吾今以此書與汝永別矣」則出現介賓結構「以此書」（這是表示憑藉的介賓結構），這些成分對謂語都有修飾、限制的作用。所以我們又可以得到下面的規律：

（主語）＋副語＋｛和／跟／與｝＋名詞性單位＋謂語↓（主語）＋副語＋表示交與的介賓結構＋謂語

上面歸納出來的是兩個比較具體的規則。在一般說話的時候，如果出現三個（或三個以上）名詞性單位並列，習慣上把連詞放在最後一個名詞性單位之前，用：「A、B、……｛和／跟／與｝N」式，因此遇到「A、B、……｛和／跟／與｝N」的時候，「和」、「跟」、「與」是連詞，如果遇到「A｛和／跟／與｝B、……N」，那麼「和」、「跟」、「與」通常是介詞；有時候還可以根據述語來判斷，如果述語是「約」、「期」、「戰」、「盟」、「獲成」、「謀」、「構怨」等一類的述語（或述賓結構），那麼出現在它們之前的「｛和／跟／與｝＋名詞性單位」多半是表示交與關係的介賓結構，像例12、19、31、32、33，如果不是這一類的述語，就不可能是介賓結構了，像例34、35。還有，文言裡用「與」介繫的交與次賓語可能是稱代詞「之」字，像例24、25，而並列結構裡的成分則少用第三人身稱代詞「之」的；文言的交與次賓語可能省略，像例26、27，但是並列結構裡的成分是不能省略的；這也可以作為判斷文言文出現「與」時，「與」是介詞或連詞的參考。另外，如果在判斷句繫詞之前出現：「名詞性單位＋{和／跟／與}名詞性單位」，「和」、「跟」、「與」通常不是介詞，而是連詞。至於口語裡出現「跟」字，則看看能不能用「和」、「與」替換，能用「和」、「與」替換的才是表示交與的介賓結構，否則可能是動詞或介繫其他次賓語的介詞了。

當時余心之悲，蓋不能「以寸管」形容之

介賓結構之四——表示憑藉關係的次賓語

敘事句所帶的介賓結構，有一種是介繫、引進主語賴以完成述語行為、動作的工具、方式或是依據的條件、標準等，這些工具、方式、條件、標準等可以說是主語完成述語動作的憑藉，我們稱這種介賓結構為表示憑藉關係的介賓結構。這種介賓結構的次賓語跟我們前幾次介紹的有顯著的不同：前幾次介紹的介賓結構，次賓語多數是「人」，所以有學者又稱之為表示對象的介賓結構，這一次要介紹的次賓語因為是主語「憑藉」它來完成述語動作，所以如果是工具——自然是比較具體，如果是「方式、條件、標準」等，相對的就比較抽象（這兩種情形佔這種介賓結構的多數），至於以「人」為這類介賓結構的介詞，就比較少了。

口語帶有這類介賓結構的句子，介賓結構通常出現在述語之前，文言則既可在述語之前，也可在述語之後。以下我們將分別介紹帶有這類介賓結構的例子，附帶也介紹一

下這類介賓結構的省略變化。

一、出現在述語之前表示憑藉的介賓結構

(一)文言的例子

表示憑藉關係的介賓結構使用的介詞，「以」和「用」佔了多數，因為文言和口語都用它們為介詞，文言還有用「因」、用「借」作為介詞的。文言帶有這種介賓結構的句子翻成白話時，介詞除了翻譯為「用」、「利用」以外，根據文意有時候還可以翻譯為「靠著」、「按照」、「依照」或是「依……而論」。我們先看文言介賓結構出現在述語之前的例子（例句裡我們用「•」標示介詞、「○」標示次賓語、「△」標示述語、述賓結構或述補結構；我們引用例句時儘量找帶有憑藉介賓結構的單句。不過，有時候為了顧及文意的完整，不得不把前後有關的句子也引出來；或者我們需要的可能只是句子裡帶有憑藉介賓結構的某一個成分，這時我們把需要的部分——分句或是語——用『』括出來）：

1.「當時余心之悲，蓋不能以寸管形容之。」（〈與妻訣別書〉）

2.「當韓之亡、秦之方盛也，以刀鋸鼎鑊待天下之士。」（〈留侯論〉）

3.「是猶『以管窺天』，『以蠡測海』，其被囿也亦巨矣。」（〈臺灣通史序〉）

4.「公辨其聲，而目不可開，『乃奮臂以指撥眥』，目光如炬。」（〈左忠毅公軼事〉）

5.「家人自東堂舁出二十牀，『各以錦繡帊覆之』。」（〈虬髯客傳〉）

6.「安平之戰，田單宗人以鐵籠得全。」（〈田單復國〉）

例1到例6都是以「以」為介詞：

例1在句型分析上是敘事表態兩可的句子，從敘事句的觀點來說，這句話的主語

——作者林覺民自稱，因為是書信，所以省略了，述語「形容」，賓語有兩個，一個是稱代詞「之」，出現在述語之後，是本位賓語，「余心之悲」是真正的賓語，從形式看，出現在句子的外面，稱為外位賓語，「蓋」、「不」、「能」都是副語，次賓語「寸管」是主語用來「形容」「余心之悲」的工具；如果以表態句的觀點來分析，那麼「余心之悲」是主語，「蓋不能以寸管形容之」是表語，是謂語式造句結構，結構裡的成分分析和前面視為敘事句的分析方式一樣：「蓋」、「不」、「能」是副語，「形容」是述語，「之」是賓語，「以寸管」是表示憑藉的介賓結構。兩者在層次上有別：看成敘事句，「蓋不能以寸管形容之」是直接在句子的第一個層次上進行分析；如果看成表態句，那麼「蓋不能以寸管形容之」第一層次先分析為表語，到了第二個層次時才細分造句結構裡的成分。

例2「當韓之亡、秦之方盛也」是表示時間的介賓結構（我們將在後文介紹），對整句做時間背景的說明，在本句裡看不出主語是誰，不過從前後文可以得知是「秦」，「待」是述語，「天下之士」是賓語，「以刀鋸鼎鑊」正是表示憑藉的介賓結構。

例3是一個複句（複句之間是補充關係），第一分句「是猶以管窺天，以蠡測海」，是準判斷句，主語「是」，準繫詞「猶」，「以管窺天，以蠡測海」是斷語，斷語才是我們要說明的重點：它是由兩個謂語式造句結構合成的複合式造句結構，兩個謂語式造句結構的結構相同，都是「表憑藉的介賓結構（『以管』、『以蠡』）＋述語（『窺』、『測』）＋賓語（『天』、『海』）」。

例4的主語是承上的「公」，句子的結構是「副語（『乃』、『奮臂』，『奮臂』是謂語式造句結構）＋憑藉介賓結構（『以指』）＋述語（『撥』）＋賓語（『眥』）」。

例5也是一個複句，我們用來說明的是「各以錦繡帕覆之」這一分句，這是敘事、表態兩可的句子，以表態句觀點，主語承前句的「二十牀」，表語「各以錦繡帕覆之」是謂語式造句結構，這個造句結構的分析是：「副語（『各』）＋表憑藉的介賓結構（『以錦繡帕』）＋述語（『覆』）＋賓語（『之』）」。如果看成主語是承上的「家人」，則成敘事句。

例6「安平之戰」是表示時間的副語，主語是「田單宗人」，「得」是述語，「全」是賓語，表憑藉的介賓結構「以鐵籠」就要翻譯成「靠著鐵籠」或「利用鐵籠」。

目前中學國文教科書上的文言文裡，沒找到以「用」為介詞、介繫表示憑藉工具的次賓語，我們只好借用其他的例子來說明，《古漢語語法及其發展》在介紹這一類介賓結構時，舉了《左傳．昭公二十年》的一個例子：「齊氏『用戈』擊公孟。」，就是非常典型的例子，「齊氏」是主語，「擊」是述語，「公孟」是賓語，「用戈」便介繫了所憑藉的工具；《中國語法講話》引用大家都不陌生的《浮生六記》的資料，沈復在

〈閒情記趣〉裡寫到芸娘：「覓螳螂、蟬、蝶之屬，以針刺死，用細絲扣蟲項，繫花草間。」請看其中「以針刺死，用細絲扣蟲項」這兩個句子，它們的主語當然是芸娘，都沒出現，第一句「刺」是述語「死」是補足語，第二句述語是「扣」，「蟲項」是表示處所的次賓語，「以針」、「用細絲」都是表示憑藉工具的介賓結構，一個用「以」介繫、一個以「用」為介詞，不過我們要聲明的是：這裡只借用這些例句來作這種介賓結構的說明，並不鼓勵這樣的行為，因為這有違動物的保育，當然這是題外話了。

以上這些例子，主語所憑藉的都是工具，相當具體。下面例7到例13，介賓結構裡的次賓語是完成述語動作的一種方式或方法，和前六個例子的工具比較起來，顯得有些抽象（以下除了特殊句式以外，有關句子的成分分析將從略）：

7. 「『以亂易整』，不武。」（〈燭之武退秦師〉）

8. 「鄧弼……能以力雄人。」（〈秦士錄〉）

9. 「以君之力，曾不能損魁父之丘。」（〈愚公移山〉）

10. 「子房不忍忿忿之心，『以匹夫之力而逞於一擊之間』。」（〈留侯論〉）

11. 「『汝以事宋者事我』，我即以汝為中書宰相。」（〈文天祥從容就義〉）

12. 「執事若知不敵，獻城降，則『余當以誠意相待』。」（〈與荷蘭守將書〉）

13. 「『孝公用商鞅之法，移風易俗』，民以殷盛，國以富強；『惠王用張儀之計，拔三川之地，西并巴蜀，北收上郡，南取漢中』……」（〈諫逐客書〉）

剛才提到有用「因」作為表憑藉的介詞，請看下面的例子：

14. 「然後踐華為城，『因河為池』。」（〈過秦論〉）

15. 「為政不因先王之道，可謂智乎魚」（《孟子・離婁上》）

16. 「商賈……因其富厚交通王侯。」（〈論貴粟疏〉）

17.「靖之友劉文靜者，與之狎，『因文靜見之』，可也。」（〈虬髯客傳〉）

例14的介詞「因」是「用」的意思；例15、例16的「因」則要翻譯成「靠著」或「憑藉」比較好；例17是表憑藉的介賓結構比較少見的例子，次賓語是人——「文靜」（如果從次賓語的具體或抽象程度而言，指人的名詞應該是相當具體，不過在這兒是指利用「文靜的關係或引見」，是述語「見」的一種方式，就比較抽象）。以上幾個例子，在介賓結構和述語之間或出現副語（例9、12、13），或出現連詞「而」（例10）。

至於用「借」作為表憑藉的介詞，目前國文教科書裡有一個例子，也把它錄在這裡供大家參考，值得注意的是在介賓結構和述語之間有連詞「以」字：

18.「此即所謂口技，『特借之以售其術耳』。」（〈口技〉）

如果介賓結構裡的次賓語是主語所依據、用來完成述語動作的「條件」或「標準」，比起前面的情形來，感覺上就更抽象了，像例19、20：

19.「有明一代以制藝取士。」(〈天工開物卷跋〉)

20.「滿清末造，革命黨人……以堅毅不撓之精神與民賊相搏。」(〈黃花岡烈士事略序〉)

例20介賓結構之後出現表示交與的介賓結構、副語，才出現述語。

(二)口語的例子

口語表示憑藉關係的介賓結構，主要也是以「以」和「用」為介詞，有些具有「憑藉」、「依靠」、「利用」等語意的動詞，如果帶有名詞性單位出現在敘事句裡，不是句子裡的謂語中心，不擔任述語，就可能虛化為表示憑藉關係的介賓結構。口語這類的介賓結構大多出現在述語之前。以下的例子，我們也按照工具、方式或方法、條件或標準等由具體到抽象的情形舉幾個例子：

21.「我跪著哭，『用手擦眼睛』。」

22.「聽說眼翳『可以用舌頭舔去』……『真用舌頭舔我的病眼』。」(〈母親的教

誨〉〉

23. 「有字的書是『用眼看』、『用口讀』；沒字的書，卻得『用心來看』、『用力來讀』。」〈沒字的書〉〉

24. 「看『它們，如何用根鬚去抓緊泥土』，『如何用青翠去染綠山野』。」〈〈溪頭的竹子〉〉

25. 「不知道剛才是：『那個小學生用它來買車票』？『那個情人用它來卜卦』？『那個工人用污黑的手指捏它換油條』？」〈〈一枚銅幣〉〉

26. 「『甚至用一根筷子往地下一扎』，拔起來便是一線清泉。」〈〈品泉〉〉

27. 「她終日用極細的頭腦做著極笨重的工作。」〈〈居里夫人小傳〉〉

28. 「於是這位牛醫王大夫走近牀前，『用醫牛的法子給差不多先生治病』。」

(〈差不多先生傳〉)

29.「『藉著它，人們得以擴大生活的範圍』；『藉著它，人們緊緊地握起手來』。」(〈路〉)

31.「他教訓兒子，不是『借此出氣』叫別人聽的。」(〈母親的教誨〉)

31.「這裡的竹子是『以占領者的姿態去盤踞著山頭』。」(〈溪頭的竹子〉)

例21到26所憑藉的都是具體的工具，例27到例31憑藉的或是方式、方法(27、28、29、30)，或是一種條件(31)。

二、出現在述語之後表示憑藉的介賓結構

表示憑藉關係的介賓結構出現在述語之後的，多數是文言的例子，像：

32.「又留蚊於素帳中，『徐噴以煙』，使之沖煙飛鳴。」（〈兒時記趣〉）

33.「其左無壁，『覆之以苫』。」（〈先母鄒孺人靈表〉）

34.「生，『事之以禮』，死，『葬之以禮』，『祭之以禮』。」（《論語・為政》）

35.「新招佃地人，必須待之以禮。」（〈寄弟墨書〉）

36.「自其家少微時，『治其家以簡約』。」（〈瀧岡阡表〉）

37.「雖『董之以嚴刑』，『震之以威怒』，終苟免而不懷仁，貌恭而不心服。」（〈諫太宗十思疏〉）

38.「『接下以恩』，多所顧念。」（〈先母鄒孺人靈表〉）

例35在分析時和例1一樣，也是敘事表態兩可的句子。

白話文表示憑藉的介賓結構通常不出現在述語之後，下面這個例子，可能是受文言的影響：

39.「他經常對人樸拙得像不說話，但遇著該發言的時候，卻又辯才無礙，『間或點綴以輕微的詼諧』。」（〈孔子的人格〉）

三、表示憑藉的介賓結構的變化與省略

(一)介賓結構語序的變化

介賓結構一般的語序是：「介詞＋次賓語」；表示憑藉的介賓結構語序改變，或是其中的成分省略的頗為多見，所以我們可以看到下列這種結構成分位置改變的情形：

40.「不敬，『何以別乎』？」（《論語．為政》）

41.「爾他日何以報爾母？」

42.「然則何以解憂？」（〈鳴機夜課圖記〉）

43.「予一以貫之。」（《論語·衛靈公》）

這些介賓結構都成了：「次賓語＋介詞」的語序，從這些例子我們可以看出：例40到例42是以疑問稱代詞「何」為次賓語，例43的次賓語是數詞「一」，也就是說：如果介賓結構裡的介詞次賓語是疑問稱代詞或數詞，次賓語往往置於介詞之前。事實上，這並不是表示憑藉的介賓結構特有的語序變化，而是古漢語的一種通例。

㈡介賓結構的省略

介賓結構的組成是「介詞＋次賓語」，其中某一個成分省略的也不在少數，如果省略了次賓語，就成為像下面的這種情形：

44.「取於有餘，『以供上用』。」（〈論貴粟疏〉）

45.「農夫……皆苦其心，勤其力，耕種收穫，『以養天下之人』。」（〈寄弟墨書〉）

這兩個例子的「以」事實上都是「以之」省略而成（這兩例裡的「之」字稱代的是前文所提到的「取於有餘」的「所得」和「耕種收穫」的「所得」）。

如果表示憑藉的介賓結構省略了介詞，那麼便成了這種的情形：

46.「『左有一童子手舉寶劍』；『右有一童子手執麈尾。』」（〈空城計〉）

47.「市門石鼓，十人舁，弗能舉，『兩手持之行』。」（〈秦士錄〉）

48.「叩石墾壤，『箕畚運於渤海之尾』。」（〈愚公移山〉）

上面的句子，大家是否不太陌生？我們在介紹名詞的活用時，曾提到名詞活用為副語，有一種名詞副語，就是對述語在使用工具或方法上作修飾（請參考〈我的機車很「法拉利」〉一文），當時我們並未詳加討論，其實在語法分析上，像這種情形，可以看成名詞活用為副語，也可以看成表示憑藉的介賓結構省略介詞。所以在從事語句的分析時，把例46裡的「手」、例47的「兩手」、例48的「箕畚」看成副語或憑藉次賓語都可以。不過如果是表示憑藉的介賓結構出現在述語之後而省略了介詞的話，就不能把次賓語當成副語（注意：副語是不能出現在述語的後頭的！），目前教科書上雖然不容易找到這樣的例子，不過我們日常用語裡倒有這樣的句子，當我們說一個人不論是生理上或心理上無法救治，我們會說「不可救藥」，「不可救藥」就是「不可救以藥」的省略，你也可以說成「不可以藥救」，奇怪的是少有人把「不可以藥救」省略成「不可藥救」。「不可藥救」？句式是否似曾相識？對了！它和「不可理喻」同一句式，「不可理喻」是「不可以理喻」的省略，當然也可以說成「不可喻以理」，只不過「不可喻以理」也少有人省略說成「不可喻理」，這大概只能說是習慣吧！

太陽「從山巔」昇起，展開「在無涯際的海面」

介賓結構之五——表示處所的次賓語

「太陽從山巔昇起，展開在無涯際的海面」，是王志健先生〈一隻白鳥〉這首詩裡的句子，不過請大家別誤會，今天不是要討論新詩，也不是要研究王先生的作品，我們只不過借用這兩個句子來說明這一次我們討論的主題。因為其中的第一句「太陽從山巔昇起」，有一個表示述語「昇起」動作的「出發點」，那就是「山巔」，第二句「展開在無涯際的海面」，則帶一個表示述語「展開」的「場所」——「無涯際的海面」。這便是我們本次要討論的主題。

敘事句對述語的行為、動作有時候有必要說明它在哪裡發生，常見的便是由介詞介繫、引進一個與處所有關的名詞或名詞性單位來說明，我們稱這個由介詞加上一個名詞或名詞性單位組成的結構為「表示處所的介賓結構」。這種介賓結構可以出現在述語之前，也可以出現在述語之後。有時候一個句子所描述的事件（可以是敘事句以外的句型），需要作處所的背景說明，就也可能由一個介賓結構來擔當這個任務，這時候這個介賓結構便常出現在句首。我們今天所要介紹的以出現在句中（或句末）的介賓結構為主，暫不談出現在句首的介賓結構。

一、表示行爲、動作「在何處」發生的介賓結構

表示處所的介賓結構，最常見的是用來說明行為、動作發生的地點，只是單純的表示行為、動作「在何處」發生。行為、動作與處所之間只有簡單的靜止關係，白話多用「在」，文言則多用「於」（或作「于」）、間或用「乎」來介繫。

㈠白話文的例子

我們要先看白話的例子：

1.「詹先生在美國留學十九年。」（〈詹天佑〉）

2.「十九歲就在外面飄流。」（〈失根的蘭花〉）

例1介賓結構「在美國」單純地說明「詹先生」（主語）「留學」（述語）的地點（「十九年」是表示時間的數量補足語）；例2「在外面」概括地表示主語（「我」——作者自稱，省略）「飄流」（述語）的場所。例1例2的介賓結構都出現在述語之前，都是「介詞（在）＋名詞」的介賓結構。

3.「我不知道為什麼總覺得『這些花不該出現在這裡』。」（〈失根的蘭花〉）

4.「太陽從山巔昇起，『展開在無涯際的海面』。」（〈一隻白鳥〉）

例3雖是單句，但我們要的是賓語「為什麼總覺得這些花不該出現在這裡」（謂語式造句結構）裡的賓語「這些花不該出現在這裡」（主謂式造句結構），「在這裡」說明「這些花」（主語）「出現」（述語）的地方；例4是個複句，第二分句「展開在無涯際的海面」是我們這裡要的例子，「在無涯際的海面」是主語「太陽」（省略了）「展開」（述語，應該是用來表示「照耀」、「普照」的語意）的場所。例3例4兩個介賓結構出現在述語之後，「在這裡」是「介詞（在）＋名詞」的介賓結構，「在無涯際的海面」是

「介詞（在）＋名詞性單位（「無涯際的海面」，主從結構）」的介賓結構。

表示處所的介賓結構，有時候介詞次賓語並不一定是一個很具體的地點，像：

5.「全年，整個村莊都沈浸在桂花香中。」（〈故鄉的桂花雨〉）

6.「讓我們更堅定不移，『在北風裡站得更穩』。」（〈只要我們有根〉）

例5用「在桂花香中」表示主語「整個村莊」「沈浸」（述語）的一種空氣、氣氛，表面上看起來不像前幾個例子，表示一個具體的處所或地點，實際上它是表示一個範圍，一個較為抽象的範圍，我們也把它歸為表示處所的介賓結構；例6請看第二分句：「在北風裡站得更穩」，主語是「我們」，述語是「站」，「得」、「更穩」是補足語（也可把「站得」看成是帶詞尾的衍聲複詞，擔任述語，「更穩」是補足語），「在北風裡」可以表示「在吹北風的時候」（這成了表示時間的介賓結構，我們將在後文介紹），也可以表示「在吹北風的地方」（這是表示處所的介賓結構），如果用它的引申義，表示「在惡劣的環境裡」，也是表示處所的介賓結構。在白話文裡經常會遇到例5、例6這種情形，我們在判斷介賓結構的種類時要多加留意。

白話文雖然多用「在」介繫、引進這一小類的處所次賓語，不過我們也看到一個用「於」介繫的例子：

7.「民國八年一月，參加歐戰的協約各國因俄國內亂不已，有共同管理俄國東方鐵路的提議，『開會於哈爾濱及海蔘威』。」（詹天佑）

請看例7「開會於哈爾濱及海蔘威」這個分句，主語是承前的「參加歐戰的協約各國」，「開會」是述語，介詞用「於」，「哈爾濱及海蔘威」是並列結構，擔任處所次賓語。

(二)文言的例子

文言表示行為、動作「在哪裡」發生的介賓結構，介詞用「於」，或作「于」，也有用「乎」的。帶介詞「於」的介賓結構，或出現在述語之前，或出現在述語（或述賓結構）之後：

8.「與其妾訕其良人，而『相泣於中庭』。」（《孟子・離婁下》）

9.「懷民亦未寢，『相與步於中庭』。」（〈記承天寺夜遊〉）

10.「卜吉于瀧岡之六十年，『其子修乃克表於其阡』。」（〈瀧岡阡表〉）

11.「徒然食息於天地之間。」（〈勸訓〉）

12.「『汝生於浙』，而『葬於斯』。」（〈祭妹文〉）

13.「果見『孔明坐於城樓之上』。」（〈空城計〉）

例8到例13述語後都不帶賓語，出現在述語之後的都是帶介詞「於」，表示處所的介賓結構；例14到16述語後都帶賓語，帶「於」的介賓結構出現在述賓結構之後：

14.「食，『必祭先祖於庭』。」（〈田單復國〉）

15.「乾隆丁亥冬，葬三妹素文於上元之羊山。」（〈祭妹文〉）

16.「又留蚊於素帳中。」（〈兒時記趣〉）

下面17、18兩個例子「於」字處所介賓結構出現在述語之前，如果處所介賓結構出現在述語前，介賓結構和述語之間可以插入副語或其他介賓結構，副語、述語之間還可以有連詞連接，像例18在「於城上敵樓前」和「坐」之間，有副語「憑欄」和連詞「而」：

17.「又常於土石凹凸處、花臺小草叢雜處，蹲其身。」（〈兒時記趣〉）

18.「孔明……於城上敵樓前憑欄而坐。」（〈空城計〉）

至於「于」和「乎」所介繫的處所次賓語一般都出現在述語（或述賓）之後，像例19到例23（例21的「滿」是「充滿」的意思，所以是述語）：

19.「『卜吉于瀧岡』之六十年，其子修乃克表於其阡。」

20.「乃列其世譜，『刻于碑』。」（〈瀧岡阡表〉）

21.「秋氣滿于窗戶。」（〈蒼霞精舍後軒記〉）

22.「君子之學也，入乎耳，『箸乎心』。」（〈勸學〉）

23.「相與枕藉乎舟中。」（〈赤壁賦〉）

二、表示動作、行爲和處所之間非靜止關係的介賓結構

有些處所介賓結構和動作、行為之間的關係，不是只說明「在何處發生」的靜止狀態，而是動態的，例如：動作、行為「從哪裡」發生？行動的時候「向著哪裡」？「經由哪裡」？最後「到達哪裡」？等種種關係，這樣，動作、行為和處所之間就不是一種靜止的關係，介賓結構便具有為動作、行為移動的起點、趨向、終點等作說明的作用。

(一)表示動作、行為「從何處」發生的介賓結構

動作、行為「從何處」發生，是說明動作、行為的起點，也就是動作、行為的出發

點，容易辨識的是以「自」、「從」、「由」等為介詞的介賓結構，先看介詞「自」的例子：

24.「蒼然暮色自遠而至。」（〈始得西山宴遊記〉）

25.「家人自東堂舁出二十牀。」（〈虬髯客傳〉）

26.「越明年，貧者自南海還。」（〈為學一首示子姪〉）

例24到26帶「自」的介賓結構都出現在述語之前，例24在介賓結構和述語之間有連詞「而」。不過帶「自」的處所介賓結構也有出現在述語（或述賓）之後的，像《左傳》就常說「某人至自某地」（如：「公至自唐」（《桓公二年》），《左傳》「至自」連用、後接處所名詞或名詞性單位的有一百二十二例）。

介詞「從」介繫處所次賓語的介賓結構都出現在述語前，例27到33是文言的例子：

27.「便舍船，『從口入』。」（〈桃花源記〉）

28.「『有人從長安來』……不聞『從日邊來』。」（《世說新語・夙惠》）

29.「『即從巴峽穿巫峽』，便下襄陽向洛陽。」（〈聞官軍收河南河北〉）

30.「汝從東廂扶案出。」

31.「不記『語從何起』。」

32.「教從何處呼汝耶？」（〈祭妹文〉）

33.「經略從北來。」（〈梅花嶺記〉）

例30介賓結構和述語之間有副語「扶案」，例32是致使句遞繫式，兼語為第一人稱稱代詞，省略。例34、35、36是白話的例子：

34.「八千多日子已經從我手中溜去。」（〈匆匆〉）

35.「一隻白鳥從金色陽光下走過。」

36.「『太陽從山巔昇起』，展開在無涯際的海面。」（〈一隻白鳥〉）

根據《古漢語語法及其發展》的說法，用「由」作為介繫動作起點的介詞，在古籍中就開始使用，雖然使用得不是很普遍，不過一直沿用到現在，下面我們羅列了四個例子供大家參考：例37、38是從《孟子・告子》找到的例子，例39借用《中國文法講話》裡引用的〈觀巴黎油畫院記〉的一句話，例40是從目前國中國文教科書中找到的白話用例（例40是致使句遞繫式，我們要的介賓結構出現在第二繫裡）：

37.「仁義禮智，非『由外鑠我』也，我固有之也。」（《孟子・告子上》）

38.「他日『由鄒之任』，見季子；『由平路之齊』，不見儲子。」（《孟子・告子下》）

39.「由屋頂放光入室。」（〈觀巴黎油畫院記〉）

40.「讓明透的思維與情緒，自然地由心湖中升起。」（〈品泉〉）

例38「由鄒之任」的「任」和「由平路之齊」的「齊」也是處所次賓語，表示到達的地點。

當介詞「於」、「乎」、「在」後頭接上表示處所的名詞或名詞性單位，而有「從」、「自」等意思時，也是表示動作起點的介賓結構：

41.「『舜發於畎畝之中』，『傅說舉於版築之間』，『膠鬲舉於魚鹽之中』，『管夷吾舉於士』，『孫叔敖舉於海』，『百里奚舉於市』。」（《孟子・告子下》）

42.「『學惡乎始』？惡乎終？其數則『始乎誦經』，終乎讀禮；其義則『始乎為士』，終乎為聖人。」

43.「小人之學也，入乎耳，『出乎口』。」（〈勸學〉）

44.「我在人叢中走了出來。」（〈哀思〉）

例42「學惡乎始」，處所次賓語是疑問稱代詞，可以放在介詞之前，這是介賓結構裡常見的語序變化。

(二)表示動作、行為、事件等發生時「{向／對}著某處」的介賓結構

這一小類處所介賓結構表示動作、行為發生時「{向／對}著某處」，也就是表示行動趨向、朝向某個地點，介詞一般用「向」（古或作「鄉」或作「嚮」，白話或作「朝向」）、「望」、「往」、「面」：

45.「田單乃起，引還，『東鄉坐』，師事之。」（〈田單復國〉）

46.「車子飛快地『朝向西南的方向』走去。」（〈盧溝橋的獅子〉）

47.「『他……微微向上傾斜』，在藍空划行；一瞬間翻出雲端，『向遠天逸去。』」（〈一隻白鳥〉）

48.「一陣風吹來，『把它吹向你』；又一陣風吹來，『把它吹向了別處』。」

（〈智慧的累積〉）

例45到48是帶介詞「向」（或「朝向」）的介賓結構，前三個例子介賓結構都在述語之前，例45處所次賓語是方位名詞，古漢語習慣出現在介詞前；例48兩個帶處所介賓結構的句子都是處置式（或稱「把字句」，用「把」把賓語提到述語之前）介賓結構出現在述語之後，其中後面的例子在介詞「向」和次賓語「別處」之間有一個表示過去或完成貌的時態助詞「了」。

例49、50、51是三個從《三國演義》裡選錄出來（國中國文教科書篇名為〈空城計〉）、用介詞「望」介繫處所次賓語的例子：

49.「忽然十餘次飛馬報到，說『司馬懿引大軍十五萬望西城蜂擁而來』。」

50.「魏兵分兩路，『望西城縣殺來』。」

51.「懿看畢，大笑，教後軍作前軍，前軍作後軍，『望北山路而退』。」（〈空城計〉）

例52的介詞用「往」：

52.「『甚至用一根筷子往地下一扎』，拔起來便是一線清泉。」〈品泉〉

例53以「面」為介詞介繫處所次賓語，在現代口語裡是比較少見的：

53.「他踱來踱去，選定了一個適當地方，『面海而佇立』。」〈一隻白鳥〉

我們也看到一個用「當」（對著）作介詞的例子：

54.「木蘭當戶織。」〈木蘭詩〉

(三)表示動作、行為、事件「經由何處」的介賓結構

這種表示動作、行為「經由何處」的介賓結構，有時也可以有「順／沿著某處」的語意。目前國文教科書裡我們看到有用「緣」、用「順」、用「沿著」介繫處所次賓語的例子：

55.「晉太元中，武陵人，捕魚為業，『緣溪行』。」（〈桃花源記〉）

56.「遂命僕過湘江，『緣染溪』，斫榛莽，焚茅茷，窮山之高而止。」（〈始得西山宴遊記〉）

57.「方其破荊州，下江陵，『順流而東』也，舳艫千里，旌旗蔽空，釃酒臨江，橫槊賦詩，固一世之雄也。」（〈赤壁賦〉）

58.「我家的大宅院中，前後兩片曠場，『沿著圍牆種』的全是金桂。」（〈故鄉的桂花雨〉）

例56「緣染溪」語意上應是「緣染溪行」或「緣染溪而行」，與例55的句式、語意相似，這裡為求句式整齊，述語「行」字不出現；例57「順流而東」的「東」字是方位名詞活用為述語；例58「沿著圍牆種的全是金桂」是判斷句，主語「沿著圍牆種的」是一個省略端語的主從結構，在形容性加語「沿著圍牆種」（是一個謂語式造句結構）裡有我們要的成分——介賓結構「沿著圍牆」。

(四)表示動作、行為「到達何處」的介賓結構

表示動作、行為「到達何處」的介賓結構，介詞次賓語是動作、行為的終點。介繫這一小類次賓語的介詞，通常會有「到哪裡」的語意，所以「至」、「到」便常常介繫這類次賓語，另外像介詞「於」、「乎」、「往」、「在」後接表示處所的名詞或名詞性單位，如果在句子裡有「到達某處」的「到」的意思，它的次賓語也是動作、行為的終點。先看「於」和「乎」的例子，這小類的介賓結構多數出現在述語之後：

59. 「吾與汝畢力平險指通豫南，『達於漢陰』，可乎？」

60. 「箕畚運於渤海之尾。」（〈愚公移山〉）

61. 「君子之學也，『入乎耳』，箸乎心。」

62. 「學惡乎始？『惡乎終』？其數則始乎誦經，『終乎讀禮』；其義則始乎為士，『終乎為聖人』。」（〈勸學〉）

63.「至於既成，『其將延乎肝膈』。」（〈指喻〉）

例62裡的「惡乎終」，介詞次賓語是疑問稱代詞，出現在介詞之前；介賓結構又在述語之前，這是文言疑問句常有的現象。

其次看介詞「至」和「到」的例子，這小類介賓結構可以出現在述語之後，也有出現在述語之前的：

64.「遂步至承天寺。」（〈記承天寺夜遊〉）

65.「獨步至倉頡祠前看花。」（〈越縵堂日記〉）

66.「忠烈……被執至南門。」（〈梅花嶺記〉）

67.「『長驅到齊』，晨而求見。」（〈馮諼客孟嘗君〉）

68.「又四年，吾到河南省墳墓。」（〈祭十二郎文〉）

69.「司馬懿……今統十五萬精兵到此。」（〈空城計〉）

70.「四月二十日回到漢口私寓。」（〈詹天佑〉）

不過並非所有的「至」或「到」後接處所名詞就一定是介賓結構，像下面這兩個例子：

71.「燕日敗亡，卒至河上。」（〈田單復國〉）

72.「無是非到耳。」（〈幽夢影〉）

例72的「卒至河上」，主語是承上的「燕」，除了「至」以外，句子裡沒有其他的動詞性單位，「至」便是述語，「卒」是副語，而「河上」是處所次賓語，但是它的前面省略了介詞；例73是一個有無句遞繫式，「無」是第一繫的述語，「是非」是兼語，兼語之後除了「到」之外，沒有其他可以充任述語的成分，因此「到」便是述語，「耳」也是省略了介詞之後的次賓語。

下面三個例子，都是致使句遞繫式（它們第一繫的述語「邀」、「延」、「召」都是致使動詞，或稱使役動詞），兼語或出現（例73、75）或不出現（例74），「至」都是第二繫的述語，當然「至」後面表示處所的名詞性單位都是未出現介詞的處所次賓語：

73.「故人具雞黍，『邀我至田家』。」（〈過故人莊〉）

74.「餘人各復延至其家。」（〈桃花源記〉）

75.「初八日召天祥至殿中。」（〈文天祥從容就義〉）

雖然介詞「往」可以介繫表示「朝向哪裡」的次賓語、「在」主要介繫表示「在哪裡」的次賓語，但是如果它們在句子裡有表示「到達某處」的「到」的意思，那麼它介繫的也是這一小類的處所次賓語，像：

76.「這屋裡窄，『再往別處逛去罷』。」

77.「一時吃畢，『賈母等都往探春臥室中去閒話』。」（〈劉老老〉）

78.「『我的日子滴在時間的流裡』，沒有聲音，也沒有影子。」（〈匆匆〉）

三、表示處所介賓結構的省略

表示處所的介賓結構如果次賓語是方位名詞或疑問稱代詞，那麼次賓語可以置於介詞之前，像例42、45、62，介詞和介詞次賓語的語序發生了變化（介賓結構語序的變化，我們在介紹憑藉關係的介賓結構時曾約略談論過，請參考〈當時余心之悲，蓋不能「以寸管」形容之〉），表示處所的介賓結構除了語序的改變以外，當然其中的成分省略也是處理這類介賓結構時會遇到的情況，常見的是介詞省略。

表示處所的介賓結構省略介詞，前面例71以下到例75就是很好的例子，那幾個例子都是介詞次賓語直接出現在述語之後，其間沒有用介詞介繫。如果介賓結構出現在述語之前，那麼便成了下面的情形：

79.「『東市』買駿馬，『西市』買鞍韉，『南市』買轡頭，『北市』買長鞭。」

(〈木蘭詩〉)

80.「四方之士來者，必『廟』禮之。」(《國語・越語》)

81.「里有殯，不『巷』歌。」(〈自由與放縱〉引《禮記・檀弓》)

這幾個都是在〈我的機車很「法拉利」〉那篇文章裡曾經提過的例子，在『 』裡的詞，都是表示處所的名詞，當時我們說它們是名詞活用為副語的現象，其實也可以把它們看成是表示處所的介賓結構省略了介詞（這和前文介紹的表示憑藉的介賓結構一樣，有一些名詞活用為表示工具的副語，事實上可以看成是表示憑藉的介賓結構省略了介詞）。不過如果表示處所的名詞出現在不及物動詞的後面，像前面71到75的五個例子，以及《水經・江水注》：「有時朝發『白帝』，暮到『江陵』。」等，在述語後頭的「河上」(例71)、「耳」(例72)、「田家」(例73)、「其家」(例74)、「殿中」(例75)以及「白帝」和「江陵」就非要看成是表示處所的介賓結構省略介詞不可了。

「自小」牧羊，不習仕宦

介賓結構之六——表示時間的次賓語

表示時間關係的介賓結構，是由介詞介繫、引進一個與時間有關的名詞或名詞性單位（表示時間的次賓語）到句子裡，對句子的謂語中心——常見的是敘事句的述語——作時間方面的修飾、限制；如果介賓結構出現在句首，也可能是對全句作時間背景的說明。有的介賓結構著重在說明行為、動作或事件從某個時間點——簡稱「時點」——開始發生；有的介賓結構具有說明行為、動作、事件發生在某個時間的功能，發生的時間可能是一段時間——簡稱「時段」——，或是一個時點；還有一類介賓結構能夠說明行為、動作、事件持續到某個時點才終止，或在介賓結構表示的時間之後有某一個行為、動作或事件發生（也就是行為、動作或事件承接在介賓結構所表示的時間之後發生）。

敘事句以介賓結構對行為、動作或事件發生的時間作修飾、限制，相當普遍，所以表示時間關係的介賓結構其複雜與多樣性，可說不亞於表示處所關係的介賓結構。以下我們將以三個小節來介紹表示時間關係的介賓結構，分別從：一、動作、行為、事件等從某時點開始發生；二、動作、行為、事件等發生在某時段或時點；三、動作、行為、事件等終止或承接的時間等三方面來討論。不過表示時間關係的介賓結構並不全然出現在敘事句裡，有的時候非敘事句也會出現這種介賓結構，如果有必要，我們也會加以說明。

一、介繫、引進行爲、動作、事件等發生的「起始時間」

介賓結構介繫、引進行為、動作、事件等發生的「起始時間」，通常表示行為、動作、事件等「從某個時點開始發生」，介詞常用「自」、用「從」、用「由」或用「自從」，不論文言或口語，都可見到這幾個介詞的用例。這種介賓結構強調的是：從介賓結構表示的那個時點開始，就有該行為、動作或事件，而且一直持續下去，起始的時間如果在過去，通常會持續到說該句話的時候；如果時間的起點是現在或未來，則持續到未來的某個時間。現在請先看帶介詞「自」的介賓結構：

1.「『自小牧羊』，不習仕宦。」（〈卜式輸財報國〉）

2.「自此，冀之南、漢之陰無隴斷焉。」（〈愚公移山〉）

3.「應箕性暴些，『應尾自幼曉得他性兒的』。」（〈書付箕尾兩兒〉）

4.「我自小便對泉水有神奇的感受。」（〈品泉〉）

例1是複句（是補充關係複句，也可以看成因果複句），第一分句「自小牧羊」，「自小」表示述語「牧」的時間起點；例2是有無句，「自此」（「此」稱代的是帝命夸蛾氏二子把太形，王屋二山移走的那個時間）表示的是述語「無」的起始時間；例3是複句（其間具有補充關係），第二分句「應尾自幼曉得他性兒的」是敘事句，「自幼」表示述語「曉得」的起始時間，「的」是句末助詞；例4是有無句，「自小」說明述語「有」開始的時間，在表示時間的介賓結構和述語之間出現副語「便」以及表示對象的介賓結構「對泉水」（這是處所次賓語的引申應用）。

接下來看介詞「從」介繫時間次賓語的例子：

5.「願為市鞍馬，『從此替爺征』。」（〈木蘭詩〉）

6.「他從小就是一個好學不倦而且多才多藝的人。」（〈孔子的人格〉）

7.「孤雁從此也就多起來了。」（〈孤雁〉）

例5介賓結構出現在複句的第二分句裡（兩個分句是補充關係），「從此」是說明述語「征」的時間，它和述語之間還有表示關切的介賓結構「替爺」；例6是判斷句，介賓結構「從小」後頭有副語「就」，這兩個成分都修飾繫詞「是」，這個例子比較特殊，介賓結構表示的時間不是持續到作者寫文章的時候，而是持續到孔子死的時候；例7是敘事句，介賓結構「從此」和副詞「也」、「就」都是修飾、限制形容詞述語「多」（這裡的「多」不是表語，是「增多」、「變多」的意思，不是只形容孤雁的數量多，因為它和補足語「起來」一起出現，是要看成形容詞活用為述語的。有關形容詞活用的情形，請參看〈奔向「羅曼蒂克」、飛進浪漫歐洲〉。

前面幾個例子次賓語都是詞，下面例子裡的次賓語則是結構，介詞或用「自」或用「從」：

8.「自余為僇人，居是州，恆惴慄。」（〈始得西山宴遊記〉）

9.「我從去年辭帝京，謫居臥病咸陽城。」（〈琵琶行〉）

10.「故自汝歸後，雖為汝悲，實為余喜。」（〈祭妹文〉）

例8介詞「自」所帶的次賓語「余為僇人」是主謂式造句結構；例9介詞「從」後的次賓語「去年辭帝京」是謂語式造句結構；例10「故」是表示因果關係的複句連詞，上文說明原因的句子我們沒有錄出來，說明結果的就是介賓結構「自汝歸後」以下的句子，介賓結構「自汝歸後」出現在句首，為「雖為汝悲，實為余喜」這個擒縱複句作時間背景方面的說明，時間次賓語「汝歸後」是由「汝歸」（形容性加語）和「後」（端語）所組成的主從結構。

介詞「自」和「從」都可以介繫表示時間起點的次賓語，也可以介繫表示處所起點的次賓語，帶介詞「自」表示處所起點的介賓結構可以出現在述語之前，也可以出現在述語之後，尤其遇到述語是單詞時，介賓結構出現在述語之後的情形頗為常見，像：「公至自齊」（《左傳・宣公五年》）、「出自幽谷，遷於喬木」（《詩・小雅・伐木》）、「英雄來自四面八方」等；介詞「自」介繫表示時間起點的次賓語則總是出現在述語之前。帶介詞「從」的介賓結構，不論表示時間起點或表示處所起點，總是出現在述語之前。

「自」和「從」還可以組成並列式合義複詞「自從」，也用來介繫表示時間起點的次賓語，而且古已有之，像李白就有「自從為夫妻，何曾在鄉土」的詩句（〈江夏行〉），另外我們在現行國中國文教科書找到一個白話文的例子：

11.「自從發明了印刷術，書的數量逐漸增多。」（〈沒字的書〉）

值得注意的是：「自」、「從」可以介繫表示過去、現在或未來的時間次賓語，但「自從」所介繫的次賓語通常是過去的時間，而且一定是造句結構（像例11及李白〈江夏行〉的詩句）或主從結構（通常是「……以後」或「……之後」），所以我們可以說：「〔自／從〕〔去年／現在／下學期〕開始」，但是只有「去年」可以出現在介詞「自從」之後，同時要和「〔以／之後〕」或「以來」連用，說成：「自從去年〔以／之〕後」或「自從去年以來」。

表示時間起點的介賓結構對句子而言，除了說明謂語中心成分從某個時點開始，也有強調謂語中心成分一直持續的語意，因此有時候會和表示時間開始的「起」或表示時間延續進行的「來」一起出現，組成一個相當固定的結構：「自……（以）來」或「從……起」。我們把它們看成時間小句，時間小句通常擔任複句的附屬句，功用是為複句裡的主句作時間背景的說明。對於「自……（以）來」或「從……起」這兩個結構，我們的分析是：

「介詞（自）＋時間次賓語＋連詞（以）＋述語（來）」（連詞「以」可以不出現）

「介詞（從）＋時間次賓語＋述語（起）」

請看下面的例子：

12. 『從今天起』，便不再做壞事。……『從今天起』，就要做好事。」（〈從今天起〉）

13. 『自宋以來』，未嘗改良。」（〈天工開物卷跋〉）

14.「『自李唐來』，世人盛愛牡丹。」（〈愛蓮說〉）

15.「『吾自遇汝以來』，常願天下有情人都成眷屬。」（〈與妻訣別書〉）

例句之中『　』裡都是時間小句，時間次賓語或為詞（「今天」、「宋」），或為主從結構（「李唐」）或為謂語式造句結構（「遇汝」）。並列式合義複詞「自從」也常和「以來」連用，組成「自從……以來」，「自從……以來」的成分分析和「自……以來」相同。「自……以來」或「自從……以來」裡的介詞「自」或「自從」有時候會省略，語意還是不變，像例16：

16.「『數年以來』，即欲買舟而下。」（〈為學一首示子姪〉）

不過，這時候「數年」可以看成時間次賓語，也可以看成副語。

至於形式與「自……以來」看起來近似的「︷自／從／自從︸……︷以／之︸後」，其間的成分分析卻不盡相同，「︷自／從／自從︸……︷以／之︸後」的成分是「介詞

（〔自／從／自從〕）＋時間次賓語（〔……以後／……之後〕）」，時間次賓語「……以後」或「……之後」本身是主從結構，「以」或「之」是連詞（連詞可以省略），「後」是端語，連詞前面的成分是加語（例10的介賓結構就是這種形式）。所以「自此以後」或「自從去年之後」的成分分析和前文提到的「自宋以來」、「自從去年以來」便不同了。

帶介詞「由」表示時間起點的介賓結構，次賓語常是「此」或「是」，「此」、「是」指代的是上文所談的事情發生的時間，所以「由〔此／是〕」是「從這件事開始」的意思。〈田單復國〉談到田單令即墨富豪拿錢給燕將，希望不要擄掠他們的妻妾，燕將大喜，答應了即墨富豪的要求，而「燕軍由此益懈」（表態句，「懈」是表語），其中的「由此」，就是這種介賓結構；〈鳴機夜課圖記〉也有一個例子：母親生病，作者在母親枕側背誦所讀之書，誦書琅琅之聲與藥鼎沸聲相亂。母親微笑說：「病少差矣。」接著作者寫道：「由是母有病，銓即持書誦於側，而病輒能愈。」這裡的「由是」也是這種意思。不過「由此」有時候可能表示原因，相當於口語的「因此」。從事語句分析時，要看前後文的文意，再決定「由此」的「此」著重在表示時間，還是著重在表示原因。

「由」也會和表示時間連續的「來」組成「〔由……而／以〕來」的結構，像《孟子．公孫丑下》即有：「由周而來，七百有餘歲矣。」（這個句子是表態句，「由周而來」是主語，「七百有餘歲」是表語，「矣」是句末助詞），其中「由周而來」的成分分析是「介詞（由）＋時間次賓語（周）＋連詞（而）＋述語（來）」，和前面「自宋以來」的成分分析相似。

二、介繫、引進行爲、動作或事件等「發生的時間」

介繫、引進行為、動作、事件等「發生時間」的介賓結構，如果再行細分：最常見的是說明動作、行為發生在介賓結構表示的時間裡，可以是一個時段，也可以指一個時點；有的強調行為、動作、事件等正好在介賓結構所表示的時間發生；也有介賓結構說明行為、動作、事件等發生在它所表示的時間之前或之後，或只是臨近某個時間。

㈠說明行為、動作、事件等「發生在某個時間」

說明行為、動作、事件「發生在某個時間」的介賓結構，只是說明在那個時段（或時點），有某一行為、動作，或發生某一事件、是怎樣的狀況等等，這種介賓結構最常見，文言常用「於」、用「以」、用「乎」介繫，口語則常用「在」介繫。

文言帶介詞「於」或「以」表示時間關係的介賓結構，可以出現在述語之前，也可以出現在述語（或述賓結構、述補結構）之後。先看介賓結構出現在述語（或述賓結構、述補結構）之後的例子：

17.「之推不得已而仕於亂世。」（〈廉恥〉）

18.「天祥相宋於再造之時。」（〈文天祥從容就義〉）

19.「狐狸竊之於昏夜。」（〈靈丘丈人〉）

20.「『松柏後凋於歲寒』，『雞鳴不已於風雨』。」（〈廉恥〉）

21.「東野云：『汝歿以六月二日』。」（〈祭十二郎文〉）

這幾個例子，介賓結構都出現在句末：例17介賓結構出現在述語「仕」後頭，18、19兩例介賓結構出現在述賓結構「相宋」、「竊之」之後，例20前一分句表示時間的介賓結構出現在述語「凋」之後，後一分句出現在述補結構之後（「不已」是補足語）：例21的介賓結構用「以」介繫，出現在述語「歿」（如看成表態句，則是表語）之後。

例22、23介賓結構都出現在述語之前：

22.「於啼泣之餘，亦以天下人為念。」〈與妻訣別書〉

23.「果『余以未時還家』，而『汝以辰時氣絕』。」〈祭妹文〉

不過帶介詞「乎」的介賓結構通常只出現在述語之後，像例24：

24.「生乎吾前，……生乎吾後……。」〈師說〉

(二)表示行為、動作、事件正好發生在某個時間

表示行為、動作、事件正好發生在某個時間的介賓結構，文言裡介詞用「方」、用「當」，有「當……之時」的語意；口語則用「當」介繫，而且往往以「當……的時候」的形式出現。通常這一類的介賓結構都出現在句首：

25.「方貴顯時，置負郭常稔之田千畝。」〈義田記〉

26.「方唐太宗之六年，錄大辟囚三百餘人，縱使還家。」（〈縱囚論〉）

27.「方中幼時，三族無見卹者。」（〈先母鄒孺人靈表〉）

28.「且方其時，上使立誅之則已。」（〈張釋之執法〉）

這幾個例子裡，表示時間的介賓結構都用「方」字介繫。例25、26兩例主語沒有出現，例25的主語是承上文的「范文正公」，例26述語「錄」的主語，從表面上看是「唐太宗」，語意上則是唐太宗下令叫主事的官員做的，所以語意上的主語是「主其事的官員」，例27是有無句，主語為「三族」，例28在介賓結構之前有一個表示句與句之間相連接的連詞「且」字。下面例29以下介賓結構的介詞都用「當」：

29.「當此夏日，諸氣萃然。」（〈正氣歌〉）

30.「『當其圍守時，外無蚍蜉蟻子之援』，所欲忠者國與君耳。」（〈張中丞傳後敘〉）

31. 「當此之時，臣弒其君，子弒其父。」（〈五代史一行傳論〉）

32. 「忠烈嘗恨可程在北，『當此易姓之間，不能仗節，出疏糾之』。」（〈梅花嶺記〉）

例29主語是「諸氣」，「萃然」是副詞述語（這是以敘事句觀點來分析的，表示諸氣「聚在一起」）；例30是一個表示存在的有無句，「外」可以看成主語，也可以視為副語；例31是複句，表示時間的介賓結構雖然出現在第一分句「臣弒其君」之前，不過第二分句「子弒其父」的時間背景仍然是「當此之時」；例32「可程在北」以下到句末，都是「恨」的賓語（賓語本身是複合式造句結構），從介賓結構「當此易姓之間」以下，也就是我們用『　』括出來的部分，是這個複合式造句結構的第二個成分，它仍是複合式造句結構，介賓結構「當此易姓之間」語意要貫到句末，強調「不能仗節，出疏糾之」的時間。

33. 「『當是時，婦手拍童聲、口中嗚聲、兒含乳啼聲、大兒初醒聲、夫叱大兒聲，一時齊飛』，眾妙畢備。」（〈口技〉）

例33的主語「婦手拍童聲、口中嗚聲、兒含乳啼聲、大兒初醒聲、夫叱大兒聲」，是一個並列結構，述語「飛」之前有副語「一時」和「齊」。

從例25到例33，介賓結構不論用「方」或用「當」介繫，介詞次賓語都是主從結構；以下這兩例的次賓語則是主從式造句結構，例35在介賓結構之後還加上表示句中停頓的助詞「也」：

34.「當其貫日月，生死安足論？」（〈正氣歌〉）

35.「當靖之騁辯也，一妹有殊色。」（〈虬髯客傳〉）

例34是表態句，主語是「生死」，表語「安足論」是謂語式造句結構。

例30〈張中丞傳後敘〉的「當其圍守時」、例31〈五代史一行傳論〉的「當此之時」、例33〈口技〉的「當是時」，如果加以緊縮，就成了「當時」，不過當「當時」連用時，我們或許可以把它看成是一個造句式的合義複詞，擔任句子裡的副語，像例36：

36. 「當時余心之悲蓋不能以寸管形容之。」(〈與妻訣別書〉)

口語表示「正當某個時候」的介賓結構，通常用「當……的時候」，次賓語「……的時候」也是一個主從結構，我們只錄一個例子在下面給大家參考：

37. 「所以當老人發覺他已釣到一條大魚的時候，就把許多釣小魚的魚絲都斬斷了。」(〈生存與奮鬥的啟示〉)

(三)說明行為、動作、事件的發生接近某個時間

介賓結構說明行為、動作或事件的發生接近某個時間，在目前的教科書裡我們看到有用介詞「臨」的例子，表示「接近……的時候」的語意：

38. 「『臨刑，從容謂吏』曰：……」(〈文天祥從容就義〉)

39. 「誰『為我臨期成此大節』者？」(〈梅花嶺記〉)

例38是補充關係複句，『　』裡的是第一分句，「曰」以下是第二分句。第一分句緊接在介賓結構之後的「從容」是副語，「謂」是述語，主語是省略了的「文天祥」；例39「誰」是主語，斷語「為我臨期成此大節者」是一個主從結構，主從結構裡的加語「為我臨期成此大節」裡有我們正在討論的介賓結構——「臨期」，「為我」是表示關切的介賓結構。例39又可把「者」看成疑問句末助詞，則可直接用敘事句分析（以「者」為疑問句末助詞，依據楊樹達《詞詮》的說法）。

介詞「向」後接某些表示時間的名詞，組成的也是這一小類的介賓結構，大家比較熟悉的例子，像：

40.「『向晚意不適』，趨車登古原」（〈登樂遊原〉）

例40「向晚意不適」是一個表態句，介賓結構「向晚」說明主語（作者自己，省略沒有說出）感到「意不適」（表語）的時間。

(四)說明趁著介賓結構表示的時間之前作某種行為、動作

當介賓結構具有「趁著……的時候」或「趕在……之前」的語意時，就是表示行

為、動作或事件發生在它所表示的時間之前，像《詩・豳風・鴟鴞》：「迨天之未陰雨，徹彼桑土，綢繆牖戶」的「迨天之未陰雨」，就表示「趁著天還沒陰雨的時候」或「趕在天還沒陰雨之前」的語意，「迨」就是這個介賓結構的介詞。這一小類介賓結構，介詞除了用「迨」以外，我們看到有用「乘」、用「及」的例子：

41.「前十餘日回家，『即欲乘便以此行之事語汝』。」（〈與妻訣別書〉）

42.「以之為商，則『不能乘時而趨利』。」（〈勸訓〉）

43.「然『及今為之』，尚非甚難。」（〈臺灣通史序〉）

44.「晉代陶淵明曾有詩勸人『及時讀書』，云：盛年不重來，一日難再晨，『及時當勉勵』，歲月不待人。」（〈論讀書〉）

例44「及」和「時」連用，組成介賓結構「及時」，表示「趕趁時機」，到現在都還經常使用著。

(五)說明行為、動作、事件發生在介賓結構表示的時間之後

介賓結構說明行為、動作、事件發生在它所表示的時間之後，具有「(在)……之後」或「過了……之後」的語意，常見介詞用「後」、用「越」、用「居」的例子：

45.「『後二年，當還』，將過拜尊親、見孺子焉。」(〈張劭與范式〉)

46.「遂入王屋山為道士，『後十年終』。」(〈秦士錄〉)

47.「後有頃，復彈其劍鋏。」

48.「『後期年，齊王謂孟嘗君』曰：寡人不敢以先王之臣為臣。」(〈馮諼客孟嘗君〉)

49.「越明年，貧者自南海還。」(〈為學一首示子姪〉)

50.「越明年，政通人和，百廢具興。」(〈岳陽樓記〉)

51.「越二載生銓。」（〈鳴機夜課圖記〉）

52.「居有頃，倚柱彈其劍，歌曰：……」

53.「居有頃，復彈其鋏。」（〈馮諼客孟嘗君〉）

這類介賓結構有兩個很重要的特色，第一是它們通常出現在句首；其次它們所帶的次賓語通常比較單純，有由「數詞＋表示時間單位的量詞」組成的主從結構（常和介詞「後」、「越」連用，像例45、46、51），有「期／明年」（常和介詞「後」、「越」連用，像例48、49、50），還有表示時間沒多久的「有頃」（和介詞「後」、「居」連用，像例47、52、53）；另外和「有頃」意近的「頃之」，也常出現在這種介賓結構裡，只是我們在目前的教科書裡沒有看到例子罷了。

三、介繫、引進行爲、動作或事件等「持續或承接的時間」

表示行為、動作或事件等「持續或承接的時間」的介賓結構，有兩種情形：一是表示行為、動作或事件一直持續到介賓結構所表示的時間才終止；另外一種則表示行為、動作或事件等承接在介賓結構所表示的時間之後發生。

(一)表示行為、動作或狀態等「持續到某個時間」的介賓結構

表示行為、動作、事件等「持續到某個時間」的介賓結構，一般都有「︿持續／一直﹀到……︿為止／的時候﹀」的語意，介賓結構通常出現在句末或謂語中心成分（如述語、表語等）之後，像：

54.「你們兩個是一母同胞兄弟，『當和好至老』。」（〈書付尾箕兩兒〉）

55.「惠王用張儀之計，……遂散六國之從，使之西面事秦，『功施到今』。」

（〈諫逐客書〉）

如果出現在句首，語意上強調「{持續／一直}到……{為止／的時候}，都還……」，像：

56.「『至今每吟』，猶惻惻耳。」（〈與元微之書〉）

57.「『及今思之』，空餘淚痕。」（〈與妻訣別書〉）

58.「吾少孤，『及長，不解所怙』。」（〈祭十二郎文〉）

例57的「及今思之」和例43的「及今為之」，形式上看起來相似，語意卻不相同，「及今為之」的「及今」，強調要「趁著現在」趕快有某一個行動，「及今思之」的「及今」，強調的是「到現在」想起來都還有怎樣的一種情況。這是遇到「及今」這個介賓結構時要多留意的。

(二)表示行為、動作或事件等「承接的時間」

表示行為、動作或事件等「承接的時間」，通常是在介賓結構所表示的時間之後才有行為、動作或事件等發生，這種介賓結構一般出現在句首或謂語中心成分之前，因為從時間的順序看起來，行為、動作或事件等，是緊緊地承接在介賓結構所表示的時間之後發生，所以《中國文法講話》稱這一小類的介賓結構在時間上「有承上而下的口氣」。這一小類介賓結構的介詞通常具有「{直／等到}……的時候」的語意，所以像「至」、「到」、「及」、「比」、「迨」、「逮」等可以表示這種語意的介詞，都會出現在這類的介賓結構當中。例如：

59. 「至其日，巨卿果到。」（〈張劭與范式〉）

60. 「『待到重陽日』，還來就菊花。」（〈過故人莊〉）

61. 「『等到離開國土一步』，即到處不可以為家了。」（〈失根的蘭花〉）

62.「到那時，使吾眼睜睜看汝死，或使汝眼睜睜看吾死，吾能之乎？抑汝能之乎？」（〈與妻訣別書〉）

這幾個是帶有介詞「至」或「到」的例子，其中例60、61的介賓結構，表示前一個行為（「待」、「等」）持續到介賓結構所表示的時間，之後馬上又有另一個動作或另一種情況，這是時間上承上而下最明顯的例子了。

介詞「及」介繫的次賓語，也有一部分具有這種語意，例如：

63.「其囚及期而卒自歸。」（〈縱囚論〉）

64.「及試，吏呼名至史公，公瞿然注視。」（〈左忠毅公軼事〉）

65.「及與汝對，又不能啟口。」（〈與妻訣別書〉）

66.「及其久也，而窪者若平。」（〈習慣說〉）

67.「及其久也，蛅蟴網其房而不知。」(〈靈丘丈人〉)

68.「及下船，舟子喃喃曰……」(〈湖心亭看雪〉)

「及」、「至」還可以組成並列式合義複詞，表示的語意和「及」或「至」單獨使用時相似：

69.「及至後世，用迂儒之議，以去兵為王者之盛節。」(〈教戰守策〉)

70.「及至綿惙已極，阿嬭問：望兄歸否？」(〈祭妹文〉)

帶有介詞「比」(讀去聲)的介賓結構，次賓語通常是造句結構，像：

71.「比見晨光，則欣然有生望焉。」(〈先母鄒孺人靈表〉)

72.「比行百里，始奮迅。」(〈良馬對〉)

介詞「迨」或「逮」也可以介繫這一小類的次賓語，次賓語本身也常是造句結構，像：

73.「迨中入學官，游藝四方，稍致甘旨之養。」（〈先母鄒孺人靈表〉）

74.「逮奉聖朝，沐浴清化。」（〈陳情表〉）

例73、74的「迨／逮」和前面二之㈣裡，表示「〔趁著／趕在〕……〔的時候／之前〕」的語意，引用《詩經》「迨天之未陰雨」的「迨」，最大的不同是：例73、74的次賓語都已成事實，都是肯定的陳述；二之㈣裡「迨」（也可以用「逮」）後頭的次賓語則是否定式，因為它要強調的往往是：次賓語表示的狀況如果成為肯定的，那就來不及了。以「迨天之未陰雨」為例，是說：如果「天陰雨」了，再「徹彼桑土，綢繆牖戶」，就來不及了，所以要「趁著天未陰雨時」，「徹彼桑土，綢繆牖戶」。

前文曾經提到「自……以來」或「自從……以來」裡的介詞「自」或「自從」有時候會省略，成為「……以來」，像例16「數年以來，即欲買舟而下。」，「數年」既可以看成時間次賓語，也可以看成副語。其實所有表示時間的名詞性單位如果前面不出現介詞，而且出現在句首或在謂語中心成分之前，在句子的分析上既可以看成省略了介詞的時間次賓語，也可以直接看成名詞活用為副語。我們隨手摘錄了幾個例子，附在後面，作為本文的結束：

75.「初八日，召天祥至殿中。」（〈文天祥從容就義〉）

76.「民國八年一月，參加歐戰的協約各國因俄國內亂不已，有共同管理俄國東方鐵路的提議。」

77.「四月二十日，回到漢口私寓。」（〈詹天佑〉）

78.「元豐六年十月十二夜，解衣欲睡。」（〈記承天寺夜遊〉）

79.「崇禎五年十二月，余住西湖。」（〈湖心亭看雪〉）

80.「慶曆四年春，滕子京謫守巴陵郡。」（〈岳陽樓記〉）

停車「坐愛楓林晚」

介賓結構之七——表示原因的次賓語

介賓結構在敘事句裡，可以對句子的謂語中心，也就是「述語」，作對象方面的說明，如：受事或授事對象、關切對象、交與對象等；也可以說明動作、行為使用的憑藉工具，或動作、行為、事件等發生的時間、處所；還可以對述語動作、行為發生的原因、目的作修飾、限制。這些說明、修飾，無非是要使句子的意思表達得更具體，更清楚。

以下要介紹的是表示原因的介賓結構，這種介賓結構主要用來說明某個事件或述語的行為、動作等「因為什麼（原因／緣故）而發生」；結構的成分是「介詞＋原因次賓語」；往往有：「因為……（原因／緣故）而……」的語意。原因次賓語，文言用「因」、「為」（讀去聲）、「用」、「由」、「以」、「坐」、「緣」、「於」等介繫，白話用「因」、「為（了）」（「為」讀去聲）、「由於」介繫。結構多數出現在述語之前，少數位於述語之後。

一、文言表示「原因」的介賓結構

先看文言的例子（例句裡我們用「•」標示介詞、「○」標示次賓語）：

1.「鬼神何靈？『因人而靈』。」（〈司馬季主論卜〉）

2.「恩所加，則思『無因喜以謬賞』；罰所及，則思『無因怒而濫刑』。」（〈諫太宗十思疏〉）

3.「『余因是思之』，……」（〈指喻〉）

以上三例都用介詞「因」介繫次賓語，「因」是文言、口語共用、介繫原因次賓語的介詞。例1是複句（兩分句之間具有補充關係），第二分句「『因人』而靈」表示「『因為人〔信仰／相信〕的緣故而』顯得靈驗」，「靈」本是形容詞（「靈」可以被程度副詞修飾，也可以有比較級和最高級；這是常用來檢驗一個詞是不是形容詞的方法），活用為述語，有「應驗」、「顯得靈驗」的意思，「因人」說明鬼神顯得靈驗的原因；例2，分號隔開的兩個複句（可以視為補充關係或平行關係），語句形式相似，但在相同中又求變化（介賓結構和述語之間使用的連詞作了改變），我們要看的是分句裡賓語的成分：「無因喜以謬賞」、「無因怒而濫刑」（它們分別都是述語「思」的賓語），介賓結構「因喜」、「因怒」之前有否定副語「無」，其中的層次應該是：「因喜」、「因怒」分別先對「謬賞」、「濫刑」在原因方面作修飾、限制，「無」再對「因喜以謬賞」、「因怒而濫刑」作否定的修飾、限制；例3，「因是」說明述語「思」的原因，次賓語「是」稱代的是前文所敘述的鄭君仲辨的情況。至於介詞「因」和近指稱代的「此」組成的「因此」，已可視為合義複詞（造句式），在現代口語中用為因果複句連詞。（文言裡「因」另外還可以介繫表示憑藉的次賓語，請參見〈當時余心之悲蓋不能「以寸管」形容之〉的討論。）

4. 「昂首觀之，『項為之強』。」（〈兒時記趣〉）

5. 「『草木為之含悲』，『風雲因而變色』。」（〈黃花岡烈士事略序〉）

例4和例5的前例是介詞用「為」介繫原因次賓語的例子，「為」也是文言、口語共用、介繫原因次賓語的介詞，不過「為」也可以介繫表示關切的次賓語，它介繫關切次賓語時，通常表示「替……（某人）做……（某事）」的語意（像下文例16的後例「蓬門今始『為』君開」的「為」就是，有關關切次賓語的討論，請參考〈誰習計會，能「為文」收責為薛者乎〉）。例4是複句（兩分句之間具因果關係），第二分句的「為之」說明「項強」（脖子僵硬了）的原因，「之」稱代的是第一分句「昂首觀之」。例5也是複句（具補充關係），第一個分句的介賓結構「為之」說明「草木含悲」的原因，「之」稱代的是「黃花岡之役」；第二分句次賓語也是「之」（稱代的還是「黃花岡之役」），承上省略，「因（之）」說明「風雲變色」的原因。兩分句所用介詞不同，第二分句次賓語省略，在介詞和述語之間加了連詞「而」，一方面使字數整齊，變中有同，另一方面也有舒緩語氣的作用。

6. 「故『謀用是作』，而『兵由此起』。」（〈大同與小康〉）

7. 「先帝不以臣卑鄙，猥自枉屈，三顧臣於草廬之中，諮臣以當世之事，『由是

感激』，遂許先帝以驅馳。」(〈出師表〉)

8.「伯夷叔齊不念舊惡，『怨是用希』。」(《論語・公冶長》)

例6到例8，介詞或用「用」，或用「由」。例6句首的「故」是複句連詞，表示在它前後的句子具有因果的關係，我們引用的是結果句：「謀用是作」、「兵由此起」，「而」把這兩個帶有原因介賓結構的分句連接起來。「用是」、「由此」說明「謀作」、「兵起」的原因，「是」、「此」稱代的是前文「大道既隱，天下為家」之後所產生的現象。例7「由是」說明感激的原因，「是」所稱代的是本句前面敘述的蜀先主對作者的禮遇。介賓結構常見的語句是：「介詞＋次賓語」，不過古漢語的賓語或次賓語在某些情況下，往往置於述語或介詞之前，例如介詞「用」如果以稱代詞「是」為次賓語時，常以次賓語前置的形式出現，於是就成了「次賓語＋介詞」的語序，像例8第二分句的「是用」就是這種語序。「是用」(即「用是」)說明「怨希」的原因，次賓語「是」稱代的是「不念舊惡」。至於前引例6的「用是」跟例8古漢語常見的語序不同，可能是為了與下文「由此」語序一致的緣故。

「用」、「由」除了介繫原因次賓語以外，「用」還可以介繫憑藉次賓語（有關

「用」介繫憑藉次賓語的討論，請參看〈當時余心之悲蓋不能「以寸管」形容之〉，「由」還可以介繫處所次賓語和時間次賓語，分別表示處所和時間的起點（有關「由」介繫處所次賓語的討論，請參看〈太陽「從山巔」昇起，展開「在無涯際的海面」〉；關於「由」介繫時間次賓語的討論，請參看〈「自小」牧羊，不習仕宦〉。因此，「用是」、「由此」究竟表示「用這〔種／個〕〔工具／方法〕」、「從這裡」、「從此（時）」，還是「因為這個原因」，就必須根據前後的文意來判斷。例6，前例的「用是」顯然不是指憑藉的工具；把後例的「由此」解作「謀作」、「兵起」「從這時開始」（表時間），或「從這裡開始」（表處所），雖也可通，但顯然非意之所指，文中強調的應是「謀作」、「兵起」的原因。

9. 「不賂者以賂者喪。」（〈六國論〉）

10. 「汝不必以無侶悲。」（〈與妻訣別書〉）

11. 「（古仁人）不以物喜，不以己悲。」（〈岳陽樓記〉）

12.「君子不以言舉人，不以人廢言。」（《論語・公治長》）

13.「太夫人以病終於官舍。」（〈瀧岡阡表〉）

例9至例13，都用介詞「以」介繫原因次賓語。例9「以賂者」說明主語「不賂者」亡國（「喪」）的原因。例10「以無侶」修飾「覺得難過」（「悲」）的原因。例11「以物」、「以己」分別說明「喜」、「悲」的原因，例12「以言」、「以人」則分別是「舉人」、「廢言」的原因。例10至12跟例2一樣，在介賓結構之前有副語「不必」或「不」對介賓結構以下的成分作否定方面的修飾、限制。例13「以病」是「大夫人終」的原因，述語之後並有「於官舍」表示「終」的處所。

「坐」、「緣」也可以作為表示原因的介詞，例子像：

14.「感此傷妾心，坐愁紅顏老。」（〈長干行〉）

15.「停車坐愛楓林晚，霜葉紅於二月花。」（〈山行

16.「花徑不曾緣客掃，蓬門今始為君開。」（〈客至〉）

例14、15，用介詞「坐」介繫原因次賓語。根據《古漢語語法及其發展》的說法，介詞「坐」所介繫的次賓語，起初常用來表示被罰的原因，像《史記・田叔列傳》：「後數歲，（田）叔坐法失官。」後來逐漸用於表示各種原因；帶有「坐」的介賓結構可以出現在述語之前，也可以出現在述語之後（見該書頁四四〇）。例14，介賓結構「坐愁」表示「紅顏老」的原因，介賓結構出現在句首；例15「坐愛楓林晚」說明「停車」的原因，出現在述賓結構之後。例16是介詞用「緣」的例子，「緣客」是「掃花徑」的原因，但是作者用「不曾」將「緣客掃花徑」給否定了。這和一般散文的語序有些不同，可以看成是詩為了格律的要求；也可以分析為表態句，先把「花徑」視為主語（主題），「不曾緣客掃」看成表語（說明），以下再對表語進行分析（「不曾」或「不」、「曾」修飾「緣客掃」；「緣客」是「掃」的原因），這樣在分析的層次上便有些不同。

以上這些表示原因的介賓結構，除了帶介詞「坐」的介賓結構可出現在述語之後以外，其餘都出現在述語之前。不過，文言帶介詞「於」表示原因的介賓結構，一般只能出現在述語之後：

17.「良醫之子多死於病，良巫之子多死於鬼。」（〈深慮論〉）

例17「於病」、「於鬼」分別說明「良醫之子」、「良巫之子」「死」的原因。介詞「於」不僅介繫原因次賓語，還可以介繫表示受事或授事的次賓語（請參看〈蓋追先帝之殊遇，欲「報之於陛下」〉），也可以介繫處所次賓語和時間次賓語（請分別參看〈太陽「從山巔」昇起，展開「在無涯際的海面」〉以及〈「自小」牧羊，不習仕宦〉有關的討論）。

二、白話表示「原因」的介賓結構

白話表示原因的介賓結構，介詞用「因」（例18、19）、用「為」（例20）、用「由於」（例21至23），它們或出現在述語之前（例18、19、20），或出現在句首（例21至23）：

18.「我總未因異鄉事物而想過家。」

19.「我曾在秦嶺中揀過與香山上同樣紅的楓葉，在蜀中我也曾看到與太廟中同樣

老的古松，『我也並未因而想過家。』」（〈失根的蘭花〉）

20.「以前是『為另一個要求而讀書』。」（〈論讀書〉）

21.「由於這些花，我自然而然地想起北平公園裡的花花朵朵，與這些簡直沒有兩樣。」（〈失根的蘭花〉）

22.「由於這些理由，我堅決反對專制的軍國主義。」（〈我心目中的世界〉）

23.「由於出版事業的發達與國民教育的普及，讀書幾乎成為今天一般人日常生活的一部分。」（〈論讀書〉）

上列這些例子：例18的「異鄉事物」（介賓結構之前出現否定副語「未」）、例20「另一個要求」、例21「這些花」、例22「這些理由」、例23「出版事業的發達與國民教育的普及」都是原因次賓語，分別是「想（過）家」、「讀書」、「想起北平公園裡的花花朵朵」、「反對專制的軍國主義」、「讀書幾乎成為今天一般人日常生活的一部分」的原因；例19的原因次賓語省略（「它們」，指「秦嶺的楓葉」、「蜀中的古松」）。現代口語詢問原因主要用「為什麼」、早期白話有用「為何」之例，像：

24. 「為什麼牠那美麗的生命，該犧牲在殘酷的黑貓腳爪之下？」（〈溫情〉）

25. 「如此佳景，為何沒有什麼遊人？」（〈大明湖〉）

例24的「為什麼」、例25的「為何」都用來問原因。

三、原因介賓結構的語序變化與省略

文言原因次賓語出現的位置，除了像例8「是用」以不同於一般介賓結構的語序出現之外，詢問原因時，次賓語如果是疑問代詞「何」，通常也出現在介詞之前，像：

26. 「東野之書，耿蘭之報，何為而在吾側也？」（〈祭十二郎文〉）

27.「幽、厲之君何以亡？」（《世說新語・規箴》）

例26介賓結構「何為」出現在述語「在」之前，與述語之間有「而」連接；例27「何以」出現在表語「亡」之前（「何以」主要還用來表示憑藉或工具的詢問，請參見〈當時余心之悲，蓋不能「以寸管」形容之〉）。這兩例疑問代詞次賓語前置，以「原因次賓語＋介詞」的語序出現，和前面例24、25寃疑問代詞「什麼」、「何」出現在介詞之後的語序不同，從這裡可以看出文言、口語的差異。

另外，原因介賓結構常可見到次賓語省略的例子，除了像前引例5的後例及例19以外，我們再舉一個例子放在後面，作為本次討論的結束：

28.「天下分裂，而唐室因以微矣。」（〈教戰守策〉）

此例「因」後的「以」與例5後例及例19的「而」都是連詞，在這裡也有舒緩語氣的作用。

你「爲考試或文憑」而讀書嗎？

介賓結構之八——目的次賓語

前一次我們介紹了表示事件、行為或動作等「因為什麼原因」而發生的介賓結構，本次將介紹與「原因」有些關連的「目的」介賓結構，亦即表示事件、行為或動作等為了什麼目的而發生的目的次賓語。

一、目的次賓語與原因次賓語的差別

事件、動作或行為發生的「原因」，跟事件、動作或行為發生的「目的」，在概念上有其相通之處，因為你做某一件事的「目的」跟事件、動作或行為本身之間，往往也具有因果的關係；不過嚴格而言，事件、動作或行為等發生的「原因」，跟事件、動作或行為發生的「目的」是可以細分的：從時間的先後來說，「原因」通常發生在事件、動

作或行為之前，「目的」則通常在事件、動作或行為發生之後才能達成，例如：「因肚子餓而吃飯」，「肚子餓」是「吃飯」的原因，「肚子餓」在前，「吃飯」在後；如果說：「為了填飽肚子而吃飯」，要先「吃飯」才能把肚子「填飽」，「填飽肚子」便是「吃飯」的目的。同時，在語意的理解上，表示目的的介賓結構，既可理解為「因為……的〔原因／緣故〕而……」，也可理解為「為了達到……的目的而……」，亦即「為填飽肚子而吃飯」可以說成：「因為填飽肚子的〔原因／緣故〕而吃飯」，也可以看成「為了達到填飽肚子的目的而吃飯」；而表示原因的介賓結構，卻只能理解為「因為……的〔原因／緣故〕而……」，所以「因肚子餓而吃飯」，只能是「因為肚子餓的〔原因／緣故〕而吃飯」，不可以說是「為了達到肚子餓的目的而吃飯」。

二、目的介賓結構舉隅

表示「目的」的介賓結構，結構的成分是「介詞＋目的次賓語」，介詞用「以」（只用於文言）或用「為」（「為」讀去聲，文言、白話共用，白話常作「為了」）。這種結構表示的語意是：「事件、行為或動作為了達到……（什麼目的）而發生」。

帶介詞「以」的目的介賓結構，例子不多，像《史記・范睢蔡澤列傳》說：「是故君子『以義』死難，視死如歸。」出現在述語前的「以義」（為了達到「義」、完成「義」）就是「死難」（死於難）的目的，「以」所介繫的「義」即目的次賓語。其他用「以」介繫的目的次賓語像（以下例句以「•」標示介詞、「○」標示次賓語。引用例句時儘量找帶有原因介賓結構的單句，不過，有時候為了顧及文意的完整，不得不把前後有關的句子也引出來；或者我們需要的可能只是句子裡帶有原因介賓結構的某一個成分，這時我們把需要的部分——句或是語——用『　』括出來）：

1. 「時予方以討賊督師桂林。」（〈黃花岡烈士事略序〉）
2. 「『寧以義死』，不苟幸生。」（〈縱囚論〉）

例1「討賊」是「督師桂林」的目的。例2「以義死」（「寧」或歸為副詞，或歸為助動詞，擔任副語）的「死」是為了做到、達成「義」。

至於由介詞「為」介繫的介賓結構通常出現在述語之前，例如：《史記・貨殖列傳》說：「天下熙熙，皆為利來；天下攘攘，皆為利往。」其中介賓結構「為利」就表示動詞述語「來」、「往」的目的，「為」所介繫、引進的「利」就是目的次賓語。其他的例子像：

3.「始知文章合『為時而著』，歌詩合『為事而作』。」（〈與元微之書〉）

這個例子情況複雜，在「文章合為時而著，歌詩合為事而作」（複合式造句結構，在句子裡擔任述語「知」的賓語）之中，「合為時而著」、「合為事而作」是表語，分別對「文章」、「歌詩」作描述；這兩個表語都是謂語式造句結構，在這兩個造句結構裡，介賓結構「為時」、「為事」出現在述語「著」、「作」之前（「合」是副語）「而」是連詞；「為」所介繫的次賓語「時」（時代的要求）、「事」（反應問題）分別是（寫作）文章、歌詩的目的。

以下幾例是白話的例子：

4.「你為考試或文憑而讀書嗎？」（〈智慧的累積〉）

5.「為了自己的一時高興，害牠們驚避顛仆。」（〈蟬與螢〉）

6.「然而人之所以異於萬物者，就在於『人並不是只為生活而生存。』」……『為了崇高的理想，我們要能艱苦奮鬥，捨己救人，以一人承當千萬人之苦難，甚至犧牲自己的一切來完成救人濟世的事業，造福於廣大的人群。』」（〈生存與奮鬥的啟示〉）

7. 因為是在家屋附近，又「『為了趕工』，直待到閃電與霹靂左右夾擊、前後合攻，我才進屋裡。」（《田園之秋》選）

8.「『為了多得幾分而犧牲健康』，是錯誤的選擇。」（〈運動最補〉）

白話表示目的的介詞通常用「為（了／著）」（「為」後頭的「了」或「著」可以看成表示時態的助詞，也可以視為詞綴）。例4是我們這次的題目，目的次賓語「考試或文憑」是一個並列結構，「而」是目的介賓結構與述語之間的連詞。例5的次賓語「自己的一時高興」是主從結構。例6有兩個帶有目的介賓結構的例子：前例「人並不是只為生活而生存」（主謂式造句結構，擔任句子裡表示方面的次賓語，屬於處所次賓語的引申應用）裡，我們要看的是「為生活而生存」，「生活」是「生存」的目的（當然原來的意思不是這樣，因為之前有「只」限定其「範圍」，又有「不是」對其作否定的修飾，「不是」之前還有「並」加強其否定語氣；「只」、「不是」、「並」都是副語）；例6後例「崇高的理想」是「艱苦奮鬥，捨己救人，……造福於廣大的人群」所要達成的目的。例7作者待在到屋外、直到雷聲大作才進屋裡的目的是「趕工」。例8「犧牲健康」也是希望達成「多得幾分」的目的。

三、目的介賓結構的省略

跟其他介賓結構一樣，目的介賓結構的成分也有省略的情形，常見的是目的次賓語位於述語之後、介詞省略的例子：

9. 「愚以為『賢者宜死節』，有財者宜輸之。」（〈卜式輸財報國〉）

10. 「侍中、尚書、長史、參軍，此皆貞亮『死節』之臣也。」（〈出師表〉）

11. 「文奔走國事三十餘年。」（〈心理建設自序〉）

12.「故國有患，『君死社稷』謂之義；『大夫死宗廟』謂之變。」（《禮記・禮運》）

例10以下各例，「節」（守節、節義）、「國事」、「社稷」、「宗廟」，分別都是述語「死」、「奔走」等所欲達成的目的，「死〈節／社稷／宗廟〉」，即「為〈節／社稷／宗廟〉而死」，或「死於〈節／社稷／宗廟〉」之意，「奔走國事」即「為國事奔走」（「三十餘年」是補足語），目的次賓語之前的介詞都未出現，就是目的介賓結構有所省略的典型例子。

以上為大家介紹的是目的介賓結構。從教科書裡可找到的例子來看，目的介賓結構在數量上顯著的少於原因介賓結構。我們依據《中國文法講話》的做法，把原因和目的的介賓結構作一區分，其實一般有時候就籠統地稱為「原因或目的的介賓結構」，而不刻意加以分別。

以修飾述語為主、出現在敘事句裡的介賓結構，就為大家介紹到此為止。

附　　錄

文法結構辨析

問 「不得而知」是「不知道」，但其他「不〇而〇」的結構卻是「沒有……卻……」，像「不脛而走」、「不約而同」、「不翼而飛」……。為什麼「不得而知」不作「沒有得到消息卻知道？」此是習慣使然？抑或是文法結構的不同？還是出於其他的原由？（讀者紀榮崧）

答 紀先生這個問題，我們可以從兩方面來看：

一、紀先生舉的「不脛而走」等例子，這種「不A而B」的結構，它們原是轉折關係的複句，表示的語意是：「不曾｛A／具備A（的條件或原因）｝，而｛B／產生B（的結果）｝」，現在成了一種慣用語，它的內部結構是：「不（副語）A（述／表語）而（連詞）B（述／表語）」①。連詞「而」在這些慣用語裡表示的是一種轉折的關係，口語可以用「{卻／竟／但是／可是}」對譯，又因為「不A」一定先於「B」，所以翻譯的時候很自然會用「就」（表示時間先後的關係）來譯「而」，所以「而」也有人認為可以對譯為「就」。

至於「不得而知」，雖然形式上和「不脛而走」等例句的「不A而B」相似，事實上不論語意或內部結構都不一樣。「不得而知」的「得」不是「獲得」或「得到」的動詞意義，而是「可以」、「能夠」的意思，在詞類區分上有的語法學者稱它為能願動詞，有的稱為助動詞②，「不得而知」是：「不能（夠）知（道）」，所以紀先生說他的理解「不得而知」是「不知道」，這是很正確的，只不過「不得而知」的內部結構和「不脛而走」等的「不A而B」不一樣，「不得而知」的內部結構是：「不〔副語〕得〔副語〕而〔連詞〕知〔述語〕」。「不」、「得」都是修飾、限制述語「知」的③，《孟子．萬章上》有：「君不得而臣，父不得而子。」「不得而臣」、「不得而子」正是「不得而知」這種語句的結構形式；有時候否定詞「不」或作「無」，像《論語．子張》：「仲尼，日月也，無得而踰焉。」的「無得而踰」就是，只不過「踰」後頭帶了賓語「焉」。這種結構裡的「而」是連接副語和述語之間的連詞，即使省略不說，語意通常不會不通或改變，而且口語裡不容易找到相應的詞可以對譯。

二、紀先生把「不A而B」的「不」字理解為「沒有」，那是因為「不」是否定詞，北平話的「不」與「沒」是同屬於否定語素「不」的兩個同位語（allomorph），「不」與「沒」形成互補分佈（complementary distribution），即「沒」僅出現於「有」的前面，而「不」則出現於「有」以外的所有詞語的前面④。如果「不A而B」的A是名詞，像「不脛而走」的「脛」、「不翼而飛」的「翼」，直接用紀先生「沒有……卻……」的句式去翻譯，表面上雖通，但實際應該是：「〔不曾／沒有〕長〔腳／翅膀〕卻……」，因為「脛」、「翼」在這兒活用為述語。

附註

一、述語是動詞或動詞性單位，表語是形容詞或形容詞性單位；用〔　〕對前面的成分作說明。

二、不論視為能願動詞或助動詞，都屬於動詞的一個小類。

三、也可以看成「得」先修飾「知」，「不」再修飾「得（而）知」。

四、請參考湯廷池教授〈北平話否定詞的語意內涵與出現分佈〉，收錄於《漢語詞法句法五集》，頁一〇一至一一七。

釋「大勝」與「大敗」

問 曾見報端有如下的報導：「甲、乙兩隊籃賽，結果甲隊大勝乙隊」、「甲乙兩隊比賽籃球，結果甲隊大敗乙隊」。其中「大勝」與「大敗」均為「大大地獲勝（打贏）、大大地打敗對方」之意，若甲隊輸給乙隊，是否可寫成「甲隊大敗於乙隊」？或「甲隊敗北於乙隊」？其中的語法、結構有一定的規則可尋嗎？「大勝」與「大敗」若都是「贏」，那麼「大勝」與「大敗」意義相反的字詞何以又變成「同義」的字詞呢？煩請說明。（霧峰讀者龔超）

答 甲乙兩隊比賽，甲隊贏了乙隊，而且得分或比數相差很大可以說「甲隊大勝乙隊」，也可以說是「甲隊大敗乙隊」。並不是「勝」、「敗」兩字變成同義詞，而是因為「敗」字除了有「毀壞」、「腐爛」或「失利」等意思之外，還有「使……敗」

的意思。周祖謨在〈四聲別義釋例〉①談到古代不變聲調而以聲紐改變分別語詞的詞性與詞義時，就曾舉「敗」字為例，說：

> 敗、壞也。自毀曰敗，薄邁切。夬韻，并母。毀他曰敗，音拜。怪韻，幫母。案敗有二音，亦起自晉宋以後，《經典釋文》分析甚詳。如《左氏隱公元年傳》「敗宋師于黃」，《譯文》云：「敗，必邁反，敗佗也。」即是一例。②

周法高在《中國古代語法：構詞編》第一章談音變時，也說：

> 敗：毀他曰敗，音拜（清聲母，去聲，（pwai° ）；自毀曰敗，薄邁切（濁聲母，去聲，b'wai° ）。案《經典釋文．序》：「及夫自敗（薄邁反）敗他（補邁反）之殊，自壞（呼怪反）壞撤（音怪）之異。」《詩．召南．甘棠》：「蔽芾甘棠，勿翦勿敗。」《釋文》卷五「勿敗，必邁反，又如字。」……③

周祖謨、周法高兩位所說的「自毀」，就是我們現在所說的「毀壞」、「腐爛」或「失利」等意思的「敗」④，「毀他」的「敗」字，周法高稱為「使謂式」，一般也稱為「致動用法」或「致使用法」⑤。這兩個意思的「敗」字，根據《經典釋文》的標音，韻母、聲調完全相同，聲母卻有濁與清之別⑥，可是經過語音演變濁音清化的結果，原本讀濁聲母「自毀」意的「敗」字，也讀成清聲母了，所以「自敗」、「敗他」兩讀的「敗」，便讀為同音了⑦。

句子裡如果用具有致動用法的動詞作為述語，述語後頭一定帶有賓語，不過它們的詞意不同於一般的述賓關係，一般的述賓關係賓語是述語動作、行為所及的對象，述語具有致動用法的述賓關係表示的是：「主語使賓語完成或具有述語所表示的行為、動作」的語意。

所以「甲隊大敗乙隊」的「敗」字是「毀他」、「敗他」的「敗」，也就是「使謂式」，具有「致動」的語意，它從字面上講，應該是：「甲隊大大地使乙隊敗了」，現在因為我們不常說「使……敗」這樣的語句，往往就直說成「甲隊大大地打敗了乙隊」，基本上它所表示的概念和「甲隊大勝乙隊」沒什麼不同，不過說法改變，在詞意的解釋上經過了「使謂」或「致動」的轉折。

周祖謨曾說：

漢語之所以會有這種現象，主要因為漢字不像印歐語系的語言那般富於形態變化，世界各民族之語言不同，印歐一系之語言富於形態變化，一般之語詞，如詞義有改變，則可以增添形式不同之附加成分以構成新詞；語法意義有改變，則藉形式之變化，以表明各種不同之意義。至於漢語，則形態變化較少，古代一般之語詞不因其在語句上功用之不同而發生變化。語義之為此為彼，皆為語詞次第之先後見之；或增加語助詞，以表達語意。其性質與印歐一系語言不同。……⑧

正因為「語義之為此為彼，皆於語詞次第之先後見之」，也就是漢語語詞的語義往往要由它所在的環境位置來決定，所以像「勝」、「敗」這兩個意義原來相反的詞，出現在「甲隊大勝乙隊」和「甲隊大敗乙隊」這兩句話裡，都可以表示「甲隊打贏了乙隊」的概念，也無怪乎讓人誤會成變為同義詞了。

甲隊如輸給乙隊，可以說是「甲隊大敗於乙隊」這是用被動句來表現的。漢語的被動句，除了大家熟悉的「A〔受動者〕被B〔施動者〕V〔動詞〕」、「A為B所V」、「A〔見／受／被〕V（於B）」以外，也有在述語之後以「於」帶「施動者」來表示的，這就是「AV於B」，「甲隊大敗於乙隊」正是這種句式，表示的是「甲隊大大地被乙隊打敗」（這裡的「敗」仍是「敗他」、「毀他」的用法）。

至於「敗北」一詞，出於《史記・項羽本紀》：「吾起兵至今八歲矣，身七十餘戰，所當者破，所擊者服，未嘗敗北。」「敗北」本是「戰敗而逃」的意思，通常不用於被動句，所以不能說「甲隊敗北於乙隊」⑨。

附註

①原載於《輔仁學誌》十三卷一、二合期，今所見者收錄於《問學集》頁八十一至一一九。

②見《問學集》頁一一八。

③見該書頁八十。其中「案《經典釋文・序》：『及夫自敗（蒲邁反）敗他（補邁反）之殊，自壞（呼怪反）壞撤（音怪）之異。』」原作「案《釋文・序》已見上文。」

④周祖謨稱為自動詞。

⑤周祖謨稱為他動詞。

⑥聲母的濁或清，是根據發音時聲帶的震動與否而定的，發音時聲帶震動的是濁聲母，發音時聲帶不震動的是清聲母。

⑦北方官話在濁音清化的過程裡，平聲的濁聲母字，清化以後，讀為相同發音部位的送氣清聲母；仄聲的濁聲母字，清化以後，讀為相同發音部位的不送氣清聲母。讀薄邁切

「自毀」意的「敗」字，是仄聲字，清化以後要變讀為不送氣的清聲母，以周法高的擬音來說，原是「b'」，清化就成了「p」，而它們的韻母和聲調本相同，於是現在「薄邁切」和「補邁切」兩者的讀音便相同了。

⑧見《問學集》頁一一三。

⑨主要是因為「戰敗而逃」的「逃」是主動的緣故。

釋「選中」、「射中」之「中」

問 國中課本第五冊第六課〈詹天佑〉一文中，「還中」之「中」字，與「射中」之「中」字，意思是否一樣？其詞性為何？「中」字之讀音及詞性之變化是否有關聯？（讀者．林維倫）

臺灣師大國文系楊如雪教授答：

答 口語裡，「選中」、「射中」各是一個詞，「選」、「射」分別與「中」緊密結合，成為在語文使用上一個最小的意義（或概念）單位；「中」在這兩個詞裡讀音雖然一樣，都讀「ㄓㄨㄥˋ」音，但是意思卻不相同。這要分別從「選中」、「射中」的內部結構來探討，也就是要看「選」、「射」是以怎樣的關係和「中」組合成詞的，這屬於構詞法的探討。

從「選中」、「射中」的詞彙結構來看，它們都是「述補式的複合詞」①，它們的內部結構大致上是這樣的：

「選中」是「選（而）中（則）」，也就是：「（經過）甄選或甄別，（發現被選者）合（乎標準）」。②

「射中」是「射（而）中（的）」，也就是：「射（箭），（使箭）中（的）」（「的」音「ㄉㄧˋ」，靶心，目標）。

從上面的分析，我們可以看出「選中」的「中」是「（被甄選者）合（乎標準）」的意思；「射中」的「中」是「（使箭）中（的）」。所以基本上這兩個「中」字意思並不相同。

其次問到詞性的問題，「選中」、「射中」都是動詞，它們都是述補式複合動詞③。不過「選中」的「中」有「被甄選者合乎標準」的意思，所以「選中」可以出現在被動句裡，〈詹天佑〉這篇文章裡就是以「他被選中了」的形式出現④；「射中」的「中」有「（使）箭中（的）」的意思，所以「射中」後頭往往可以出現賓語，例如：「他射中靶心了」。

至於「中」的音讀和詞性變化是否有關？當然有！「中」有「ㄓㄨㄥ」、「ㄓㄨㄥˋ」兩讀，讀陰平調的「中」是「距離四方或兩端相等的部位」，屬方位詞⑤，引伸出來還有「裡面」、「心」、「某段時間之內」、「泛指某個地區」以及「抽象道德中不偏不倚的觀念」等意思，是名詞；至於讀去聲的「中」，有「射箭中的」、「合（與……相合）」、「遭受、感受」等意思，是動詞⑥。這是利用不同的讀音來區別詞義、詞類的現象，因為中文裡有些「字」，具有兩種或兩種以上常用的意義，像前面提到的「中」即是，為了使用時易於區分，於是在音讀上作點變化，也就是所謂「把音讀『破』」（這種字俗稱「破音字」），就造成「一字多音」的現象了⑦。

附註

①述補式複合詞（V-C Compound Word）是指構成該詞的語素（morpheme，或稱詞素）由述語語素和補足語語素結合而成的複詞。述語原是敘事句的謂語中心，補足語是對謂語的中心成分作程度、趨向、結果等方面的補充說明。關於構詞法的問題，如有需要，請參考〈婆婆、媽媽VS.婆婆媽媽　手足≠手&足？〉一文的相關討論。

②（　）裡的詞語是為說明方便，把意思補足而加入的。

③原來的問題我們無法確定是問「選中」、「射中」的詞性，還是問「中」的詞性。「選

中」、「射中」是一個詞，當然可以區分它們的詞類，但是「選中」、「射中」的「中」已分別和「選」、「射」組合成詞，基本上只能稱為語素或詞素，通常不再去區分它們的詞類。如果要問「中」（ㄓㄨㄥˋ）是什麼詞，這一般字、詞典可以查得到。又，「述補式複合動詞」是既從詞彙結構（述補式）、構詞法（複合詞）又區分詞類（動詞）的稱法。述補式複合動詞的補足語語素可以由表示動相標誌（例如：聽**到**、看**完**、吃**光**）或移動及趨向動詞（像：站**起來**、走**出去**、跑**過去**）擔任，也可以由動詞（例如：看**見**、聽**懂**、跌**倒**）或形容詞（像：擴**大**、減**低**）擔任。這種動詞，一般可以在述語語素和補足語語素之間插入「（得／不）」來表示可能性或不可能性，但是少用重疊表示嘗試貌或短暫貌。有關述補式複合動詞的討論，請參考湯廷池先生〈漢語述補式複合動詞的結構、功能與起源〉，收錄於《漢語詞法句法四集》頁九十五～一六四，上列（ ）裡的例子部分轉引自該文。

④當然「選中」在非被動句也可以出現，例如在〈詹天佑〉這篇文章跟「他被選中了」有關的那一段話，我們也許可以說成：「清政府選中了詹天佑，派他跟著留學監督到美國」。

⑤屬於名詞的一個小類。

⑥這裡對「中」的解釋，是根據臺灣商務印書館《重編國語辭典》的說法。

⑦有關漢字利用音變來區別意義的現象，歷來學者多所討論。近人較為系統性研究的，像：周祖謨的〈四聲別義釋例〉（收錄於《問學集》頁八一～一一九），周法高在《中國古代語法·構詞編》第一章〈音變〉裡的討論（頁五～九六），以及吳傑儒《異音別義之源起及其流變》（師大國研所民國七十一年碩士論文）等，讀者如有需要，請自行參考。

〈師說〉釋疑

問

一、第一冊〈師說〉：「師道之不傳也久矣」，此「師道」課本解為「從師學習的風氣」，那麼此「師」字的詞性為何？

二、〈師說〉：「師不必賢於弟子」課本解為「不一定比弟子高明」，那麼此「賢」字詞性是動詞還是形容詞？

答

回答這兩個問題之前，我們要先提出一個重要的觀念，那就是：在從事語法分析時，「詞類的名稱」與「語句結構中各成分的名稱」必須分開，因為基本上漢語的詞類與語句結構並不是很相應的兩個系統①。將一個「詞」歸屬為某一詞類（如：名詞、動詞等等），屬於詞類區分的層次；至於「詞」出現在語句結構中，就不只是區分它的詞性而已，而是要研究它屬於語句結構的那一種成分、具有怎樣的功能，這就屬於詞的語法功能層次。

區分詞類，主要依據「詞」的詞彙意義和語法（或稱「句法」）功能。詞，一般分為實詞、虛詞兩個大類。從內涵上說，王力先生認為「實詞可以表示一種概念」，呂叔湘先生認為「實詞意義比較實在」。也就是說，實詞可以表示概念，且具有詞彙意義。區分實詞的屬類，除了以它表示的「概念的種類」為依據之外，還要根據它「與其他詞類的結合功能」，以及它「在語句裡所擔任的語法成分」來判斷。至於虛詞，是「不能表示一種概念」（王力先生的說法），「意義比較空虛」（呂叔湘先生的說法）。也就是說虛詞的詞彙意義已經虛化了。但是在功能上，虛詞是構成語句或結構的工具，有的虛詞還可以表示語句的某種語氣與情感，所以虛詞具有語法功能。區分虛詞的屬類，基本上就是依據它的語法功能來判定的。

一個「詞」單獨存在時，我們可以從字典、辭典裡查出它的詞彙意義以及詞性；至於當「詞」出現在語句裡時，則不是界定它的詞性，而是要判定它的語法功能，「詞」的語法功能是要依據它所擔任的「語句結構成分」而定的。原則上，實詞所擔任的語法成分，我們稱為「語」，如：主語、述語、賓語、斷語等；至於虛詞，在語句裡還是稱為「詞」。

「師」這個詞，我們可以查出它有名詞、動詞兩種用法，名詞的用法包括：古代兵制的單位、官名、《周易》卦名，以及軍隊的通稱、教誨學生或具有專門技藝的人等等意義，動詞則是「效法（他人）、學習」的意義②。至於「師」在「師道之不傳也久矣」裡，究竟擔任什麼角色？具有什麼功能？在字典、辭典裡就不容易查到，因為這不是詞類區分的層次，而是分析它們擔任某種「語句結構的成分」的問題。

我們在前面提到：從事語法分析時，「詞類的名稱」與「語句結構中各成分的名稱」必須分開，因為，基本上漢語的詞類與語句結構並不是很相應的兩個系統。例如：詞類中的動詞，在語句結構裡未必都用作「動詞」（事實上該稱「述語」），像劉禹錫〈陋室銘〉「『談笑』有鴻儒，『往來』無白丁」，「談笑」、「往來」本來都是動詞，在這兩個句子裡卻擔任有無句的主語；反之，語句結構裡的「動詞」（「述語」）也未必用詞類中的動詞來擔任，《孟子．梁惠王上》：「『老』吾老，以及人之老；『幼』吾幼，以及人之幼」。「老」、「幼」本為形容詞，但這兩句話的第一個「老」、「幼」卻活用為「述語」。

先釐清這個重要觀念之後，我們便可以分析「師道之不傳也久矣」裡的「師」、「師不必賢於弟子」的「賢」它們分別擔任句子裡的什麼成分（一般分析語句時，先看句子屬於那一種類型，再將其中的成分分析為「語」——語是大於「詞」、小於「句」的單位——；分析出來的「語」如果是單詞，就不必再分析，如果是「複詞」，則要看這個複詞的構成方式如何，這是構詞法的問題；假如分析出來的「語」還不是「詞」，而是大於「詞」的單位，那麼就要再繼續分析下去，一直分析到「詞」為止）：

「師道之不傳也久矣」是一個表態句（或稱「描寫句」），「師道之不傳」是主語，助詞「也」表示句中停頓的語氣，「久」是表語（或稱「形容詞謂語」、「描寫語」等），「矣」是句末助詞，表示句子完結的語氣。主語「師道之不傳」是一個大於詞的單位，所以還要分析：它是一個造句結構（稱「主從式（或『組合式』）造句結構」），「師道」是造句結構裡的「主語」，「不傳」是造句結構裡的「謂語」，「之」在這個造句結構（或稱「詞結」）裡的功能，一來連接了主語和謂語兩個成分，所以有學者稱它為「連詞」、「關係詞」，又因為「之」破壞了原可獨立成句的「師道不傳」，使它成為一個結構，變成「師道之不傳也久矣」的一個成分，所以又有學者稱它為「助詞」。分析到此，還不能解答「師」擔任什麼語法成分這個問題，所以還要再行分析：造句結構的主語「師道」，是由修飾成分「師」和被修飾成分「道」組成的「主從結構」（或稱「偏正結構」、「詞組」），修飾成分「師」稱為「附加語」（簡稱「加語」，或稱「定語」），被修飾成分「道」是「端語」（或稱「中心語」）。在「師道」這個結構裡，「師」已經不是它原有詞性的本來用法（簡稱「本用」）——依據《重編國語辭典》，「師」有名詞和動詞兩種用法，名詞一般可以擔任各類型句子的主語、敘事句的賓語、判斷句的斷語（或稱「謂語」）、主從結構的端語、介賓結構（或稱「介補結構」）的次賓語（或稱「介詞賓詞」、「補語」、「補詞」）；動詞一般擔任敘事句的述語；如今它「活用」為「附加語」③。究竟它是從名詞意思的「師」活用來的？還是從動詞意思的「師」活用來的？這時就要以語意為參考，「師道」意指「從師學習的風氣」，所以我們判斷它應是從名詞意義的「師」活用來的，因為這裡沒有「師」的動詞意義「師法」、「效法」的意思。「附加語」本是「形容詞」常見的一種用法，為了便於和形容詞本用的「附加語」區分開來，我們可以說這個「師」是「名詞附加語」。

至於「賢」是動詞還是形容詞？除了查考工具書之外，一般形容詞具有很重要的特性：它可以被程度副詞修飾——這是我們前面提到的一個詞「與其他詞類的結合功能」——，可以有比較級，也可以有最高級。如果從這個特性來看，「賢」的詞性是形容詞，因為我們可以說：「某某人很賢（明）」、「甲比乙賢（明）」、「某甲最賢（明）」等等（現代漢語「賢」字很少單獨使用，所以我們只好「增字」，其實這是不得已的）。要看「賢」在「師不必賢於弟子」裡究竟擔任什麼成分，也是要先作語法分析。這是一個表態句，主語是「師」，「賢」是表語，「不」、「必」都是副語（或稱「狀語」），「不必」也有主張不分開，直接視為副語，到下一層再分析為「不」和「必」），對表語「賢」作修飾、限制之用，「於弟子」是表示比較的介賓結構（「於」是介詞，「弟子」

是比較次賓語）。形容詞擔任表態句的表語是它常見的用法，如果要把它和從其他詞類活用來的表語區分開來，我們可以稱它是「形容詞表語」。

因為漢語在形式上比較缺乏語法記號——例如英文的ful、ble、less、tion、ce等，從這些詞尾很容易看出一個詞的詞性——所以從事漢語語句的語法分析時，也要考慮語音、語意方面的關聯，於是有人便認為知道語句的意思之後，才能確定語法結構。事實上，語音、語意和語法構成一個整體，而語句中各成分之間的配合，也是一個密不可分的整體，我們作語句的語法分析時，固然不能只注重某一個成分，而忽略與其他成分之間的關聯性，也不能只從語音或語意上考量，而忽略了語法結構；必須透徹理解語句的每一個成分，同時配合語音、語意和語法結構來分析，才可以幫助我們對語文的了解。

附註

①本理念主要根據戴師璉璋〈中國語法中語句分析的商榷〉一文，此文章發表於民國七十四年國立臺灣師範大學文學院出版之《教學與研究》第七期。

②這是據臺灣商務印書館《重編國語辭典》的解釋；也有主張「師」的動詞意義是從名詞意義活用來的。

③有關詞類活用的問題，可以參考〈我的機車很「法拉利」〉、〈奔向「羅曼蒂克」、飛進浪漫歐洲〉、〈棹歌驚起「睡」鴛鴦〉、〈習之中人「甚」矣哉〉等的討論。

術語簡釋

※為讀者閱讀方便，對出現在本書的術語作一簡單解釋。術語排列依筆劃少多為序；筆劃數相同者，依永字八法的順序排列。有的術語可能另有通行的異稱，則以（ ）注明該術語的又稱，不過有的又稱可能指涉的範圍大部分相同，但不完全重疊。

【四劃】

介賓結構：介詞與介詞次賓語（簡稱介詞賓語，或稱副賓語、次賓語、補詞、介詞賓語）組成的單位，可以對句子裡的謂語中心成分作時間、處所、對象、憑藉或方法、原因或目的等的修飾。

【五劃】

主語：句子的主體，可以是主事者（動作、行為的發出者），也可以是被描述、解釋或說明的對象。

主從式合義複詞（組合式合義複詞、偏正式合義複詞、偏正式複合詞）：詞素之間有主（主要成分、被修飾成分）、有從（次要成分、修飾成分），由在前的次要成分（偏）修飾在後的主要成分（正）構成的複詞。

主從式造句結構（組合式造句結構、主之謂結構）：主語和謂語之間帶「之」字，或由「其」字擔任主語的造句結構，只出現在文言裡。

主從結構（詞組、偏正結構）：由兩個保留原有的詞彙意義的詞組成的單位，附加成分（從屬成分、修飾成分）在前，主要成分（被修飾成分、中心成分）在後。

句子：語法分析上的最大單位，是語言裡獨立而完整的表達單位。

【六劃】

有無句：以表示存在或擁有的「有」（肯定）、「無」（否定）為謂語中心的句子。有無句的基本成分是：主語＋述語＋賓語。

合義複詞（複合詞）：詞素之間具有意義關聯的複詞。

【七劃】

判斷句：解釋或說明事物的屬性、內涵，或對事物作一是非、異同的判斷的句子。判斷句的基本成分是：主語＋繫詞〔是、非（不是）、又稱繫語〕＋斷語。

【八劃】

並列式合義複詞（聯合式合義複詞、等立式合義複詞、並列式複合詞）：詞素之間以平行、並列的方式合成的複詞。

並列結構（詞聯、詞的聯合關係、等立仂語）：由兩個（或以上）性質相同的詞（或結構），保留原有的詞彙意義，以平行、並列的方式出現的單位。

附加語（簡稱加語，又稱定語或修飾語）：主從結構裡的修飾成分。附加語和端語之間，可以是純形容性關係，也可以有領屬性關係或同一性關係。

表語（形容詞謂語、描寫語）：表態句裡對主語的性質、狀態作描寫的成分。

表態句（描寫句、形容詞謂語句）：對人、事、物的性質、狀態作描寫的句子。表態句的基本成分是：主語＋表語。

【九劃】

述語：敘事句的謂語中心，往往是由主語操控的行為或動作。

衍聲複詞：成分之間或由音節重疊，或具詞根與詞綴的關係，或全無意義關聯，只以聲音關係組合而成的複詞。

【十劃】

兼語：出現在前的述賓結構裡的賓語，同時又擔任後面主謂結構的主語稱兼語。

致使句遞繫式：遞繫式的一種。以致使動詞為述語，表示主語使緊接在後頭的兼語作出某種行為、動作，或發生某些變化。

【十一劃】

虛詞：不能表示一種概念，詞彙意義虛化，通常只能作為語句結構、句子之間的工具，或表示某種語氣與情感。

帶詞綴衍聲複詞：由自由詞素（詞根）與附著詞素（附加詞素）組成的複詞。又可分為帶詞頭衍聲複詞、帶詞嵌衍聲複詞、帶詞尾衍聲複詞。

帶詞尾衍聲複詞（帶後綴衍聲複詞）：由自由詞素和詞尾構成的複詞。

帶詞嵌衍聲複詞（帶中綴衍聲複詞）：詞綴出現在幾個自由詞素之間的複詞。

帶詞頭衍聲複詞（帶前綴衍聲複詞）：由詞頭和自由詞素構成的複詞。

副語（狀語）：是句子的附加成分，出現在述語、表語、繫詞等之前，具有修飾、限制作用的成分。

敘事句（敘述句）：由主事者擔任主語，以由主語所操控的行為或動作的動詞擔任述語的句型。敘事句的基本成分是：主語＋述語（＋賓語）。賓語的有無視述語的及物或不及物而定。

造句式合義複詞（結合式合義複詞、造句式複合詞）：詞素之間以造句的方式構成的複詞。

造句結構（詞結、詞的結合關係或造句關係）：結構的成分之間以句子的形式組合在一起，但並不能獨立成句。又可以有主謂式造句結構（主語＋謂語）、謂語式造句結構、主從式造句結構、複合式造句結構等之分。

【十二劃】

補足語（補語）：是句子的補充成分，出現在述語或表語之後，對述語或表語在程度、趨向、結果、數量等方面作補充說明的成分。

詞：語言使用上可以用來造句的最小意義單位。

詞素（語素）：複詞的構成單位。依據詞素的性質來看，可以分為自由詞素（詞幹）和附著詞素（詞綴）。

詞綴：屬附著詞素，依其在帶詞綴衍聲複詞的出現位置，可分前綴（詞頭、前加成分）、中綴（詞嵌、中加成分、中插成分）、後綴（詞尾、後加成分）三種。

單詞（單音節詞）：只有一個音節的詞稱單詞。

結構（詞組）：由詞所組成大於「詞」、小於「句」的單位。

【十三劃】

準判斷句：表示主語具有某種身分、擔任某種職務、發生某種變化，或是以比喻的方式對主語作一說明的句子。準判斷句的基本成分是：主語＋準繫詞（準繫語）＋斷語。

意謂句遞繫式：遞繫式的一種，以意謂動詞為述語，表示主語對緊接在後頭的兼語的某種認定或看法。

【十四劃】

賓語：敘事句述語動作、行為所及的事物。

實詞：可以表示一種概念，意義比較實在，能夠擔任句子裡的「語」的成分。

語：構成句子的成分，因句型不同，有：主語、述語、賓語、表語、斷語等之分。

端語（中心語、被修飾語）：主從結構裡的被修飾成分。

複合式造句結構：由兩個或兩個以上的造句結構並列在一起，而不獨立成句的單位。

複詞（複音詞、複音節詞）：由兩個或兩個以上的音節構成的詞叫複詞。

遞繫式（兼語式）：句子的謂語部分由述賓結構和主謂結構套在一起的句式。在前的述賓結構的賓語同時擔任後面主謂結構的主語。又可分致使句遞繫式、意謂句遞繫式、有無句遞繫式。

數量結構：由數詞和量詞結合而成，用來計數名物或行為動作的單位。

【十六劃】

謂語：有廣義與狹義之分。廣義的謂語指句子裡主語以外的成分，說明主語「做什麼」，或對主語的身分、性質、狀態等加以解釋、描述，或表明主語的存在關係等的單位。狹義的謂語指判斷句的斷語或表態句的表語。（在本書的系統裡，除了特別說明者之外，謂語都指廣義的謂語。）

謂語式造句結構：只具有謂語的造句結構，又可細分為述賓式造句結構（述語＋賓語）、副述式造句結構（副語＋述語）、副表式造句結構（副詞＋表語）、述補式造句結構（述語＋補足語），表補式造句結構（表語＋補足語）等。

【十八劃】

雙音節衍聲複詞（聯綿字、聯綿詞）：既無意義關聯，也無詞頭、詞綴等關係的複詞。

斷語（名詞謂語）：判斷句裡透過繫詞，對主語的涵義、屬性作詮釋、說明，或判斷主語的是非、同異的成分；也可以是準判斷句裡，主語所擔任的職務，或用來譬喻主語的事物。

【二十二劃】

疊字衍聲複詞：由音節重疊而成的衍聲複詞。

寫在修訂之後

萬卷樓編輯部通知我「《文法ABC》要再版囉！」，才驚覺到這本小書出版至今，已超過三個年頭了。能夠增修再版，心中有不少感慨，因為這三年多來，遇到不少的狀況。

民國八十五年至今，個人一直沒能脫離教科書的編寫工作，所以有機會「南征北討」，到不同縣市，面對各中學的國文老師。這些在第一線從事國文教學工作的伙伴們，有些人在求學過程中，完全沒有機會接受國文文法的基礎訓練，因此處理文法的相關問題，對他們來說，是國文教學中最感頭痛的一件事。於是他們提出的問題，跟文法有關的還真不少：小至某個詞的詞性、某個複詞的構詞法，或某個虛詞的語法作用，大致某一個詞在一句話裡擔任的文法成分，或複句間的關係，真是林林總總，不一而足。甚至有些表面上不是文法方面的問題（例如：吳敬梓〈王冕的少年時代〉中說：「牛要渴了，就在湖邊飲水。」其中的「飲」究竟要讀上聲ㄧㄣˇ還是去聲ㄧㄣˋ？）實際上卻可利用文法知識解決。（「飲」的音讀跟「飲」是否為致動用法有關，具有致動用法時，要讀去聲，否則讀上聲即可。關於致動用法較詳細的說明，請參見本書第12頁、138至139頁。）其實如果這些伙伴能有一本成系統的、淺顯易懂的國文文法方面的參考書籍，困惑與苦惱必能消除或減少許多。

另一方面，這三年多來，個人在臺灣師大國文系講授國文教材教法的系列課程。在國文教師的培育過程裡，國文教材教法的系列課程是極為重要的一環，課程設計上，必須讓學生有機會處理教材、上臺試講；可是學生在試講時，由於國文文法的基礎訓練還不夠，對於虛詞或詞法、句法等問題的處理，就極度依賴坊間的參考書。糟糕的是不少關鍵性的問題，不同書局出版的參考書說法往往不一樣，人言人殊，莫衷一是。如果學生們，在接受本國語文教師的養成過程中，能擁有一本淺易的、有系統的國文文法書籍，就不必過度依賴坊間的參考書，至少能夠自行判斷參考書所說的是否正確，減少摸索的時間。

回想當初寫這本小書裡的文章，只是希望能把文法研究和文法教學結合起來的一項嘗試，可是寫作過程中，並無國文文法教學的實際經驗，最後終能集結成書，其實是始料未及的。而今，有了少許國文文法的教學經驗，再回頭檢視這本小書，更覺當初所懷抱的理想——寫作時「筆觸輕鬆，用語生活化」，益發遙遠；而面對青澀的文筆、不夠成熟的文章，依舊令我赧然。不過因為前述的兩項理由，還是很願意這本小書能繼續印行。

在增修版即將與大家見面的前夕，心中仍是充滿感激：感謝萬卷樓肯給這種冷僻學門的書籍一個機會，造福那些有需要的讀者；感謝一直給我鼓勵、指導與鞭策的師長；感謝始終默默支持的家人；也感謝學生們讓我有成長的機會；當然最應該感謝的還是您能讀完這本小書。

楊如雪

寫於辛巳年歲暮

國家圖書館出版品預行編目資料

文法 ABC:給你一把解開國文文法教學的鑰匙(增修版) ／楊如雪著, --再版 --臺北市：萬卷樓, 民 91
面； 公分
ISBN 957－739－384－5 (平裝)
1.中國語言-文法-教學法 2.中等教育-教學法
524.31 91002676

文法 ABC—
給你一把解開國文文法教學的鑰匙（增修版）

著　　者：楊如雪
發 行 人：許素真
出 版 者：萬卷樓圖書股份有限公司
臺北市羅斯福路二段 41 號 6 樓之 3
電話(02)23216565・23952992
傳真(02)23944113
劃撥帳號 15624015
出版登記證：新聞局局版臺業字第 5655 號
網　　址：http://www.wanjuan.com.tw
E－mail　：wanjuan@tpts5.seed.net.tw
承印廠商：晟齊實業有限公司
定　　價：400 元
出版日期：1998 年 9 月初版
2002 年 2 月再版
2006 年 10 月再版四刷

ISBN 957－739－384－5